本书获北京市委党校、北京行政学院学术著作出版资金资助

青年学术丛书·哲学

YOUTH ACADEMIC SERIES-PHILOSOPHY

文化民族性问题研究

童 萍 著

人民出版社

目　录

导　言

一

　　人是一种感性的对象化的存在，文化作为人类自由自觉活动的创造物内在地凝结着人的生命、智慧和劳动。在文化的历史长河中处处留下了人类文化进步的足迹，竖起了人类追求自由全面发展的不朽丰碑。

　　作为人类社会和历史发展的伴生物，文化也不可避免地打上历史和时代的烙印。在人类漫长的历史演进中，文化和不同的文化主体相结合形成了不同的表现形式，从最初按照血缘关系形成的氏族，经由氏族之间的联合形成部落，最后发展为民族，并最终在民族中得到固定。民族的形成，标志着一种文化体的成熟，因为，"正是在民族这一层次上的社会才具有最鲜明的文化差异。我们感到自己所属的是某个民族，我们试图仿效我们同胞的习俗和风度"①。

　　在人类文化发展的历程中，每个民族都形成了不同于其他民族的、贯穿于各个时代的、为各个时代的人们所接受和认同的以语言、工具、文字、符号等形式保留下来的个性特征。众多的民族文化构成了人类文化的大花园，每种民族文化都是人类文化大花园中的一朵奇葩，都以自己独特的价值为世

---

　　① ［美］菲利普·巴格比：《文化：历史的投影》，夏克等译，上海人民出版社1987年版，第123页。

界文明作贡献。个性或民族性是文化的生命，一种文化民族性或个性的丧失，意味着这个文化的消亡以及被这个文化维系着的主体的苦难的降临。

然而，这个表征着文化生命体本质存在的特征在历史进入世界历史以来特别是当代却成了一个"问题"。这主要是由当代经济、政治、文化发展中出现的新特征所决定的。当今时代，文化和经济、政治日益融合，文化的经济化、政治的文化化日趋明显，文化霸权主义问题突出。从世界范围内来看，在以中心—边缘结构为范式的世界政治格局中，在以现代性的扩张为主旨的全球化浪潮的裹挟下，出现了现代性发展较为充分的西方发达国家试图用西方性统摄现代性、用现代性拒斥民族性、用特殊主义取代普遍主义的现象，而现代性发展较为迟滞的发展中国家为了保持自己生存的权利、获取更多的发展资源和更大的发展空间，难免会用民族性来抵制现代性、用东方特殊主义抵制西方特殊主义，甚至出现了原教旨主义等现象。然而，这种抵制并没有取得预期的效果，全球化依然以铁一般的逻辑无情地摧毁着、消磨着发展中国家和欠发达国家的文化个性甚至是文化自主性，使得文化的民族性问题上升成为关系到国家安全和国家生存高度的重大"问题"了，这不能不让人担忧。

对于中国这样一个走"后发外生型"现代化之路的国家来说，文化的民族性问题显然意义更为重大。可以说，文化的民族性问题和文化的时代性问题、文化的世界性问题之间的关系是贯穿中国整个现代化进程的一条红线。近代以降，随着西方文化的大肆入侵，中国文化在西方的隆隆炮火中开始逐渐意识到传统文化的民族性、相对性和非自足性，中国人开始走上了一条痛苦却又无奈地处理文化的民族性与时代性、世界性关系之路。无论是"全盘西化论"、"国粹论"、"中体西用论"，还是"儒学复兴论"从一定意义上来说，都是对文化民族性与时代性、世界性关系的理论反思。更为重要的是，对中国来说，文化的选择远不只是文化领域内的争议，而是社会发展道路问题在文化领域内的反映。从魏源的"师夷长技以制夷"到谭嗣同的"冲破网罗"到孙中山的"知难行易"到陈独秀的"伦理之觉悟为最后觉悟之觉悟"再到毛泽东的"新民主主义文化"，无不反映了近代中国先进知识分子对于中国传统社会秩序的批判和现代社会秩序的呼唤。

进入新时期，党和政府提出建设"中国特色"社会主义文化的文化发展战略，这为我们在全球文化发展的态势下把握中国文化的发展方向和建设现代新文化提供了指南，表明了党对中国社会主义道路的坚守和中国特色社会主义道路世界历史意义的开辟。然而，问题的关键在于，在西方性与现代性纠缠、一体化和多元化交织、民族性与世界性互摄的世界文化格局中，中国特色社会主义文化应建立何种民族性，是开放的民族性还是"文化主体性的迷执"（劳思光语）？民族性和现代性是什么关系，是互摄互涵的还是相悖的？如何建立具有"中国特色"的现代文化，是综合创新的思维还是本质主义的思维？这些问题是中国特色社会主义建设实践中值得深思的问题。

恩格斯曾经指出："每一个时代的理论思维，从而我们时代的理论思维，都是一种历史的产物，它在不同的时代具有完全不同的形式，同时具有完全不同的内容。"① 显然，马克思主义哲学作为自觉地植根于实践并随着实践的发展而发展的时代精神的精华，必须对上述问题予以关注并作出自己的回答。

二

国外对文化的民族性问题较早关注的是 19 世纪下半叶到 20 世纪初的文化人类学家，他们大多是从实证研究的角度把文化看成是一个民族的风俗习惯，认为文化的差异就是民族的差异。西方文化人类学派从各个不同的角度涉及文化的民族性。以爱德华·泰勒为代表的早期文化进化论学派对文化的发展阶段进行了高级和低级阶段的划分，看到了民族之间的文化差异。历史传播学派从文化传播的角度提出各民族的迁徙就是一个民族相互联系的整个文化财富的移植。历史特殊论学派更直接地提出文化的民族性，认为各种文化是各个民族独特的产物，衡量文化没有普遍绝对的评判标准，各族文化没有优劣、高低之分，一切评价标准都是相对的。以马林诺夫斯基为代表的

---

① 《马克思恩格斯选集》第 4 卷，人民出版社 1995 年版，第 284 页。

功能主义学派从民族文化是满足民族需要的角度来阐述民族文化,指出文化的差异就在于社会制度上的差异。以怀特为代表的新进化论学派尤为强调文化本身的独立性发展,甚至把对文化相对独立性的强调变为文化决定论。以露丝·本尼迪克特为代表的文化与人格学派对文化民族性研究重点表现为对国民性的研究,她们一方面对未开化社会的民族性进行研究,另一方面又对现代国家的民族性进行研究。

20世纪80年代以后,随着全球化进程的加快,国外学者开始逐渐把文化放到全球化视野下予以观照,主要理论成果有:《全球化——社会理论和全球文化》(罗兰·罗伯逊,上海人民出版社2000年版)、《全球化与文化》(约翰·汤姆林森,南京大学出版社2002年版)、《文化认同与全球性过程》(乔纳森·弗里德曼,商务印书馆2003年版)、《文明的冲突与世界秩序的重建》(亨廷顿,新华出版社2002年版)、《我们是谁?——美国国家特性面临的挑战》(亨廷顿,新华出版社2005年版)、《全球大变革:全球化时代的政治经济与文化》(戴维·赫尔德,社会科学文献出版社2001年版)、《全球化压力下的世界文化》(特茨拉夫主编,江西人民出版社2001年版)、《文明的共存》(哈德尔拉·米勒,新华出版社2002年版)等。其中值得一提的是美国学者塞缪尔·亨廷顿,他在《文明的冲突与世界秩序的重建》一书中提出,当今世界的冲突已经不再是国家和政治的冲突,而是文明的冲突。继"文化冲突论"后,他又深入研究了美国的民族性(《我们是谁——美国国家特性面临的挑战》),认为盎格鲁—新教文化是美国特性的决定因素,是使美国人区别于别国人的标志,但在20世纪后期,它受到了严峻的挑战。亨廷顿提出要使美国遏制和扭转衰落的过程,应当重新发扬盎格鲁—新教的文化、传统和价值观,提出"盎格鲁文化主导论",反对少数种族文化,排斥亚裔文化、墨西哥裔文化和拉美裔文化。另外,在面对着以美国为首的文化霸权主义和文化帝国主义的文化入侵时,西方的文化研究也提出了不少真知灼见。如《文化帝国主义》(汤林森,上海人民出版社1999年版)、《东方学》(萨义德,生活·读书·新知三联书店1999年版)、《第三世界》(哈里森,新华出版社1984年版)、《晚期资本主义的文化逻辑》(詹明信,生活·读书·新知三联书店1997年版)等,都在一定程度上对文化霸权主义和文化帝国主义进行了批判。这些对本书的研究提供了重要的思想借鉴。

国内对文化民族性的研究也有着很深的历史渊源。回顾中国自"洋务运动"以来的一个半世纪的现代化历程，关于民族文化的争论始终是贯穿现代化进程的一条红线。然而，国内真正掀起研究文化民族性的热潮还是在20世纪80—90年代以后，因为随着全球化的深入发展，一些学者担忧全球化给我们带来的不仅是经济全球化，还有更深层的文化个性的丧失和民族文化认同的危机；还有一些学者认为全球化不仅不会磨灭文化个性，反而是中国文化走向世界的重要契机。一时间，文化民族性的讨论不断升温。大体来说，国内关于文化民族性的研究主要散见于以下几个方面的研究中。

第一，关于文化理论和中国文化史的研究，如《文化哲学》（衣俊卿，云南人民出版社2005年版）、《当代文化哲学沉思》（李鹏程，人民出版社1994年版）、《文化哲学》（许苏民，上海人民出版社1990年版）、《中国文化概论》（张岱年、方克立主编，北京师范大学出版社1994年版）、《中国文化史纲》（冯天瑜，北京语言文化大学出版社1994年版）、《中国文化概论》（李宗桂，广东人民出版社2002年版）等。

第二，关于中国文化与全球化的研究，如《经济全球化与民族文化多元发展》（中华孔子学会主编，社会科学文献出版社2003年版）、《全球化时代的文化认同》（张旭东，北京大学出版社2006年版）、《全球化语境与民族文化文学》（童庆炳主编，中国社会科学出版社2002年版）、《文化的生与死》（费孝通，上海人民出版社2009年版）、《全球化与文化整合》（李晓东，湖南人民出版社2003年版）等。

第三，关于中国传统文化现代转型的研究，如《文化的民族性与时代性》（庞朴，中国和平出版社1988年版）、《中国文化的现代化与世界化》（成中英，中国和平出版社1988年版）、《从传统到现代》（金耀基，中国人民大学出版社1999年版）等。

第四，关于文化霸权的研究，如《文化霸权理论研究》（孙晶，社会科学文献出版社2004年版）、《文化霸权概论》（刘伟胜，河北人民出版社2002年版）、《中国国家文化安全论》（胡惠林，上海人民出版社2005年版）等。

　　总体来说，国内外学者在相关研究中提出了不少很有见地的观点，启发了人们多角度、多层次地探讨民族文化问题，但是还存在几点不足：第一，学界往往把文化民族性问题当成是不证自明的问题，故而在研究中把文化民族性当成文化的一个基本特征泛泛而谈，甚至一笔带过，缺乏对文化民族性的历史观维度的研究。事实上，文化民族性的生成是由于生产方式、社会心理、历史传统等多重因素交叉作用的结果，这是唯物史观中生产力和生产关系、经济基础和上层建筑辩证关系的重要体现，加强对文化民族性历史观维度的研究对于深化马克思主义唯物史观研究大有益处。第二，整体上来说研究还比较分散，大都是在对文化问题进行探讨时把民族性作为文化的一个基本特征来讨论，或是在讨论全球化背景下如何保护本土文化时涉及文化的民族性问题，对文化民族性问题的整体分析和系统研究的成果还较欠缺，这与文化民族性问题在当代的重要性是不相称的。

三

　　本书以马克思主义的历史唯物主义理论为指导，深入考察文化民族性的本质内涵、生成机制，系统阐述文化民族性在当代的重要作用及其与文化全球化的互动机理，在此基础上探讨中国文化民族性重建的可能路径。本书除了"导言"和"结语"外，由五个部分组成。

　　第一章分析了当代世界政治格局的特点及文化民族性问题的凸显。本章认为，当代世界政治格局是一个"多极化"和"单极化"相互竞争，经济全球化不断加强，经济政治日益融合的时期。经济全球化的进一步发展以及经济政治的日益渗透削弱了军事因素在"多极化"和"单极化"斗争中的地位，使文化在当今世界格局中的地位迅速上升，文化是综合国力的重要标志，文化日益成为国家主权斗争的重要砝码，文化是国际冲突或合作的重要因素，文化安全是国家安全的深层主题。这就一方面使得西方发达资本主义国家不断加强文化霸权，另一方面促使发展中国家和欠发达国家实行文化抗争，文化民族性问题由此凸显。

第二章探讨了文化民族性的内涵、生成基础和变迁规律。本章认为，文化民族性作为不同民族文化的个性特征，既反映了不同民族成员的生存权利、生存智慧、主体需要和价值取向，也反映了与特定社会历史阶段相联系的实践特点，是文化发展的主体尺度和客体尺度的辩证统一。接着用唯物史观分析了文化民族性的生成基础和变迁规律，得出：文化民族性的生成是社会经济结构、自然地理环境、社会政治结构和社会文化传统之间通过诸多"中介"因素发生作用的结果，其中社会经济结构具有第一性的作用。这就决定了民族文化的发展与经济的发展具有不同步性，而且需要不断克服旧文化惰性，实现从自在到自觉的过程。

第三章考察了文化民族性的当代价值及其和全球化的互动机理。本章认为，文化民族性首先是文化全球化的重要制约因素。尽管文化全球化的进程在深入发展，但它只是就民族文化发展的相关性而言的，并不会导致一体化。其次，文化民族性是文化多样性的保证。在全球化时代，文化的进步性是民族文化发展的目标，和而不同是多样文化共处的原则。再次，文化民族性是文化交流的基础。人类实践活动的共通性、文化自身发展的本质和共同价值观念的存在使民族文化之间的交流成为可能。文化冲突和文化吸收是文化交流的两种后果，应促进文化之间的交流和借鉴。最后，文化民族性是民族文化认同的根据。全球化条件下，文化的民族认同功能不仅没有削弱反而进一步强化，文化民族主义风起云涌。只有抛弃狭隘的文化民族主义，坚持理性的文化民族主义，才能占领文化发展的制高点。

第四章分析了中国传统文化的民族性及其近代解构与建构。本章认为，中国传统文化是以农业文化为主导的、与封建秩序相匹配的文化价值体系。这套文化价值体系不仅提供了几千年封建统治合法性的有效说明，而且成为中华民族普通百姓的伦常日用和精神居所。这套文化价值体系有三个突出的特点：伦理本位、儒道互补、以和为核心。然而，近代以降，中国传统文化在与西方文化的较量中节节败退，在封建秩序的合法性危机中逐渐"失语"，面临被解构的危险。究其原因，主要是因为强调内在超越的传统文化没有发展出民主、以性善论为基础的人性论假设影响了传统社会法治意识的形成、以道德为主体的文化没有发展出实证科学。本章还考察了近代以来文化建构的种种主张，提出只有综合创新论能够为中国的文化发展和文化建设提供有效的方法论视野。

第五章在分析了我国文化安全现状的基础上提出了当代中国文化民族性的构建路径。本章认为，当代中国处于社会转型和全球化所造成的"多时态共存"的境遇中，这就要求中国必须要建立一种基于现代性之上的社会主义性、民族性文化。为此，必须要更新和完善国家意识形态表达形式，建设社会主义核心价值体系；弘扬和培育民族精神，加强爱国主义教育；大力发展文化产业，进一步深化文化体制改革；增强创新意识，积极推进文化创新；重视文化遗产的保护和开发，增强中华文化的传播力。本章还总结了当前中国特色社会主义文化建设中的三种思维误区，即本质主义思维、意识形态思维和文化中心主义思维，并对之进行了批判。

第一章 当代世界格局中文化民族性的凸显

当今世界，文化与经济、政治相互交融，在综合国力竞争中的地位和作用越来越突出。特别是随着新科技革命的推波助澜和经济全球化的不断深化，文化与经济、政治的联系越来越紧密，文化对经济和政治的作用越来越直接，文化的地位和作用获得了前所未有的提升，这是当代人类实践发展的一个重要特点和趋势。然而，恰恰是人类文化实践发展的这个新特点，使得文化在体现人的本质和发展的同时，也易于异化成为一种"战场"，在这个战场上各种文化之间上演着一场场没有硝烟的战争，扮演着"强势"和"弱势"的角色。同时，各个文化在世界历史时代发展程度的差异，也加速了各种文化在文化、经济、政治日益相互交融这样一个崭新的社会发展形态下陷入"中心—边缘"的文化格局。作为"弱势"文化自我保护的一种积极表现形式，文化民族性的弘扬和重建显示出了强大的生命力，并成为一种世界性的历史潮流。

一、当代世界政治格局

世界政治格局，一般是指活跃于世界舞台并充当主角的国家和国际组织或者是突出力量，在一定历史时期内相互作用形成的一种结构态势。[①] 世界

---

① 参见戴德铮:《当代世界格局与国际关系》,武汉大学出版社 1999 年版,第 47 页。

政治格局是资本主义生产方式的产物，是资本主义大国争夺世界霸权的态势，它的形成取决于主要国家、国家集团、突出力量综合实力的对比及其在国际上的地位作用。从唯物史观的角度来考察，世界政治格局的变迁是经济社会发展到一定阶段的必然产物，是一个自然的历史过程。

（一）世界政治格局的历史演变

马克思主义认为，影响世界格局变动的最根本的原因是世界经济格局的变动。随着主要国家、国家集团和突出力量经济实力的此消彼长，旧的力量对比被打破，世界政治霸权易主，世界政治格局发生变异。近代以来，世界政治格局经历了四个历史发展阶段。

世界政治格局发展的第一个阶段是以英国为主导的"威斯特伐利亚格局"。1640 年英国爆发了资产阶级革命，社会生产力获得了巨大的发展，并爆发了第一次科技革命。在雄厚的经济和科技实力的基础上，英国摧毁了西班牙的"无敌舰队"，打败了"海上马车夫"荷兰和当时欧洲大陆的霸主法国，建立了日不落帝国的霸主地位，确立了其在威斯特伐利亚格局中的主导地位。世界政治格局的第二个阶段形成于 1815 年拿破仑战争后形成的"维也纳格局"。18 世纪末，法国发生了资产阶级革命，生产力和经济获得很大发展。当时的英国、俄国、普鲁士、奥地利等国对法国的发展非常恐惧，先后 7 次组织反法同盟，同法国之间发生战争，最后法国战败。1814 年 10 月至 1815 年 6 月，战胜国俄国、奥地利、普鲁士、英国举行了维也纳会议，在欧洲划分了它们各自的势力范围，奠定了英、法、俄、奥、普五强并立的以欧洲为中心的世界格局，即"维也纳格局"。第一次世界大战后形成的"凡尔赛—华盛顿体系格局"开启了世界政治格局的第三个阶段。爆发于 1914 年，结束于 1918 年的第一次世界大战，最终在隆隆的炮火声中以协约国的胜利、同盟国的失败而结束。1919 年 1 月至 6 月美、英、法、意、日等列强召开了巴黎和会，重新瓜分世界，建立起以凡尔赛体系为基础的世界格局。1921 年 11 月至 1922 年 2 月，他们又召开华盛顿会议，并在此基础上确立了华盛顿体系，作为对凡尔赛体系的补充，建立了凡尔赛—华盛顿体系。

这三个阶段，就其本质而言，是世界从自由资本主义走向垄断资本主义的表现。资本主义国家是世界格局变迁的主导力量。虽然在第一次世界大战后出现了社会主义国家苏联，可是，从全球力量对比来看，苏联仍被排斥在国际联盟以外，社会主义制度作为一种全新的社会制度还没有对世界政治格局产生全局性影响。直到世界政治格局的第四个发展阶段即第二次世界大战后逐渐形成的以"雅尔塔体制"为基础的"两极政治格局"。

第二次世界大战是人类迄今为止规模最大，对旧世界格局破坏最彻底的一次战争。它给战后世界政治格局带来的最重要的后果，就是欧洲中心地位的丧失和整个旧欧洲、旧殖民主义的衰落。它打破了自 19 世纪初拿破仑战争以来欧洲几个势均力敌的大国长期保持的均势格局，社会主义在世界政治格局中有了一席之地，从而形成以苏联为首的社会主义和以美国为首的资本主义在全球的对峙局面。1945 年 2 月，苏、美、英三国领导人斯大林、罗斯福、丘吉尔在苏联克里木半岛举行了一次首脑会议，就战争结束问题、处理战争遗留问题及维护战后和平等问题展开了雅尔塔会议，构成了雅尔塔体制的主体。加上 1843 年 11 月的德黑兰会议和 1945 年 7 月底到 8 月初的波茨坦会议，构成了雅尔塔体制的总体。

雅尔塔体制是美国苏联两个大国安排战后世界，划分势力范围的结果，是战后世界格局的核心和主要标志。虽然在 20 世纪 60—70 年代，受世界政治经济发展不平衡规律的制约，世界各种现实的和潜在的力量开始了分化和组合的历史过程，世界政治格局出现过两极对峙与多极萌芽并存的现象，但总体来说，并没有动摇两极格局的存在基础。

（二）当代世界政治格局的特点

历史已经进入了当代，世界经济在进一步发展，世界政治格局也出现了新的变化。以 1991 年苏联的解体为标志，世界政治格局进入了一个新的发展阶段，即从两极格局向多极格局发展，世界进入后冷战时期。后冷战时期与以往的世界政治格局相比，具有几个鲜明的特点。

首先，后冷战时期是一个"多极化"和"单极化"相互竞争的时期。

一方面，世界政治格局向多极化发展的趋势是必然的。这是因为，其一，经济因素是影响世界政治格局的决定性因素。由于各国所面对的地理条件和各自的生产方式等因素，各国的经济发展呈现出不平衡的现象。冷战后，国与国之间的竞争转化为以经济和科技为核心的综合国力的竞争，经济因素对世界政治的影响力日益增大。"多极化趋势在全球或地区范围内，在政治、经济等领域都有新的进展。"①其二，世界政治格局多极化是世界各国人们的愿望和要求，符合世界各国人民的根本利益。多极化的世界政治格局，使世界多种力量之间产生相互制衡，有利于世界的和平和稳定，既能促使本国发展，又能促进世界各国的发展。同时，多极化的世界政治格局，还有利于反对霸权主义和强权政治，促进国际关系的民主化进程。随着霸权主义和强权政治的消除，一个平等、公正、合理的国际政治新秩序最终会实现。其三，世界政治格局多极化的趋势正逐步变为现实。"当今世界正处在大变动的历史时期。两极格局已经终结，各种力量重新分化组合，世界正朝着多极化方向发展。"②世界许多大国的发展都证明了这一点。"俄罗斯已经抛弃对西方曾经抱有的幻想，力图维护自己的大国地位，走自己独立发展的道路。中国随着改革、开放和发展不断取得新进展，综合国力日益增强，在国际关系中发挥越来越大的积极作用。欧盟致力于加强区域一体化合作，获得新的成功，单一货币欧元已经启动，在经济货币领域形成了同美国相抗衡的局面。欧盟积极与拉美和亚洲加强经济合作，在这两个地区与美国展开争夺。日本也有越来越多的人强调日本应加强自己的力量，以便在战略上摆脱对美国的依赖。"③

　　然而，在多极化发展趋势中，美国谋求单极世界的梦想从未熄灭，霸权主义和强权政治长期盛行。美国自1776年宣布独立以来，凭借其得天独厚的地理条件和各国移民的卓越贡献，迅速发展成为一个发达的资本主义国家。第二次世界大战给了美国称霸世界的契机，战后美国和苏联、英

---

　　①　《中国共产党第十五次代表大会文件汇编》，人民出版社1997年版，第43页。

　　②　江泽民：《加快改革开放和现代化建设步伐，夺取有中国特色社会主义事业的更大胜利》，《十四大以来重要文献选编》上册，人民出版社1996年版，第34—35页。

　　③　清华大学国际问题研究所编：《21世纪初的世界经济与政治》，福州教育出版社2000年版，第25页。

国确立了影响世界政治格局近半个世纪的美苏对峙的雅尔塔体制。1991 年苏联的解体标志着两极格局的终结，美国成为当今世界上唯一的超级大国，这更是美国称霸世界的"良机"，使美国更加"踌躇满志"地认为世界应该是以美国为主宰的单极格局。1991 年美国总统布什在《世界新秩序》一文中说：世界所展示的机遇，使美国可以"按照我们的价值观和理想建立一个世界新秩序"。在这个世界新秩序中，"我们的价值观不仅要得到发扬光大"，"我们还必须是领导者"。为此，布什制定了"超越遏制"战略，一方面用经济援助的方式捆住俄罗斯等国手脚，另一方面加大意识形态领域的宣传，用西方"民主"、"自由"模式来推动苏东国家和第三世界国家的"民主化"进程，从而巩固美国和平演变的成果，扩大西方阵营，为以美国为领导的世界新秩序的到来扫清障碍。继布什之后，克林顿政府又提出，冷战后，"美国负有独一无二的责任和具有独一无二的能力"，"担负其领导全世界的责任"，并在"超越遏制战略"的基础上制定了"扩展战略"和"参与和扩展战略"，主张把美国"市场制民主国家的大家庭"推广到全世界，其主旨就是要在全球推广美国的价值观和美国的"民主"和"人权"。由此可见，后冷战时期就是在"多极化"和"单极化"的斗争中曲折发展的。

其次，后冷战时期是经济全球化进程不断加强的时期。

一般来说，经济全球化是和资本主义的产生和扩张联系在一起的，它最初萌芽于 16 世纪欧洲资本主义的地理大发现，真正形成于资本主义大工业发展阶段。之所以把资本主义大工业的形成看成是经济全球化产生的标志，是由于在资本主义大工业形成以前，作为资本主义成长必备条件的工场手工业还没有在整个社会经济生活中占据主导地位，它对前资本主义的生产方式还存在着巨大的依赖性，它对世界市场的开拓还没有表现出一种铁的必然性。在这种社会经济结构的背景下，生产和消费不能实现广泛的市场化，现代资产阶级还没有真正形成，历史没有真正实现向世界历史的转变，全球化进程也没有正式开始。正是在这个意义上，马克思恩格斯曾经高度评价了"大工业"在全球化形成中的决定性意义，他们指出："大工业""首次开创了世界历史，因为它使每个文明国家以及这些国家中的每一个人的需要的满足都依赖于整个世界，因为它消灭了各国以往自然形成的闭关自守的状态"。①

冷战期间，由于美国和苏联的互相牵制，使得它们在意识形态方面的对抗占据首要地位，发展经济的精力相对受到削弱。冷战后，随着信息产业革命、交通运输和通讯技术革命的发展，商品、资本、信息、服务等经济要素跨越国界的自由流动更为频繁、快捷，由此进一步推动了经济全球化的进程。这主要表现在：

第一，生产进一步全球化。生产全球化的微观表现是国际分工的进一步深化。国际分工从垂直型分工向水平型分工转化，从按产业进行分工向按产品生产的不同工艺环节或按照产品零部件生产转化。如美国波音公司生产的波音747客机，所需的450万个零部件来自6个国家的1500家大企业和1.5万家中小企业，波音公司所完成的不过是客机的设计、关键零部件的生产和产品的最终组装而已。再如，日本马自达汽车公司生产的玛雅塔敞篷车，在美国加州设计，在日本筹资，在英国制造样车，主要零部件来自日本，而销售市场在美国。国际分工的进一步深化，使得世界各国的生产活动不再孤立地进行，而是成为全球生产体系的有机组成部分。生产全球化的宏观表现是国际投资的规模快速增长，参与国际投资的国家大量增加。以中国这个从1978年改革开放后才真正参与经济全球化进程的国家为例，改革开放初期，我国只有少数国有企业主要是贸易企业走出国门，开办代表处或设立企业。随着对外开放步伐的加快，特别是加入世界贸易组织以来，我国企业对外投资进入快速发展时期。2003年，我国非金融类对外直接投资达29亿美元，2008年上升至407亿美元，2004—2008年年均增长69.6%。目前，国内7000多家境内投资主体在全球170多个国家和地区设立境外直接投资企业超过1万家。

第二，贸易进一步全球化。进入20世纪90年代以来，在经济全球化的推动下，国际贸易迅猛发展，特别是1995年1月1日世界贸易组织的成立开创了多边贸易体制的新阶段，极大地遏制了全球的贸易保护主义，使得贸

---

① 《马克思恩格斯选集》第1卷，人民出版社1995年版，第114页。

易全球化席卷全球，关税和非关税壁垒日益减少，各种贸易限制的共同规则不断减少，世界贸易额不断扩大，并开始形成全球化市场，这就使得全球经济在更高的层次上互相渗透，进一步融合。统计数据显示，1985—1995 年，世界贸易额平均增长为 5.5%，为同期世界生产平均增长率的 2 倍；1996 年和 1997 年均为 7%，为同年世界生产增长率的 2.3 倍。①

第三，金融进一步全球化。金融全球化是经济全球化的重要组成部分。近年来，金融全球化发展迅速，到 1998 年年底，国际货币基金组织共有 182 个成员国，资本账户比较开放的约有 70 多个国家，其中共有 20 多种有代表性的可兑换货币。跨境银行债权总额，1992 年为 1855 亿美元，1997 年年底增加到 9038 亿美元。② 国际融资总额，1992 年为 2149 亿美元，1997 年增至 8.8 万亿美元；到 1999 年，全球游资已达 7.2 万亿美元；十大外汇交易市场的日均外汇交易额已接近 1.5 万亿美元；全球证券市场证券市值高达 25 万亿美元。③

第四，跨国公司快速发展。跨国公司是经济全球化的主体。20 世纪 90 年代以来，跨国公司无论在数量上还是在规模上都达到了空前的发展。据《1999 年世界投资报告》统计，1997 年全球的跨国公司已突破 6 万家，它们在国外的分公司达到了 50 万多家，而 10 年后，2007 年的全球跨国公司总数已经达到 78817 家，共有海外分支机构近 80 万家。一些巨型跨国公司的年销售额比许多发展中国家的国内生产总值还要高出许多。据统计，目前，跨国公司控制了全球 1/3 以上的生产、2/3 的世界贸易、99% 以上的对外投资、75% 以上的专利和技术转让，成为当今世界经济中举足轻重的特殊主体。冷战后，跨国公司发展的最突出的特点就是新一轮的跨国兼并浪潮掀起，一批跨国界的全球性公司正在兴起。这种全球性公司是一种相比跨国公司而言层次更高的跨国公司形式，要求领导阶层国际化，从领导层成员保证了公司不能只为一个国家的利益服务。有一些经济学家预言，全球性跨国公司将是

---

① 参见俞可平、黄卫平主编：《全球化悖论》，中央编译出版社 1998 年版，第 29 页。
② 参见国际清算银行：《第 68 期年报》，中国经融出版社 1998 年版。
③ 中共中央党校教务部编：《五个当代讲稿选编》，中共中央党校出版社 2000 年版，第 88 页。

21世纪经济全球化发展的重要特征。① 由于发达资本主义国家在经济和科技方面的优势，使它们在经济全球化中占据主导地位，经济全球化进一步推动了西方发达国家的政治霸权。

再次，后冷战时期是经济日益政治化、政治日益经济化的时期。

一方面，国际经济日益政治化。冷战结束后，各国特别是政治大国在国际政治的斗争中，把经济较量作为其中的有机组成部分，并且在政治斗争中越来越多地采用经济手段。美国在冷战中胜利的经验使得美国认识到使用经济与政治相交融的办法对社会主义国家进行分化比纯粹的政治或军事侵略更为有效。以美国为首的西方发达资本主义国家往往利用它们在经济方面的优势，采取以经济援助为诱饵，同时提出政治条件的办法，在受援国推行它们的价值观念和政治模式。如美国为了扩大在非洲地区的影响，加强了对非洲地区的贸易和投资。而对于没有服从美国安排的南斯拉夫来说，美国就进行了经济封锁。日本多年来也频繁地使用日元外交，以达到政治大国的目的。因此，有学者提出，当代的国家安全不仅包括军事安全、政治安全、经济安全和文化安全也是国家安全的重要组成部分。经济安全不仅是一个经济问题，更是一个政治问题。

另一方面，国际政治日益经济化。冷战结束后，世界各国的竞争越来越表现为以经济和科技实力为基础的综合国力的竞争。从这个意义上来说，经济利益在很大程度上已成为各国最大的政治利益。在经济全球化和信息化高度发展的当代，谁控制了国际贸易和全球信息，谁就在国际竞争中处于支配地位。所以，以美国为首的西方发达资本主义国家在冷战后更加集中精力争夺国际金融和高新技术的主控权，妄图以此来取得国际经济秩序的主导权。它们制定的很多外交政策越来越服从于经济目的。比如，布什政府发动伊拉克战争的目的就是为了取得石油利益。同样，广大发展中国家为了掌握赶超发达国家、缩小发展差距的主动权，在国际上的斗争也越来越具有经济意味。比如，它们提出要取消现在国际秩序中的不合理因素、放弃援助与政治挂钩的政策，反对少数国家操纵国际事务，并积极参加南北合作，充分利用

---

① 参见朱炳元主编：《全球化与中国国家利益》，人民出版社2004年版，第18页。

发达国家的资金、技术，扩大对发达国家的商品出口等，其最终目的都是为了发展本国的经济。

　　经济全球化的进一步发展以及经济和政治的日益渗透削弱了军事因素在"多极化"与"单极化"相互斗争中的地位，在导致了经济因素地位上升的同时，也加强了文化因素在当今世界政治格局中的地位。

二、文化在当代世界政治格局中的作用

　　传统的国际关系理论往往把国际现实归纳为权力、战争，而忽略了文化在全球政治中的影响。针对这种情况，美国哈佛大学肯尼迪政府学院院长、全球战略问题研究专家约瑟夫·奈提出"软权力"的概念来表述文化在当今世界政治格局中的重要作用。

　　1990年，约瑟夫·奈在《外交政策》杂志上发表《软实力》一文，首次将国家的综合国力划分为两种，即硬实力和软实力，认为由资源实力、经济实力、军事实力和科技实力四大因素构成的硬实力，始终是有限的，而真正具有无限张力的动力力量，是软实力。同年，在《美国定能领导世界吗?》一书中，约瑟夫·奈正式将"软实力"定义为相对于国家、民族、边界、领土等"硬权力"而言的文化、生活方式、意识形态、国民凝聚力和国际机制等，也就是指意图通过吸引力、感召力、同化力来影响、说服别人相信和同意某些行为准则、价值观念和制度安排等，从而获得理想结果的能力。他明确指出："在国际政治中，一个国家取得它选择的结果可能是因为别的国家会以其为榜样，或者接受一种会导致这种结果的制度。从这一意义上讲，在国际政治中，规定导向、建立环境与使具体的国家发生变革同等重要。"① "这种左右他人的意愿的努力和文化、意识形态以及社会制度等无形力量资源关系紧密。这一方面可以认为是软力量，它与军事和经济势力这类

---

　　① ［美］约瑟夫·奈:《美国定能领导世界吗?》，何小东等译，军事译文出版社1992年版，第25页。

有形力量相关的硬性命令式力量形成对照。"①虽然约瑟夫·奈是从维护美国的霸权地位出发的，但他也道出了文化在当代世界政治格局中的重要作用。事实上，文化在当代不仅成为国家综合实力的重要因素，更为重要的是，它渗透于国际关系的各个方面，作用越来越综合化。

（一）文化是综合国力的重要标志

党的十七大报告指出："当今时代，文化越来越成为民族凝聚力和创造力的重要源泉、越来越成为综合国力竞争的重要因素，丰富精神文化生活越来越成为我国人民的热切愿望。"② 文化是综合国力的重要标志主要体现在：

首先，文化是综合国力的重要组成部分。综合国力是指一个主权国家生存与发展所拥有的全部实力——物质力和精神力及其对国际影响力的合力。③ 它是衡量一个国家强弱和国际地位高低的主要标志，是一个国家制定国家战略的基础，也是一个国家制定和推行外交政策的基本依据。构成综合国力的要素，有经济力、科技力、资源力、国防力、政治力、外交力，还有文化力（包括教师队伍和文化工作者队伍的数量和质量、文化教育的规模、结构、体制、国民文化教育水平、文化传统、文化影响力等）。相对于综合国力中的其他组成部分而言，文化力具有很强的综合性，具有物质属性与精神属性相结合的特征，具有引导、激励、整合等功能，是推动社会与经济全面发展的强大动力。在经济文化日趋一体化的今天，虽然经济力是综合国力的基础，但商品生产中的科技文化含量和文化附加值越来越高。特别是随着世界各国对经济和社会可持续发展的需要，社会发展中的人文指标和企业文化建设等，对经济和综合国力的影响越来越大。总之，随着世界经济和科学技术的发展，文化力在综合国力中的地位会越来越高，作用会越来越大。

① ［美］约瑟夫·奈：《美国定能领导世界吗？》，何小东等译，军事译文出版社 1992 年版，第 25 页。

② 胡锦涛：《高举中国特色社会主义伟大旗帜　为夺取全面建设小康社会新胜利而奋斗》，人民出版社 2007 年版，第 33 页。

③ 参见黄硕风：《综合国力新论——兼论新中国综合国力》，中国社会科学出版社 1999 年版，第 5 页。

　　其次，文化通过推动经济发展、提高经济力来提高综合国力。

　　一方面，文化渗透于经济活动之中，成为经济发展的内驱力。第一，文化制约着人们对经济制度的选择和经济政策的制定。文化的核心是价值观，不同的价值观和思维方式在经济发展中起着不同的导向作用。如在单纯以经济增长为主导思维方式的发展观指导下，人类崇尚对自然的开发征服和经济的片面增长来证明人类自身的发展和进步；而在科学发展观的指导下，人类不再仅仅关注对自然的利用和经济的片面增长，而是把人与自然的和谐关系作为发展的前提，走可持续发展的道路。第二，文化资源影响着经济发展的潜力。在文化经济化时代，文化资源成为经济发展的关键性因素。哪个国家的文化资源丰厚，哪个国家经济发展的潜力就越大。对一个国家来说，经济发展的优势将不仅仅来自于自然资源的丰富，丰厚的文化资源也能够带来经济的快速发展。从一定意义上说，经济能否又好又快地发展很大程度上取决于这个国家对其文化资源的开发和利用程度。对文化资源的开发和利用程度越高，经济就将越繁荣；对文化发展的整合和创新程度越高，发展就将越快，国力就越强盛。第三，文化含量的多少是商品价值高低的关键因素。文化是人类改造自然的精神成果。人类在创造文化的同时自身也在不断地进步。因此人类在经济活动中生产出来的商品也打上了人类文明进步的烙印。在综合国力竞争日趋激烈的今天，商品生产中的科技文化含量和文化附加值越来越高。特别是随着世界各国对经济和社会可持续发展的需要，社会发展中的人文指标和企业文化建设对经济的影响越来越大。

　　另一方面，文化是国民经济发展的直接参与者。当代的文化生产已经不完全是个体性的生产方式，而日益成为一种巨大的复杂的社会化大生产。随着先进生产技术和现代传播媒介的高速发展，文化生产已日益成为当代经济生活的一部分，成为复杂的现代化大生产的一部分。像电视、电影、出版、服饰、食品、音像、娱乐等行业，已越来越发展为庞大的产业集团，成为经济结构中的重要组成部分，成为许多国家国民经济的支柱产业。据统计，美国文化产业的产值占 GDP 的比重已由 20 世纪 60 年代的 2%上升到 12%，英国也由 3%上升到 10%，意大利则由当时的起步飞跃到 25%。美国、澳大利亚、加拿大和芬兰的文化产业就业人员占全部就业人员的比例分别达到

20％、10％、6％和 5％。2000 年美国电影、电视和音像出版等总收入已达700 亿美元以上，成为美国出口创汇仅次于航天业的第二大产业。已经有专家学者认为 21 世纪的经济学将由文化与产业两个部分构成，文化必将构成经济进步的新形象。文化在产业化过程中，功能发生了变化，教化功能和意识形态属性减弱，商品功能和经济属性增强，这表明文化作为"软权力"正部分地向"硬权力"转化，并由经济发展的内驱力向经济发展的直接参与者转化，由经济发展的渗透因素直接跻身于经济发展的直接推动者行列。

再次，文化通过提高人的素质来增强综合国力。美国著名的社会学家英格尔斯提出，人的现代化是国家现代化必不可少的因素，是现代制度与经济赖以长期发展并取得成功的先决条件。这里人的现代化指的就是与现代科学技术和生产力相适应的人的素质的普遍提高和全面发展。在科技迅猛发展，综合国力竞争日趋激烈的当今世界，人的素质成为社会进步的综合性标志。未来世界的竞争，归根到底是人才的竞争，胜负取决于一个国家、一个民族国民的素质和人力资源的开发。国民的素质决定着他们对社会资源的利用与开发程度，决定着他们对技术、手段与方法的掌握程度。而文化的功能，恰恰在于提高国民素质和对人的创造力的提升。文化是人类为了适应和改造自己的生存环境而进行的精神生产的产物。它是人所特有的生存方式。人在对自然界的改造中，人的潜力得到了激发、人的创造力得到了提升、人对自然的认识也一次比一次深刻，人自身的思想文化水平也逐步得到了提高。这种潜力的激发、创造力的提升、对自然认识的逐步深刻和文化知识水平的充分发挥正是增强综合国力的关键。说到底，增强社会主义国家的综合国力，就是要靠提高国民的思想道德水准、科学技术水平和充分发挥人的创造力，而这些都依靠国民素质的提高。国家文化发达，人民文化素质高，可以转化为巨大的创造力，转化为物质形态的竞争力量。正因为如此，邓小平明确指出："我们国家，国力的强弱，经济发展后劲的大小，越来越取决于劳动者的素质，取决于知识分子的数量和质量。……有了人才优势，再加上先进的社会主义制度，我们的目标就有把握达到。"[①]"我们要在建设高度物质文明

①《邓小平文选》第三卷，人民出版社 1993 年版，第 120 页。

的同时，提高全民族的科学文化水平，发展高尚的丰富多彩的文化生活，建设高度的社会主义精神文明。"①

（二）文化日益成为国家主权斗争的重要砝码

全球化时代的国际竞争已远远超出了传统的军事力量的角逐，代之以综合国力的较量。而在综合国力构成中，文化力具有至关重要的战略地位。综合国力弱的国家很可能面临着国家主权被弱化的危险。因此，文化也日益成为国家主权斗争的重要砝码。

一方面，文化是发达资本主义国家进行政治渗透的手段。冷战时期，在世界格局中占主导地位的是政治和军事。而冷战后，和平与发展是当今世界的主题，经济、科技、文化等因素在世界格局中的作用日趋上升，这就使政治和军事高压的合法性备受挑战，而文化恰恰具有增强权利扩张合法性、道义性的作用，而且文化的殖民比经济、政治和军事的手段更能"深入人心"，更为有效。美国负责教育和文化事务的国务卿首席助理菲利普·赫库姆克斯指出："除了政治、经济、军事问题之外，教育和文化事务是现代国家外交政策的第四个，也是最人道的部分。"②美国著名的富布赖特基金创始人富布赖特在《外交政策的第四方面》中也指出，当今世界外交政策不能仅仅依靠军事力量和外交活动，我们必须向其他国家传播我们社会的价值观，以影响其下一代。这对世界格局产生的作用要远远胜过军事和外交上的作用。美国前驻意大利大使理查德·加得勒反复强调，意识形态的斗争远比最现代化的飞机大炮更具有重要的意义和效应。他在 1983 年 3 月 20 日发表的文章中曾说："决定美国资本主义命运和前途的是意识形态，而不是武装力量。"③美国外交史学家弗兰克·A. 宁柯维奇在《文化外交：1938—1959 年美国的外交政策和对外文化关系》一书中指出，文化手段和政治、经济、军事手段一样，不仅都是美国外交政策的重要组成部分，而且在大国之间军事作用有限的条件下特别是在现代战争无法严密保护本国不受报复的情况下，文化手

---

① 《邓小平文选》第二卷，人民出版社 1994 年版，第 208 页。

② ［法］路易·多洛：《国际文化关系》，孙恒译，上海人民出版社 1987 年版，第 27 页。

③ ［美］理查德·加得勒：《在意识形态领域推销美国》，《纽约时报》1998 年 3 月 20 日。

段尤其成为美国穿越障碍的一种更加重要的强大渗透工具。理查德·尼克松在其《1999：不战而胜》中强调："在下个世纪，进行公开侵略的代价将愈加高昂，因此经济力量和意识形态方面的吸引力将起决定作用。"①

另一方面，文化又是广大发展中国家捍卫自己主权的武器。冷战后，经济全球化进程进一步加剧，广大发展中国家被卷入全球化的浪潮之中。但是它们在经济上、科技上与发达资本主义国家的差距使它们面临着文化霸权主义和文化殖民主义的严峻挑战，国家和民族文化面临被弱化的危险。"当民族和国家面临外部威胁而发生严重危机时，到文化传统中去寻求解决问题的历史范式，在对历史辉煌的留恋情结中寻求精神的支撑，通过共同的文化价值认同刺激内在反抗意识，以文化的情感归属指向维护民族的自我尊严，利用文化的黏附与聚合功能作为抗争的组织机制，通过文化机体的价值符号抵御异己力量的同化，通过传统的复归净化混乱衰落的社会，构成了被征服民族和国家的一种历史共相。"②甚至还有一些国家采取了文化部落主义或原教旨主义的极端手段。

（三）文化是国际冲突或合作的重要因素

文化乃是人类为了适应和改造自己的生存环境而进行的精神生产的产物。人在创造文化的同时，也被既定的文化所创造着。正如哲学人类学家兰德曼所指出的，"对于个体来说，不仅平常的人，甚至最伟大的天才，他之作为被文化所形成的人远甚于作为文化的形成者"③。这里，兰德曼突出地强调了文化环境对人的塑造功能。当在一种文化熏陶下的人在与其他文化相接触的时候，它会以自己所认同的文化标准来评价其他文化，而当这种评价受到威胁时，往往会伤害这个民族的感情，有可能引起这个民族和其他民族冲突的爆发。不同文化体系之间的差异，一直是影响国际冲突的深层原因。例如，"冷战时期阿以双方争夺巴勒斯坦的持久冲突，伊斯兰世界与西

---

① ［美］理查德·尼克松：《1999：不战而胜》，王观声等译，世界知识出版社1997年版，第51页。

② 张骥、刘中民：《文化与当代国际政治》，人民出版社2003年版，第205页。

③ ［德］兰德曼：《哲学人类学》，工人出版社1988年版，第229页。

方难解难分的多次交恶；印度和巴基斯坦围绕克什米尔的多次争端，以及印度国内庙寺之争对印度与伊斯兰国家之间关系的恶化；土耳其与希腊在塞浦路斯问题上的争端；伊朗与伊拉克基于输出与抵制'伊斯兰革命'和教派矛盾的八年酣战等等"①，虽然利益的争夺是这些冲突的根本原因，但文化的差别和冲突也是其中的一个重要变量。"苏联东欧的民族冲突，第三世界的民族、种族冲突和宗教原教旨主义泛滥，离开文化背景似乎都难以得到圆满的解释。"②但这里也要特别强调一点，那就是，不能把一切国际冲突都归结为文化或文明的冲突，因为文化是以经济和政治为基础的，文化或文明的冲突只是国际冲突的表面，深埋于国际冲突的深层原因仍然是国家的经济和政治利益。

另一方面，不同的文化在冲突和碰撞的同时也会进行沟通、交流并形成彼此的文化认同，从而为不同国际行为体的国际合作奠定基础。西方学术大师罗素在《中西之文化比较》中早就指出："不同文明的交流过去已经多次证明是人类文明发展的里程碑。希腊学习埃及，罗马借鉴希腊，阿拉伯参照罗马帝国，中世纪的欧洲模仿阿拉伯，而文艺复兴时期的欧洲则效仿拜占庭帝国。"③冷战后，随着两极格局的崩溃，各国交往的意识形态的藩篱已经撤除，在全球化所提供的平台上各国文化相互激荡。几乎每一种文化都在不同程度上吸纳着其他文化的合理成分，而且随着自身文化的不断进步，对于其他文化的认同也在不断扩大。不同文化之间的认同越扩大，文化矛盾也就越弱化，对彼此的文化也就越了解和尊重，这无疑有助于国际政治行为体双边或多边的国际合作，对于整合国际关系起到了重要的作用。因此，"发展文化合作是促进各国之间了解的最有力的方法之一"④。近年来，尽管大国之间的分歧和矛盾此起彼伏，有时甚至出现激烈的摩擦和冲突，但最终还是通过对话达成了一定的妥协，其中文化交流立下了汗马功劳。

---

① 张骥、刘中民：《文化与当代国际政治》，人民出版社 2003 年版，第 200—201 页。
② 张骥、刘中民：《文化与当代国际政治》，人民出版社 2003 年版，第 201 页。
③ ［英］罗素：《一个自由人的崇拜》，胡显清译，时代文艺出版社 1988 年版，第 8 页。
④ 世界知识出版社编：《亚非会议文件选辑》，世界知识出版社 1955 年版，第 50 页。

（四）文化安全是国家安全的深层主题

传统的国家安全观认为政治和军事安全在国家利益中居于首位，军事手段是维护国家利益避免来自国内或国外的威胁和侵略的主要手段。冷战后，在日益加快和不断深化的全球化进程中，文化的一体化趋势也在加强。由于经济全球化是建立在不平等的国际政治旧秩序基础上的，所以经济和科技发达国家的文化就成为强势文化，而经济和科技不发达国家的文化就成为弱势文化。弱势文化在与强势文化的交流过程中，必然会受到强势文化的冲击，这使得弱势文化存在和发展的独立性受到严重的挑战。伴随着强势文化的文化霸权、文化扩张、文化渗透等问题的日益突出，文化安全"作为文化保护主义的一种积极表现形式，它在国家间关系中的地位迅速上升"①。文化安全是指一个国家对文化霸权的渗透、入侵和控制，通过反渗透、反入侵和反控制来保护本国本民族的文化处于安全的状态，是国家和民族文化主权的安全。文化安全是一种特殊的安全，相对于军事安全来说，文化安全具有隐蔽性。但文化之间的较量尽管没有直接的武力冲突，也没有直接的对峙与拼杀，但却是一场没有硝烟的战争。

文化安全不是一个孤立的概念，它与一个国家的政治安全、军事安全、经济安全密切联系，相互作用，是国家安全的重要组成部分。没有文化安全就没有全方位的国家安全。相比军事安全、经济安全来说，文化安全是隐藏于国家安全中最深层的部分，它是国家安全中的最底层的安全。如果一个国家的文化是安全的，它就轻易不受外来文化的影响。这是因为文化生存是民族生存的重要前提和条件。"文化的生存状态不仅积淀着一个民族和国家过去的全部文化创造和文明成果，而且还蕴涵着它走向未来的一切可持续发展的文化基因，是它存在和发展的全部价值和合理性所在。"②如果民族文化受到威胁和侵略，必然会给民族国家带来深重的文化危机和民族危机。文化的消亡意味着民族的消亡。正是从这个意义上，我们说文化安全是国家安全的

---

① 王公龙：《文化主权与文化安全》，《探索与争鸣》2001 年第 9 期。
② 胡惠林：《中国国家文化安全论》，上海人民出版社 2005 年版，第 2 页。

深层主题。

文化在当代世界政治格局中的作用使得各国都开始打"文化牌","文化成了一种舞台,上面有多种多样的政治和意识形态势力彼此交锋。文化绝非什么心平气和、彬彬有礼、息事宁人的所在;毋宁把文化看做战场,里面有多种力量崭露头角、针锋相对。"①

三、当代世界政治格局中文化民族性问题的凸显

文化在当代世界政治格局中的作用一方面使得以美国为首的西方发达资本主义国家不断加强对广大发展中国家的文化霸权和文化殖民,另一方面也促使广大发展中国家实行广泛的文化抗争来保护本国文化,文化民族性的维系和重建问题由此成为一种世界性的历史浪潮。

(一)文化霸权主义的种种入侵

冷战的经验使冷战后的美国把文化作为实现它全球战略利益的重要手段。如克林顿政府就认为美国的"政治和经济联系由于美国文化对世界的吸引力而得到补充,这是一种新的我们可以利用的'软力量',在国外促进民主与人权不仅是一种道义上迫切需要履行的义务,而且是一种支持美国国家安全战略的可靠战略方式"②。他们坚信,"如果世界趋向一种共同的语言,它应该是英语;如果世界趋向共同的电信、安全和质量标准,那么它们应该是美国的标准;如果世界正在由电视、广播和音乐联系在一起,节目应该是美国的;如果共同的价值观正在形成,它们应该是符合美国人民意愿的价值观"③。美国运用自身在经济和科技方面的优势,以全球化和世界市场为手段,利用文化当今"软权力"的作用,大肆推行他们的文化价值观,实行文

① ［美］萨义德:《文化与帝国主义》,《马克思主义与现实》1999年第4期。
② 转引自王晓德:《试论冷战后美国对外"输出民主"战略》,《世界经济与政治》1995年第12期。
③ 转引自王晓德:《美国文化和外交》,世界知识出版社2000年版,第541页。

化霸权主义。美国文化霸权的手段多种多样，且手法不断翻新。

首先，语言霸权主义。语言是文化的家园，是一个民族历史延续和文化独立的标志。语言虽然不能直接给国家带来利益，但是语言能否占主导地位决定着该国家在当代国际格局中能否占据话语主动权。正如15世纪欧洲著名语言学家安东尼奥·内布里哈所说，"语言是帝国霸权的孪生姐妹，并将与之相伴终生"。随着资本主义从西方化向美国化的转变，英语也在语言世界里树立了自己的霸权。当今时代，英语是使用范围最广的语言。英语的传播如今达到了空前的广度和范围。共有70多个国家以英语作为官方语言或半官方语言，共有3.8亿人以英语为母语。全世界80%的电子信息是用英语来储存的，互联网上80%以上的内容是用英语来表达的。美国的电视、广播电台、电影直接把英语传播到四面八方。其他国家的学生则通过报考TOEFL、GRE获得到美国等讲英语的国家留学的机会。英美一些教育家正在推进一项"全球教育"计划，通过在世界各国建立统一的教育体系来推广英美文明，其教材当然是用英语写成。英语教学对人们的心理和思维方式"默默"产生着影响，英语传播造成了文化认同和文化同化的现象。[1] 英语成为美国推行其文化霸权的一个重要工具。正是在这个意义上，联邦德国前总理赫尔穆特·施密特在其著作《全球化与道德重建》中强调，"我们应当在全球泛滥的伪文化的压力面前捍卫自己的文化特征"，"保护本国的语言传统却是生死攸关的问题。原因在于，如果本国的语言日趋消失，或者在几代之后遭到彻底侵蚀，那么本国文化中的一大部分内容也会消失，本国特性的一些组成部分也会变没"。[2]

其次，利用媒体和网络技术进行文化扩张。媒体是美国文化向全世界扩张的重要手段。美国凭借其发达的媒体优势，几乎控制了全世界的媒体导向。只占世界人口5%的美国，却垄断了目前传播于世界大部分地区近90%的新闻。美国的两大通讯社——美联社和合众国际社，使用100多种文字，

---

[1] 参见李跃华:《全球化进程中文化的民族性与国家文化安全》,《烟台大学学报》(哲社版) 2001年第3期。

[2] [德] 赫尔穆特·施密特:《全球化与道德重建》, 柴方国译, 社会科学文献出版社2001年版, 第61、64页。

向世界 100 多个国家和地区 2 万多家用户昼夜发布新闻，每天发稿量约 700 万字，并拥有一个世界范围的图片网。美国的 CNN 昼夜新闻节目在全世界共有 137 个国家接收。美国哥伦比亚广播公司、美国广播公司和有线新闻网等媒体发布的信息量，是世界其他国家发布信息总量的 100 倍。美国的《华盛顿邮报》、《时代》周刊、《新闻周刊》等报刊成为各国有关政府部门、大学和学术界必订的报刊。美国著名的《纽约时报》，不仅向全国报馆发布新闻稿，而且还远销国内外 50 多个国家。作为美国政府海外电台的"美国之音"，每周播放时间超过 1200 小时，其中对华普通话广播 84 小时、藏语广播 8 小时、粤语广播 14 小时，拥有世界各地约 8600 万听众，以此宣传美国的文化和价值观念。据联合国教科文组织 20 世纪 80 年代末的统计，美国控制了世界 75% 的电视节目和 60% 以上的广播节目的生产和制作，每年向别国发行的电视节目总量达 30 万小时。许多国家的电视节目中美国节目占到 60%—70%，有的占到 80% 以上。美国电影占据世界总放映时间的一半以上，占据世界电影市场总票房的 2/3，许多发展中国家的电影市场几乎被美国电影所垄断。①

美国还利用其先进的网络技术进行思想文化渗透和推行强权政治。由于美国利用资金、技术上的巨大优势牢牢掌握着网络建设及信息发送的主导权，目前美国文化占据了网上信息资源的 90%，使人们一进入因特网就进入了美国文化的环境之中。正如有关人士所言："只要你一进入交互网络（即国际互联网），你的电脑屏幕上显示的是英语，你进入的讨论组大多数是美国人发起的，讨论的题目是他们想出来的，你看的广告几乎全是美国产品的广告。一句话，进入交互网络，就是进入了美国文化的万花筒。"②有的专家指出，"美国大力倡导发展信息高速公路绝不仅仅是为了科技和社会进步。宁可停了'星球大战计划'而重点来搞信息高速公路，'醉翁之意不在酒'。因为信息不同于工业产品，信息高速公路流通的大量信息，必然会带

---

①　参见龚书铎：《警惕美国以文化"软实力"西化、分化中国》，http://www.globalview.
cn/ReadNews.asp?NewsID=6781。

②　易舟：《我在美国信息高速公路上》，兵器工业出版社 1997 年版，第 294 页。

有明显的政治和文化色彩"。① 美国微软公司总裁比尔·盖茨也认为："信息高速公路将打破国界，并有可能推动一种世界文化的发展，或至少推动一种文化活动、文化价值观的共享。"②

再次，资助发展中国家的学生或访问学者前往美国学习。20 世纪上半叶，美国著名参议员富布赖特曾指出："一代人之后，我们与其他人进行社会价值观念交流的好坏要比我们军事、外交有时对世界格局的影响更大。"③因此，美国着力通过文化交流对其他国家文化价值观念进行重塑，其中，资助发展中国家的学生和访问学者前往美国学习是一种重要的方法。美国从1948 年开始推出了著名的"富布赖特项目"，主要就是为了资助世界各国的学生到美国学习。截至 20 世纪末，参加"富布赖特项目"的学生已超过 25 万人。由于参加该项目的主要是高级知识分子，所以它被看做是"对美国国家长远利益投资的一个典范"，"它造就了一批致力于加强国家间相互了解的领导人和舆论创造者"。④ 据统计，美国是世界上接收留学生最多的国家，仅留学生在美国的花费每年就为 700 亿美元。同时，美国新闻署还专门制定外国国际访问学者来美访问研究的项目，每年接收约 5 千多名来自世界各地从事各种工作的外国人到美国与自己的美国同行相会，表面上是为了进行学术和思想交流，体验美国的社会文化，了解美国的社会制度，实际上是强化他们的美国意识，便于在他们回到自己的国家之后能够更有力地传播美国的文化和价值观念，使美国文化意识形态能够更顺利地在这些国家进行传播和渗透。克林顿总统曾致信赞扬该项目，认为它使许多外国政府、商界、学术界的专家了解了美国，把民主、人权和自由市场制度的宝贵经验带回了自己的祖国，他们正在帮助全世界人民创造一个更美好的未来。⑤

最后，扩大文化贸易，实现大众文化的渗透。大众文化是反映工业化和

---

① 陈筠泉、刘奔主编：《哲学与文化》，中国社会科学出版社 1996 年版，第 250 页。

② ［美］比尔·盖茨：《未来之路》，北京大学出版社 1996 年版，第 327 页。

③ Philip H. Coombs, *The Fourth Dimension of Foreign Policy: Educational and Affairs*, New York,1964, p. XI.

④ Leonarsd R. Sussman, *The Culture of Freedom: The Small Word of Fulbright Scholars*,Maryland,1992. p.87.

⑤ 参见金民卿：《文化全球化与中国大众文化》，人民出版社 2004 年版，第 162 页。

商品经济下大众日常生活、在社会大众中广泛传播、适应社会大众文化品味、为大众所接受和参与的意识生产和流通的精神性创造活动及成果。现代社会中，大众文化以一种比较隐蔽的、非政治的甚至是娱乐化的方式出现，告诉受众什么样的价值观是为现代社会所认同和强调的。特别是在大众传媒的裹挟下，大众文化在全世界大行其道，侵蚀着意识形态的精巧外壳，使之呈现出碎片化的趋势，逐步渗透到极其琐碎的日常文化生活之中。而这恰恰是使文化产品和文化活动背后的意识形态观念随着文化产品在全球范围流动时也大肆蔓延的最佳途径。约瑟夫·奈指出，美国大众文化的吸引力是美国对外政策"库存"中极为重要的"软资源"，它能使美国的大众文化和价值观念得到广泛传播，能够潜移默化地影响发展中国家的生活方式及其公众的思想意识。前美国总统国家安全事务助理兹比格涅夫·布热津斯基也有类似看法："在文化方面，美国文化虽然有些粗俗，却有无比的吸引力，特别是在世界青年中。所有这些使美国具有一种任何其他国家都望尘莫及的政治影响。"[1] 美国学者约翰·耶马在1996年发表的《世界的美国化》一文中更是公开地提出："美国的真正武器是好莱坞的电影、麦迪逊大街的形象设计店、英特尔公司、可口可乐公司的生产线。美国制作和美国风格的影片、服装和'侮辱性的广告'成了从布琼布拉一直到符拉迪沃斯托克的全球标准，这是使这个世界比以往任何时候都更加美国化的重要因素。"[2] 美国大众文化的入侵，对其他民族本土文化和传统起了极大的冲击和破坏作用，这不能不引起一些有识之士的担忧。美国杜克大学教授弗雷德里克·詹姆逊就认为，世界上各个民族的文化，正被美国的大众文化模式——电视演出、服装、音乐、电影，等等——逐出并取而代之。对我们许多人而言，这是界定全球化的真正核心：世界文化的标准化；美国的电视，美国的音乐，好莱坞电影，正在取代世界上其他一切东西，而特定种族——民族的生活方式在这种文化标准化的过程中将遭到破坏。

针对美国的这种文化霸权，美国国内的理论家与之遥相呼应，纷纷为其

①［美］兹比格涅夫·布热津斯基：《大棋局——美国的首要地位及其地缘战略》，中国国际问题研究所译，上海人民出版社1998年版，第32—33页。

②［美］约翰·耶马：《世界的美国化》，《波士顿环球报》1996年7月28日。

做理论论证。其中最有代表性的有"历史终结论"和"文明冲突论"。

第一,历史终结论。以美国国务院政策计划司副司长、原兰德公司分析家弗兰西斯·福山为代表。福山认为:"自由民主制度也许是'人类意识形态发展的终点'和'人类最后一种统治形式',并因此构成'历史的终结'。我们找不出比自由民主理念更好的意识形态。"① 他在《历史的终结及最后之人》一书中指出:"在所有社会的发展模式中,都有一个基本程序在发挥着作用,这就是以自由民主制度为方向的人类普遍史。"② 福山认为,历史的前进有两部发动机,即科学技术的进步和寻求"承认"的欲望,而寻求"承认"的欲望是更为根本的。而西方的自由民主制度一方面通过科学技术的进步和市场经济的发展推动着历史的进步,另一方面又使人获得充分的"承认"。福山说,自由民主制度"既可以通过现代科学技术的发展满足人的物质需求,同时又能满足人'灵魂获得认可的欲望'"③。"现代自由民主制度赋予并保护所有人的权利。"④"自由民主是最合理的政府,即一种最充分地实现理性欲望或理性认可的国家。"⑤ 人类社会再没有更好的制度能够满足人的这些欲望,因此不可能再有进一步的历史变革了。福山认为,西方自由民主制度在20世纪碰到了法西斯主义和共产主义两个对手,但它们在同自由民主制度的较量中都失败了。苏联失败后,又出现了新的对手,即原教旨主义和民族主义。但原教旨主义和民族主义由于种种原因也不是自由民主制度的对手。因此,"当历史走到尽头时,自由民主便不会有任何意识形态上的强劲对手"⑥。

① [美]弗朗西斯·福山:《历史的终结及最后之人·代序》,黄胜强、许铭原译,中国社会科学出版社 2003 年版。

② [美]弗朗西斯·福山:《历史的终结及最后之人》,黄胜强、许铭原译,中国社会科学出版社 2003 年版,第 54 页。

③ [美]弗朗西斯·福山:《历史的终结及最后之人》,黄胜强、许铭原译,中国社会科学出版社 2003 年版,第 234 页。

④ [美]弗朗西斯·福山:《历史的终结及最后之人》,黄胜强、许铭原译,中国社会科学出版社 2003 年版,第 230 页。

⑤ [美]弗朗西斯·福山:《历史的终结及最后之人》,黄胜强、许铭原译,中国社会科学出版社 2003 年版,第 240 页。

⑥ [美]弗朗西斯·福山:《历史的终结及最后之人》,黄胜强、许铭原译,中国社会科学出版社 2003 年版,第 239—240 页。

　　第二，文明冲突论。以美国哈佛大学教授塞缪尔·亨廷顿为代表。亨廷顿在《文明的冲突与世界秩序的重建》一书中详细阐述了"文明冲突论"的思想，他认为，不同文化之间从来就存在着差异，且不同文化之间的差异是不可弥合的。随着冷战的结束和后冷战的到来，人们的文明归属意识得到强化，不同文化之间的差异更为明显。"人民之间最重要的区别不是意识形态的、政治的或经济的，而是文化的区别。"①对国家最重要的分类不再是冷战中的三个集团，而是世界上的七八个主要文明。它们是中华文明、日本文明、印度文明、伊斯兰文明、西方文明、拉丁美洲文明、非洲文明（可能存在的），文明的冲突将主宰全球的政治冲突。特别是在全球化中，人们摆脱了传统的地域认同，民族国家的认同意识也在一定程度上有所淡化，各种宗教势力乘机介入，"宗教复兴"为超越国界将文明联合成一体提供了基础。亨廷顿的文明冲突论还透露出一种对西方文明的忧思：西方文明的中心地位正在衰落，以西方为中心的世界格局正在被越来越多极化的世界格局所取代。"西方现在占绝对优势，并在进入21世纪时仍将在权力和影响力方面保持世界第一。然而文明间的均势也发生了一些逐步的、无情的，也是根本的变化。西方的权力相对于其他文明将继续衰落。随着西方老大的地位被侵蚀，它将丧失很多权力，其余的权力将在地区基础上分散给几个主要文明及其核心国家。最重要的权力增长正在并将继续发生在亚洲文明之中，中国正逐渐成为最有可能在全球影响方面向西方挑战的国家。这种文明间的权力转移正在并将继续导致非西方社会的复兴和日益伸张其自身文化，并摈弃西方文化。"②亨廷顿认为美国文化是西方文化的核心，"摈弃美国信条和西方文明，就意味着我们所认识的美利坚合众国的终结。实际上这也意味着西方文明的终结。如果美国非西方化了，那么西方就缩小到只剩下欧洲和几个欧洲移民人口不多的国家。没有美国，西方便会成为世界人口中的一个微不足道

---

　　①　［美］塞缪尔·亨廷顿：《文明的冲突和世界秩序的重建》，周琪等译，新华出版社2002年版，第6页。

　　②　［美］塞缪尔·亨廷顿：《文明的冲突和世界秩序的重建》，周琪等译，新华出版社2002年版，第76—77页。

的和衰落的部分，居住在欧亚大陆一端的一个小而无关紧要的半岛之上"①。亨廷顿的文明冲突论包含着明显的西方文化霸权的思想。正如汤一介先生所指出的："亨廷顿的文章所依据的理论是已经过时了的'西方中心论'。"②

继"文化冲突论"后，亨廷顿又在《我们是谁——美国国家特性面临的挑战》一书中深入研究了美国的民族性，认为盎格鲁—新教文化是美国特性的决定因素，是使美国人区别于别国人的标志，但在 20 世纪后期，它受到了严峻的挑战。"一是来自拉丁美洲和亚洲的移民新浪潮；一是学术界和政界流行的多文化主义和多样性理论；一是西班牙语有形成美国第二语言之势，美国社会中出现了拉美裔化的倾向；一是一些群体强调立足于人种和民族属性及性别的身份/特性；一是移民社群及其原籍国政府对美国社会施加影响；一是精英人士日益强调其世界主义的和跨国的身份/特性。"③ 亨氏提出要使美国遏制和扭转衰落的过程，重振"美国特性"，就应当重新发扬盎格鲁—新教的文化、传统和价值观，并以盎格鲁—新教文化为美国文化的主导，反对少数种族文化，排斥亚裔文化、墨西哥裔文化和拉美裔文化。亨廷顿指出，"'美国信念'是植根于盎格鲁—新教文化，如果美国人放弃了盎格鲁—新教文化，'美国信念'也就不大可能保持它的突出地位。若出现多文化的美国，到时候就会出现多信念的美国，不同文化的群体会宣扬他们植根于自己特有文化的独特政治价值观和原则"④。而这"将使得三个世纪以来一种语言和一种核心文化——盎格鲁—新教文化——的美国变得面目全非"。当然，亨廷顿也没有忘记对外，特别提出"伊斯兰是好斗分子"，是美国"现实的敌人"，中国是"可能的潜在敌人"。这里，不难看出，亨廷顿对美国文化民族性衰落的担忧和重建的思考，不过是从另一个角度来阐述其美国文化中心论的思想。

---

① ［美］塞缪尔·亨廷顿：《文明的冲突和世界秩序的重建》，周琪等译，新华出版社 2002 年版，第 354 页。

② 汤一介：《和而不同》，辽宁人民出版社 2001 年版，第 62 页。

③ ［美］塞缪尔·亨廷顿：《我们是谁——美国国家特性面临的挑战》，程克雄译，新华出版社 2005 年版，"前言"第 3 页。

④ ［美］塞缪尔·亨廷顿：《我们是谁——美国国家特性面临的挑战》，程克雄译，新华出版社 2005 年版，第 282 页。

由此可见，美国文化霸权主义的实质就是企图凭借其经济、政治和文化的优势，按照自己的标准，在全球推行它的文化价值观念，搞文化"一体化"，最终使经济上处于弱势的国家最终丧失其文化主权，成为美国的文化附庸。这一点也是一般文化霸权主义的共性所在。美国的文化霸权主义严重威胁着其他国家特别是发展中国家的文化个性，削弱了其他国家的民族文化认同，给其他国家的文化发展带来了巨大的灾难，引起了世界上其他国家特别是发展中国家广泛的文化抗争。

（二）对霸权主义文化抗争的理论形态

霸权主义是帝国主义的特征，自第二次世界大战以来这种霸权主义呈现出更强的发展势头，并日益暴露出从西方化向美国化的转化。以美国为首的西方文化霸权引起了理论家的深刻反思，他们提出了一系列反对文化霸权主义的理论，形成了对霸权主义抗争的理论形态。其中有代表性的主要有文化帝国主义理论和后殖民主义理论。①

1. 文化帝国主义理论

文化帝国主义的概念最早是由美国的佩查斯明确提出的。他在《20 世纪末的文化帝国主义》一书中指出，所谓文化帝国主义，就是"西方统治阶级对人民的文化生活的系统渗透和控制，以达到重塑被压迫人民的价值观、行为方式、社会制度和身份，使之服从于帝国主义阶级的利益的目的"②。英国的保罗·哈里森在佩查斯的基础上进一步批判了西方的文化霸权主义和文化帝国主义，他在对 10 个国家访问的基础上，写出了《第三世界——痛苦·曲折·希望》。在书中，通过对广大发展中国家大量现实的描述和分析，哈里森指出："第三世界一味追求西方的生活方式，已使争取发展的努力走上歧途，并且迅速地把传统文化中不管好的坏的一古脑儿摧毁了，就

---

① 参见赵修艺:《解读汤林森的〈文化帝国主义〉》，载［英］汤林森:《文化帝国主义》，上海人民出版社 1999 年版，第 4—5 页。

② 参见赵修艺:《解读汤林森的〈文化帝国主义〉》，载［英］汤林森:《文化帝国主义》，上海人民出版社 1999 年版，第 4—5 页。

像把孩子和洗澡水一起泼掉一样。"① 而"在自认为种族优越的西方人和西方化了的当地人看来,这是世界上再自然不过的事情了。这就是现代化的生活。"② 产生这种现象的根源就在于西方国家的帝国主义,"伴随着政治上和经济上的帝国主义,又产生出一种更为阴险的控制形式——文化上的帝国主义。文化上的帝国主义不仅征服了受害者的肉体,还征服了他们的心灵,使他们沦为惟命是从的帮凶"③。

文化帝国主义对第三世界的征服有两种方式:一种是"从改造与他们勾结的本地头面人物开始的";另一种就是通过更为迂回而又不带强迫性的"比照集团行为"来实现的。"有这种行为的人,照搬他希望跻身其中的那个社会集团的习惯和生活方式。"④ 如印度的"受英国教育的阶级",它是比西方化还"西方化"的一个"比照集团"。"今天西方化的现象已经扩展到第三世界的每一个角落。由于没有西方化的人受到歧视,这一现象的发展速度正在加快。它钻进当地社会的主动脉,从内部散布毒素。在上面,西方化的传播靠的是当地统治集团和地主势力的活动和他们作出的榜样。在下面,年轻人正在成为西方化的主要传播工具。"⑤ 在西方文化帝国主义的侵袭下,"传统的文化和社会结构,病入膏肓奄奄一息,在一些地方则已经长眠地下了。……动物种类的减少,会威胁到生命形式得以繁衍的基本因素——自然的平衡和多样性。同样,许多不同社会形态的消失也会减少人类文化的多样性"⑥。

---

① [英]保罗·哈里森:《第三世界——痛苦·曲折·希望》,钟菲译,新华出版社1984年版,第35—36页。

② [英]保罗·哈里森:《第三世界——痛苦·曲折·希望》,钟菲译,新华出版社1984年版,第35页。

③ [英]保罗·哈里森:《第三世界——痛苦·曲折·希望》,钟菲译,新华出版社1984年版,第36页。

④ [英]保罗·哈里森:《第三世界——痛苦·曲折·希望》,钟菲译,新华出版社1984年版,第37页。

⑤ [英]保罗·哈里森:《第三世界——痛苦·曲折·希望》,钟菲译,新华出版社1984年版,第43页。

⑥ [英]保罗·哈里森:《第三世界——痛苦·曲折·希望》,钟菲译,新华出版社1984年版,第49页。

2. 后殖民主义理论

以爱德华·W.萨义德为代表。萨义德吸收了葛兰西的文化霸权理论和福柯的话语与权力理论，提出了著名的东方学理论，从而成为后殖民主义理论的典型代表。在萨义德看来，东方学有三种含义：第一种是"其作为学术研究的一个学科的含义"①；第二种含义是"东方学是一种思维方式，在大部分时间里，'the orient'（东方）是与'the occident'（西方）相对而言的，东方学的思维方式即以二者之间这一本体论和认识论意义上的区分为基础"②；第三种含义是"将东方学视为西方用以控制、重建和君临东方的一种方式"③。因此，不应该把东方学仅仅看成超政治的纯粹学术理论，东方学是关于东方的知识和西方霸权相结合的一种东方学话语，他说："如果不将东方学作为一种话语来考察的话，我们就不可能很好地理解这一具有庞大体系的学科，而在后启蒙时期，欧洲文化正是通过这一学科以政治的、社会学的、军事的、意识形态性的、科学的以及想象的方式来处理——甚至创造——东方的。……简言之，正是由于东方学，东方过去不是（现在也不是）一个思想与行动的自由主体。"④东方学在标榜自己作为知识体系的客观性时，实际上隐含了自己的政治功能和利害取舍。东方学和帝国主义行动构成了相互支持的"同谋"关系，东方主义者"帮会"同帝国权力之间在历史上有一种特殊的同谋关系，只有盲目的乐观主义者才会视而不见。⑤

文化帝国主义理论和后殖民主义理论揭露了全球化过程中西方文化的霸权主义实质，对于增强弱势国家和民族的自信有重要意义。然而，他们在批

---

① ［美］爱德华·W.萨义德:《东方学》，王宇根译，生活·读书·新知三联书店1999年版，第3页。

② ［美］爱德华·W.萨义德:《东方学》，王宇根译，生活·读书·新知三联书店1999年版，第3—4页。

③ ［美］爱德华·W.萨义德:《东方学》，王宇根译，生活·读书·新知三联书店1999年版，第4页。

④ ［美］爱德华·W.萨义德:《东方学》，王宇根译，生活·读书·新知三联书店1999年版，第4—5页。

⑤ ［美］参见萨义德:《东方不是东方》，载杨雁斌、薛晓源编:《重写现代性》，社会科学文献出版社2001年版，第295页。

判西方文化的同时，也拒斥了西方文化中包含的代表进步的现代性思想，因而在一定意义上又具有相对主义的色彩。

（三）对霸权主义文化抗争的实践形态

当今世界，每一个国家都感受到了来自美国文化霸权的压力，反对文化霸权的呼声风起云涌。在国际领域内，保护文化民族性的呼声也随之不断高涨。

发展中国家是美国文化霸权主义最大的受害者，他们极力主张反对文化霸权主义，维护文化的民族个性和多元发展。例如，马来西亚和以色列都强调语言的抗争，从而使得马来语这种本来没有书写文字的口头语重新获得重视，使希伯来语逐渐成为世界犹太人追寻文化根源的凭借。印度为了抗争美国的文化霸权、提高印度文化在世界上的地位，也大力发展自己的软件产业和电影产业。印度政府把软件产业称为"战略性产业"，非常注重发展软件产业。目前印度拥有700多家软件公司，25万软件工程师，140万编程人员，其产品远销75个国家。印度在发展软件产业的同时还大力发展其电影产业，拥有称之为可与好莱坞媲美的"孟莱坞"。① 我国也坚决反对美国的文化霸权。中国共产党第十六次代表大会报告说："我们主张顺应历史潮流，维护全人类的共同利益。我们愿与国际社会共同努力，积极促进世界多极化，推动多种力量和谐并存，保持国际社会的稳定。""我们主张维护世界多样性，提倡国际关系民族化和发展模式多样化。世界是丰富多彩的。世界上的各种文明、不同的社会制度和发展道路应彼此尊重，在竞争比较中取长补短，在求同存异中共同发展。各国的事情应由各国人民自己决定，世界上的事情应由各国平等协商。"②

但是对于有些国家在捍卫自己文化主权过程中出现的极端形式——原教旨主义，我们也必须保持理性的认识。原教旨主义是弱势文化在面对外来文化入侵时，过度强调自身文化个性、突出自己文化认同纽带作用的一种文化

---

① 　参见金民卿:《文化全球化与中国大众文化》，人民出版社2004年版，第119—120页。
② 　江泽民:《全面建设小康社会，开创中国特色社会主义事业新局面》,《人民日报》2002年11月17日。

主张，是对文化入侵和文化霸权反抗的一种极端化形式。如伊朗和苏丹等伊斯兰国家出现的"泛伊斯兰主义"。它们打着弘扬伊斯兰文化的旗帜，对外输出"伊斯兰革命"，试图用原教旨主义把信仰伊斯兰的国家凝聚起来，从政治、经济和文化多方面探讨一切可能的联合。在强调要弘扬伊斯兰精神，以避免被外来文化俘虏这一点上，原教旨主义是积极的。但是，"它片面地强调文化的民族性，而忽视了其时代性；片面地强调文化的继承性，而忽视了文化的创新性；它否认了自己文化中的落后与不足，不顾历史的前进，把自己封闭起来，幻想恢复自己的文化历史原貌；它对内反对求新变革，压制不同政派，对外拒绝沟通，拒绝新的文化理念渗入"①。这不仅不能抵制霸权主义和普遍主义的侵袭，而且其本身就是霸权主义和普遍主义的变种，这势必会阻碍伊斯兰文化自身的发展。

发达国家也不满美国的文化霸权主义，掀起了反对文化霸权主义的热潮。最具有代表性的事件是法国连同其他国家在1993年举行的乌拉圭回合贸易谈判中提出的"文化例外"原则。该原则把文化产品同其他商品区别开来，要求对文化产品的流通予以限制。而且，法国和欧共体其他国家还联合起来一起拒绝美国关于欧洲取消对美国影视产品的"配额限制"和"自由贸易"的要求。发达国家还从语言方面抵制美国的文化霸权。法国总统希拉克2001年3月20日在巴黎大学索邦分校本部的一次研讨会上呼吁人们抵制英语日益增强的优势地位。他说："面临着英语这个在全球占支配地位的语系的力量，其他人必须联合起来，集中他们的力量——以便恢复机会平等，让他们的声音响彻全球。"目前，60多个国家正在讨论签署一项保护文化多样性的联合国公约，旨在阻击"美国制造"的"巨无霸文化"，帮助其他国家保护本民族文化。②

饶有趣味的是，美国社会内部也发出了文化多元化的声音。在1998年6月23日《洛杉矶时报》的一篇文章里，作者列举了大量墨西哥文化的事实来质疑文化全球化。该文写道："一些人曾预言，随着1994年北美自由贸

① 张洪仪：《文化压抑与伊斯兰原教旨主义》，《北京第二外国语学院学报》1998年第2期。
② 《全球阻击"巨无霸文化"》，《参考消息》2003年10月22日。

易协定的签订和全球化的到来，墨西哥文化将会消失。看来他们错了。实际上墨西哥三年前的遗产已经引起人们很大的兴趣。"①事实上，美国自身的文化不是纯而又纯的盎格鲁文化，而是包含着多种差异性和特殊性的文化。连亨廷顿在《我们是谁——美国国家特性面临的挑战》一书中也承认了"美国信念"受到了挑战，强调要弘扬盎格鲁文化，限制墨西哥等其他文化的发展。这表明，美国文化自身也正在经历多元化的过程，走向多元化的文化格局。所以美国在自身文化多元化的时候强调文化全球化，显然是有其不可告人的目的。

　　文化民族性在当代世界政治格局中的凸显不仅与当代世界政治格局的特点相关，而且也与其文化自身的发展规律有关，下一章本文将从历史生成和变迁对文化民族性做进一步的剖析。

---

　　① 吴元迈:《经济全球化与民族文化——兼论文化的民族性与世界性》,《中国社会科学院研究生院学报》2001 年第 2 期。

第二章　文化民族性：概念、生成和变迁

文化是民族的身份象征和国家的精神家园。文化民族性的当代凸显不仅和当代世界政治格局的特点相关，而且与民族文化自身的生成和发展规律存在着重要的相关性。事实上，文化是一个民族适应和改造自然环境的产物，是为人的生存和发展提供"意义源泉"的"第二自然"，然而，它的生成和发展绝不是自然演化的自然结果，而是植根于实践基础上的多种"历史因素"相互作用的结果。

一、文化民族性的概念

任何理论研究都是首先从概念和范畴开始的，并且是对这些概念和范畴的"运作"为起点来构建"话语谱系"。本书的研究也是如此，对文化民族性概念的界定是研究的逻辑起点。因此，这里首先需要对文化民族性的内涵进行理论上的描述。

（一）文化民族性的内涵

文化是人类历史发展的产物。自从有了人类，就有了人类创造的文化世界。然而，尽管文化和人类相伴而生，但至今文化是什么却依然是难以破解的"斯芬克斯之谜"。自1871年英国人类学家对文化做了一个经典定

义①之后，有关文化的定义不胜枚举，甚至被称为"文化定义现象"。1951年，美国人类学家克鲁伯和克拉克洪在《文化概念：一个重要概念的回顾》一书中，对从 1871 年到 1951 年间的文化概念进行了梳理，发现这 80 年间，有关文化的定义达 164 种，以后又增加了许多种。殷海光在《中国文化展望》中也列举了文化使用的 47 种定义。大体来说，关于文化本质的理解可以区分为广义和狭义。广义的文化即"人化"，指人们在物质生产和精神生产中所创造的一切成果。狭义的文化仅指精神生产的成果。本书所指文化是狭义的文化，即把文化看成是"由知识、信仰、哲学、法律、道德、艺术、风俗习惯等组成的观念形态"②，因为作为观念的文化最深刻地体现了一种文化的民族个性。

文化从开始产生到具有民族特性经历了一个漫长的过程。从最初按照血缘关系的氏族，到氏族之间联合为部落，最后才发展为民族，甚至有些学者提出现代意义上的"自觉"的民族是到近代才出现的。关于民族的含义，就目前的研究文献而言，大多数研究者都是援引斯大林 1913 年提出的民族定义，即民族是人们在历史上形成的有共同语言、共同地域、共同经济生活以及表现于共同的文化特点上的共同心理素质这四个基本特征的稳定的共同体。国内有些学者也提出了一些补充要素③，但基本上都是对斯大林这四个特征的补充和细化。

民族的形成，标志着一个文化体的最后成熟。文化总以民族为前提，通过民族这一载体存在和发展，民族又因为依托了文化这一坚实根基而愈益牢固和紧密，文化成为民族身份的象征和精神的烙印。在人类文化的发展历程中，每个民族都形成了不同于其他民族的、贯穿于各个时代的、为各个时代的人们所接受和认同的以语言、工具、文字、符号等形式保留下来的个性特

---

① 泰勒指出："文化，或文明，就其广泛的民族学意义来说，是包括全部的知识、信仰、艺术、道德、法律、风俗以及作为社会成员的人所掌握和接受的任何其他的才能和习惯的复合体。"（泰勒：《原始文化》，上海文艺出版社 1992 年版，第 1 页。）

② 陈先达：《静园论丛》，中国人民大学出版社 2000 年版，第 525 页。

③ 有的认为民族的基本特征应当有 6 个。例如宁骚认为应增加"形成历史"、"稳定性"两条，纳日碧力格认为"共同地域"和"共同经济生活"是民族形成的条件，而不是民族的特征，吴治清认为民族具有 11 种属性。

征，这就是文化的民族性。

关于文化的民族性，学术界讨论较少，一些学者把它当做是文化发展过程中不证自明的道理，还有一些学者把它看成是"一个民族的生活特色、思维方式、审美情趣和价值观念等心理结构在文化中的综合体现"。这当然有一定的道理，但它只是注重从价值尺度来理解文化的现实指向，而忽视了对民族文化与其生产方式、实践特点这一根本维度的考量，因此还不足以揭示出文化民族性的丰富内涵。我们认为，文化民族性作为不同民族文化的个性特征，既反映了不同民族成员的主体需要和价值取向，也反映了他们的生存权利、生存智慧和所处的社会发展阶段下实践的历史性特点，是文化发展的主体尺度和客体尺度的辩证统一。对于文化民族性的内涵可以从以下几方面来理解。

第一，现实的人的生命存在是文化民族性的人学本体。

文化作为人类特有的创造物，体现了现实的人的本质。"人不仅仅是自然存在物，而且是人的自然存在物，就是说，是自为地存在着的存在物，因而是类存在物。他必须既在自己的存在中也在自己的知识中确证并表现自身。"① 这就是说，人的形成既不是纯粹的外在力量——上帝的"造化"，也不是一个单纯的"自然进化"，而是"文化创造"过程。人的本质的一个重要特点是，他内在具有的超越性和生成性特点使他能够通过感性的活动创造了一个属人的世界，并在这个世界中确证和发展自身。这一点是把人和动物区分出来的根本性标志，"动物只是按照它所属的那个种的尺度和需要来建造，而人懂得按照任何一个种的尺度来进行生产，并且懂得处处都把内在的尺度运用于对象"②。

由于人内在具有的实践本质，自然对人来说已经不再仅仅是与人对立的纯粹的自然，而是打上了人的实践烙印、被符号化和赋予文化内涵的"人化自然"，那种"被抽象地理解的，自为的，被确定为与人分割开来的自然界，对人来说也是无"。我们不否认自然界在实践和空间上对人具有优先性，但

---

① 《马克思恩格斯全集》第 3 卷，人民出版社 2002 年版，第 326 页。

② 《马克思恩格斯选集》第 1 卷，人民出版社 1995 年版，第 47 页。

是作为人的生活对象的自然恰恰已经不再是纯粹的自然了，而是打上人的活动烙印的"人化自然"，或"人的感性世界"，"文化世界"。在这个世界中，人内在的超越性和生成性得以实现，人生存的根据和意义被构建起来，人的本质和发展也逐渐展示。正如一些学者所提出的："文化就是'人的现实的生存存在'及其'世界'、及其'优化过程'。人的现实的生命存在是文化的本体，因而也是哲学的'本体'。"①

　　需要指出的是，文化世界虽然是从自然世界里分化出来的，但二者并不是截然对立的。因为人不能凭空创造任何东西，人所创造的文化永远离不开自然界提供的物质基础。文化总体"我们可称之为人文世界。要理解这个世界还得看到这是人们对自然世界的加工。人并不能创造出任何物质的东西来。这个人文世界处处都得以物质为基础。人利用其独有的得之于自然的能力，把自然世界的物质作为原料，加以改造，塑成为足以满足他们生活上一切需要的那个人文世界，即所谓'文化'。文化是人对自然的加工"②。这个人文世界虽然和自然世界的面貌和性质有所不同，但都是一个客观世界，并在人的实践中与自然世界相互联系、不断转化。因此，从根本意义上来说，文化世界仍然受制于自然演化，不可将二者割裂开来。"人文世界和自然世界并不是对立的或相互排斥的，而可说是重叠的。只有没有加工过的自然世界，没有脱离自然世界的人文世界。"③

　　第二，民族成员的生存需要和意义选择是文化民族性的价值内涵。

　　文化作为人类的特殊创造物，首先体现着对人的生存需要的满足。人为了生存，必须首先克服人的生物学劣势，从自然环境中获得满足自身生存需求的资源来弥补自身的缺点，这已在很多文化人类学家的研究中得到了证实。如马林诺夫斯基认为，人"通过其文化的发展，现在已横行于地球，征服了各种环境和栖息地……我们看到他已将人类的控制力扩及到地球表面所允许到达的任何地方，并渗透到人类当初所不能渗入的各种环境之中"④。

---

① 李鹏程：《当代文化哲学沉思》"序言"，人民出版社 2008 年版，"序言"第 1 页。

② 费孝通：《论人类学与文化自觉》，华夏出版社 2004 年版，第 49 页。

③ 费孝通：《论人类学与文化自觉》，华夏出版社 2004 年版，第 50 页。

④ 庄锡昌：《多维视野中的文化理论》，浙江人民出版社 1987 年版，第 108 页。

　　文化在满足人的需要的同时，还为人的生存提供意义和价值的精神家园。一个民族的传统文化不仅反映着一个民族过去的全部文明成果，还蕴涵着了该民族存在的合理性和发展的无限可能性，是这个民族文化传统薪火传递、生生不息的重要动力。"文化不仅是我们赖以生活的一切，在很大程度上，它还是我们为之生活的一切。感情、关系、记忆、亲情、地位、社群、情感满足、智力享乐、一种终极意义感，所有这些都比人权宪章或贸易协定离我们大多数人更近。"①

　　当然，民族成员对文化的优化选择也是相对而言的。因为"文明是一种运动，而不是一种状态，是航行而不是停泊。没有人知道文明是否已经到达了文明的目的地，在地球上，还从未听说过真有圣人存在"②。对于一个民族来说也是如此，"从来还没有哪个社会的居民设计出最佳或完美的手段来利用环境，因此，如果说一个社会的所有成员都一致同意如何去最佳地利用环境，那恐怕也是不可能的。迄今为止还没有一个社会的居民宣布过所有成员的需要都得到了满足"③。而恰恰是文化的不自足性，为民族成员提供了拓展文化创造空间的根据。任何一个民族要想使民族成员既能够有效应对环境又能够获得一种安身立命、尽享生命的家园，就必须要在既定的文化基础上进行不断的文化创造。

　　第三，民族成员的社会实践是文化民族性生成的根基。

　　民族文化诚然在一定程度上满足了民族成员的某种需要，但是如果我们仅仅从满足需要的工具体系的角度来理解文化，还不足以把握民族文化的深层次内涵。因为，只有在民族成员的社会生产实践中，人和自然的相互作用才有了相互联结的纽带，人所创造的文化世界才获得了现实的根基，因此，只有紧紧把握民族文化产生的实践根基，才能真正把握文化民族性的本质内涵。

----

① ［英］特瑞·伊格尔顿：《文化的观念》，方杰译，南京大学出版社2000年版，第151页。

② ［英］汤因比：《文明经受着考验》，沈辉等译，浙江人民出版社1988年版，第47页。

③ ［美］塞缪尔·亨廷顿主编：《文化的重要作用》，程克雄译，新华出版社2002年版，第205页。

　　如前所述，人是具有内在超越性的生成性存在，人一方面"直接地是自然存在物。……是有生命的自然"存在物，另一方面是作为对象性的、感性的存在物。"……这就等于说，人有现实的、感性的对象作为自己的本质、自己的生命表现的对象；或者等于说，人只有凭借现实的、感性的对象才能表现自己的生命。"因此，只有从人的感性活动和人创造的感性世界中，才能够揭示人的本质。"对于感性活动和感性世界的发现，与其说是一个方法论的创举，不如说是一种实践论的观念，它要求一种巨大的历史感和能动的主体性，然而，这些内涵和侧度都显示出历史辩证法的力量，'人创造环境，同样环境也创造人'。只有在这个层次上，人和人的世界的辩证关系才获得了历史性的解答。"①

　　对于任何一个民族来说，由于面对的自然环境的差异，各个民族"开拓"自然环境，把它变为他们生活场所的方式，以及他们同民族相邻的其他人群交往的可能性以及交往的能力不同，使得它们作用于自然的方式和实践的特点产生较大的差异。作为文化主体的民族成员在自己的生活中，形成了民族宗教、民族禁忌、风俗习惯、道德规范等，表达了他们对外界事物的感受和体验。在长期的历史积累中，就形成了多样性的民族文化。

　　第四，民族成员的自由全面发展是文化民族性的价值取向。

　　从文化发展的历史趋势来看，文化是在一定物质基础上人类对自然的精神创造。由于文化是人类实践活动的创造性成果，所以它既是一个现实世界，又是一个意义世界、理想世界。人的超越性赋予了文化不断创新的动力，而文化世界的日益更新又促使人在文化实践中不断提升自身的素质和能力，最终实现自由全面发展。

　　然而，从现实的文化发展来看，民族文化在自身的发展中却呈现出否定之否定的过程。文化是人为了自己的生活创造出的一套价值体系，它既为人提供了相应的社会规范和意义支撑，同时也能异化为束缚人、禁锢人、阻碍人进一步创新的保守因素。这是历史辩证法在文化发展中的体现。埃德加·莫兰曾这样说明文化对人类认识的双重作用："一种文化既开发认识的

① 李燕：《实践的批判：马克思主义文化哲学探源》，《中国人民大学学报》1995年第4期。

生物——人类学潜能，又关闭这种潜能。它为个人提供知识积累、语言、范式、逻辑、图式、学习方法、研究方法、检验方法，等等，通过这样的方式来开发和实现认识的生物——人类学潜能，但同时它又用它的规范、规则、禁止、禁忌，用它的种族中心主义、自我神圣化及它对自己无知的无知，来封闭和抑制这些潜能。再次，开启认识的东西仍然是封闭认识的东西。"①

尽管民族文化有其发展的内在悖论和局限性，但民族成员不可能离开一定的文化而生活，就像他们不能离开空气而生活一样。文化异化或"文化悲剧"恰恰是通往自由的必经之路。民族成员只能通过持续不断地继承、交流和创新来克服民族文化的自我神圣化倾向和自足的文化惰性，在既有文化基础上创造新的更高的文化。因为"归根到底，为文化所束缚的人，只可能靠文化来解放自己"②。文化是自由的必经途径。正是在这个意义上，恩斯特·卡西尔说："作为一个整体的人类文化，可以被称之为人不断自我解放的历程。"③ 恩格斯也说："文化上的每一进步都是人迈向自由的一步。"④

（二）文化民族性的特点

第一，文化民族性具有超越性的特点。

文化民族性的超越性是指民族文化虽然体现在个人的行为、信仰、价值和心理等方面，但却总是独立于民族的个体之外，不受单个人意志支配并对该民族成员具有强大的制约作用。它通过塑造一种社会文化环境，使身处其中的民族成员不知不觉地被社会风气和家庭环境所"同化"。这一点得到了很多社会学家、人类学家的认同。社会学家迪尔凯姆第一个明确地指出：文化超越于个人而独立地存在，它是一种"自成一类的存在"（即所谓 sui generis）。他的"集体意识"概念最重要的特征就是超越个人的存在。他

---

① ［法］埃德加·莫兰：《方法：思想观念》，秦海鹰译，北京大学出版社 2002 年版，第 8 页。

② ［法］埃德加·莫兰：《方法：思想观念》，秦海鹰译，北京大学出版社 2002 年版，第 95 页。

③ ［德］恩斯特·卡西尔：《人论》，甘阳译，上海译文出版社 1985 年版，第 288 页。

④ 《马克思恩格斯选集》第 3 卷，人民出版社 1995 年版，第 456 页。

说："毫无疑问，集体意识的基质不是单一的机构，从定义上说，它扩散于整个社会空间；可是，它仍然有着使其成为一种有别于他物的现实的特殊性质。实际上，集体意识是独立于个人置身其间的特殊情况的；个人消逝了，它仍然存在，无论在南方还是北方，在大城市还是小城市，在这样那样的行业中，都是一样。同样，集体意识不是每代必变的，相反，它承上启下，代代相传。因而，尽管它只能出现在个人身上，但与个人意识相比则完全是另一回事。集体意识是社会的精神象征，有着自己的特性、生存环境和发展方式，完全像个人一样，尽管方法不同。"①

克罗伯也强调文化独立和超越于个人的性质。"文化是一种比社会更高一个层次的现象或现实，因而文化现象绝不能还原为生物现象和心理现象，乃至不能与社会现象混同起来。尽管生物、心理和社会现象可以说明构成文化层次的基础现实，正像物理化学可以解释有机体某些基本的生物过程一样，但是文化现象最终必须有另外的文化现象来说明。文化现象只服从于它自身的法则，个人仅仅是文化的被动载体。文化的发展存在着某种个人所不能左右的周期结构和有机逻辑。"②怀特更是把文化的这种超越性推向了极端。怀特认为："文化是自成系统的，它是依据自己的原则和规律而运行的一种事件和过程，并仅能根据它自己的因素和过程来加以解释。这样，文化就可被认为是一种自足、自决的过程，人们只能根据文化自身来解释文化。"③

显而易见，他们都看到了文化的超越性，看到了文化自身的发展过程和规律以及文化的延续性，但又都夸大了文化民族性的超越性，把文化看成是自我决定的独立系统，实际上是把人的精神世界及其产品变成不依赖人的客观精神、一个与人无关的绝对观念的世界。这就抽象掉了文化所赖以形成的经济关系和政治关系，使文化变成了无源之水、无本之木、纯粹主观自生的东西，从另一条道路走向了文化神秘主义。文化对民族成员的影响是濡化的

---

① 转引自傅铿：《文化：人类的镜子——西方文化理论导引》，上海人民出版社 1990 年版，第 102 页。

② 傅铿：《文化：人类的镜子——西方文化理论导引》，上海人民出版社 1990 年版，第 163 页。

③ ［美］怀特：《文化科学——人和文明的研究》，浙江人民出版社 1988 年版，第 2 页。

影响，民族成员之所以对于自己生活于其中的民族文化习以为常，是因为他们已经习惯了这种思维模式、价值观念和行为准则——正如生活在地球上的人并不感到空气的压力一样。只有当他们试图反抗陈旧的社会制度时，文化民族性的强制力量才会明显地表现出来。反抗旧的价值观念的人会被固守旧的价值观念的人视为"叛逆"。

第二，文化民族性具有继承性的特点。

首先，文化是一代又一代民族成员认识自然和改造自然的实践活动的积淀和结晶，具有代代继承的特点。随着时间的流逝，一代又一代人的生命可能会逝去，但文化却通过一代又一代人的学习而继承下去，形成民族文化的传统，这就构成了民族文化的继承性。民族文化的继承首先是一种社会遗传，而不是生理遗传。因为文化只能存在于社会的群体之中，而不能存在于人的生理遗传结构之中。对于每个个人来说，文化如同自然界那样地存在着，人们出生以后就面对着既定的由先辈们所创造的文化世界。在生活中，人必须要通过后天的学习（通过家庭教育和社会教育）和自己的社会实践去获取文化。文化的继承从本质上说就是社会继承或群体继承。即使一种很简单的文化，也要靠群体性的传授，绝不会由人生而俱来。

其次，文化的继承性总是和文化的发展联系在一起的。由于每代人所面临的问题总是和前一代人是不同的，每代人又根据他所达到的新认识和获得的新知识，对原来的文化作出新的理解和解释，就使得人类的文化大厦不断地增长。"文化的发展，形象地说就是：每一代人都创造一代新的文化成果，并把它留存在社会之中，然后，一代旧人便死去了；新一代的人在继承前一代人留在社会中的文化成果的基础上，又创造出自己的新一代文化成果，并把这些新文化成果留在社会之中，然后又渐渐死去。如此循环往复，一代又一代，文化大厦就在人的肉体之外、社会之内壮大起来了，发展起来的。"①超个体的文化世界同自然界一样，具有一种客观的意义，新生的一代是靠既成的文化去塑造的。

再次，文化的继承性强调的是文化的相对独立性。文化世界是由人类创

---

① 韩民青：《文化论》，广西人民出版社 1989 年版，第 51—53 页。

造的，虽然从总体上讲属于人类，但由于它的超个体存在，使得它作为人的组成部分并不像生理成分那样不可分解，而是有着相当大的独立性。但文化具有相对独立性的特征并不意味着文化本身是脱离人而存在的。这里要将文化的相对独立性和文化决定论区别开来。文化决定论者就是片面地抽象了文化的这种相对独立性，从而认为"个人所具有的价值、观念和人格心理特征都是他们所处的文化模式作用的产物"，强调"独立于个人之外的行为模式和规范（表现为表意象征）对个人的塑造作用"。由此他们把文化看做是"一种完全独立并超越于个人之外的集体力量，一种自成一类的、客观地存在的实体；文化的发展完全由文化内部自身的因素所决定，个人心理以及政治经济并不能从根本上影响文化的进程；因而文化现象决不能还原为个人心理或政治经济因素，而只能由另一些文化因素来解释"[1]。这显然是否定了经济对文化的最终决定作用，是不科学的。

第三，文化民族性具有象征性的特点。

民族文化本身是抽象的，它只能借助于具体的形式来表现，如语言、工具、服饰、建筑、宗教用品、文学作品等。这些具有象征意义的具体形式体现着民族成员的价值观念、思维方式和审美情趣等。"人的社会交往都是建立在表意象征的基础之上，并只有依据这些表意象征才得以理解……表意象征构成了人们面对面和一代代创造与再创造社会的密码。"[2] 一切纯粹由人创造的或打上人的烙印的事物，都具有人所赋予的特定的意义和价值，都可以成为民族文化的象征符号。"实物之所以表现文化并不在于实物自身，而在于它所表现的文化观念。建筑的文化价值不在于砖头瓦块、钢材木料，而在于它的风格；书法的文化价值不在于文房四宝，而在于透过文字所表现的风骨和神韵。离开了作为观念形态的文化，所有的实物都无非是僵死的材料，并不具有文化价值。"[3]

---

[1]　傅铿：《文化：人类的镜子——西方文化理论导引》，上海人民出版社1990年版，第3页。

[2]　转引自傅铿：《文化：人类的镜子——西方文化理论导引》，上海人民出版社1990年版，第144页。

[3]　陈先达：《静园论丛》，中国人民大学出版社2000年版，第527—528页。

象征性是人的开端，也是文化或文明的开端。人所创造的象征符号是解开一切文化秘密的魔术钥匙，是人区别于动物的重要标志。正如怀特指出的，"全部文化（文明）依赖于符号。正是由于符号能力的产生和运用才使得文化得以产生和存在，正是由于符号的使用，才使得文化有可能永存不朽。没有符号，就没有文化，人也就仅仅是动物而不会成其为人类。"① 德国哲学家卡西尔也指出人和动物的区别在于人是使用象征符号的动物。"人不再生活在一个单纯的物理宇宙之中，而是生活在一个符号宇宙之中。语言、神话、艺术和宗教则是这个符号宇宙的各部分，它们是织成符号之网的不同丝线，是人类经验的交织之网……在某种意义上说，人是在不断地与自身打交道而不是在应付事物本身。他是如此地使自己被包围在语言的形式、艺术的想象、神话的符号以及宗教的仪式之中，以致除非凭借这些认为媒介物的中介，他就不可能看见或认识任何东西。"②

对于一个民族来说，民族文化渗透到每个民族成员的意识或潜意识之中，民族成员自觉或不自觉地接受并传承着这些东西，通过具有象征意义的文化形式来表达和发展着他们的民族文化。不懂得一个民族文化的象征意义，就不可能真正理解一个民族的文化。民族文化也正是通过其象征性，来达到其民族成员的群体认同的。③ 例如，"十字架对于基督教徒来说是一种象征。它不仅隐含了基督教过去的历史，还意味着在它面前，教徒的所作所为应受一定的宗教限定。尤其是在道德和意志方面，对教徒有一种强制性的规范作用。文化就是通过这异类的象征方式来表达和传播的。"④ 再比如，中华民族对龙的认同，并以龙的传人自称，就表现了象征物对民族文化的意义。在一定程度上，对象征物的认同就是对该民族文化的认同。也正因为文化民族性具有象征性的特征，才使人类学家有了实地考察的可能。因为他们的研究材料就是而且也只能是人类所创造的一切有意义的象征符号。"从澳洲土著的图腾禁忌到美国平原印第安人的寻找幻象习俗和南太平洋群岛上的

---

① ［美］怀特：《文化科学——人和文明的研究》，浙江人民出版社 1988 年版，第 21 页。
② ［德］恩斯特·卡西尔：《人论》，甘阳译，西苑出版社 2003 年版，第 44 页。
③ 张文勋等：《民族文化学》，中国社会科学出版社 1988 年版，第 16 页。
④ 王铭铭：《西方人类学思潮十讲》，广西师范大学出版社 2005 年版，第 86 页。

种种巫术制度，从印度的圣牛崇拜到印度尼西亚土著的斗鸡习俗，所有这些都是文化人类学正宗的研究对象。"①

第四，文化民族性具有相对性的特点。

民族文化是该民族成员对他所面对的自然提出挑战的回答，即英国历史学家汤因比提出的"挑战——应战"的文化发展模式。生活在不同自然条件下，有着不同的历史传统和心理结构的人们由于面对各不相同的自然环境和社会环境，以及他们对问题解答方式的差异性，形成不同的文化。法国人类学家列维·布留尔在其名著《原始思维》中就指出："原始人是在一个许多方面都与我们的世界不相符合的世界中生活着、思考着、感觉着、运动着和行动着，因此，生活的经验向我们提出的那许多问题在他们那里是不存在的，因为这些问题的回答已经早就作出，或者更正确地说，因为他们的表现系统使他们对这些问题不感兴趣。"②

从民族文化的功能角度来说，每一种文化都会有其独特的优势领域，能够解决本民族的某些问题，同样，每一种文化也有其独特的缺陷。在这一点上，各种不同的文化之间没有一种共同的评价标准。如游牧民族住帐篷，而农业民族住房屋，西方人吃饭用刀叉、东方人用筷子。再如，中国文化讲天人合一，西方文化讲二元对立；中医重视整体性治疗，西医则重视分而治之；中国绘画追求空灵淡远的人生审美境界——追求神似，西方绘画追求的是逼真和符合科学——追求形似。我们不能简单地说哪一种方式更好，哪一种文化更为先进。因而也就不应该以一种文化的价值标准评价另一种文化，或者以一种文化为价值参照系来看待另一种文化。

对于世界文化来说，每种民族文化从语言文字、风俗习惯到思维方式、价值取向、道德观念、宗教信仰等都体现着不同民族的特色。有多少个民族就有多少种文化。众多的民族文化构成了人类文化的大花园，每种民族文化都是人类文化大花园中的一朵奇葩，都以自己的独特功能对世界文明作出贡

---

① 傅铿：《文化：人类的镜子——西方文化理论导引》，上海人民出版社 1990 年版，第2页。

② 转引自《断裂与继承——青年学者论传统文化与现代化》，上海人民出版社 1987 年版，第46页。

献。但一般说来，民族文化的相对性往往对于生活于其中并已经形成文化心理定势的民族成员，很难被自觉地意识到，只有当该民族文化与其他民族的文化发生接触和交流时，才会意识到彼此文化的个性和差异性。

第五，文化民族性具有渐变性的特点。

文化民族性的渐变性内在地包含了民族文化的稳定性和变异性两层含义。一方面，文化的民族性具有稳定性。这种稳定性就是说各民族文化总是按照自己文化发展的特定轨道演进，表现出自己文化的独特性。这种情况在民族国家时代表现得更为明显，即使在世界文化已经如此频繁和深入交流的今天，各民族文化依然保持着自己的民族特征，从而形成了世界文化的丰富多彩。一个民族的文化历史越长，文化积淀越厚，文化的民族性就越强，其稳定性也就越强。民族文化的稳定性具有两方面意义：从积极的方面来理解，民族文化的稳定性是民族文化传统保存和延续的主要根据；从消极的方面来理解，民族文化的稳定性在某种程度上表现出了文化的保守性和惰性，有时会成为包袱，影响着传统文化的交流和变革，阻碍着对先进文化的吸收、创造和传播。

另一方面，文化的民族性具有变异性。民族性不是某种抽象的固化的存在，而是一个民族的自我形象定位和其他民族对其民族形象定位之间的互动和博弈，因而是不断在历史、社会中被建构的。萨义德指出："每一种文化的发展和维护都需要一种与其相异质并且与其相竞争的另一个自我（alter ego）的存在。自我身份的建构……牵涉到与自己相反的'他者'身份的建构，而且总是牵涉到对与'我们'不同的特质的不断阐释和再阐释。每一时代和社会都重新创造自己和他者。因此自我身份或他者身份决非静止的东西，而在很大程度上是一种认为建构的历史、社会、学术和政治过程，就像一场牵涉到各个社会的不同个体和机构的竞赛。"[①] 随着客观条件的变化，文化的民族性也在不断地变化，民族性总是相对的。历史的发展证明，如果看不到文化民族性的变异性，看不到它在同其他文化交流过程中的相互吸收和

① ［美］爱德华·W.萨义德著：《东方学》，王宇根译，生活·读书·新知三联书店1999年版，第426页。

融合，把它绝对化和固定化，就会阻碍民族文化的前进和民族的发展。如俄国历史上出现过的斯拉夫派和民粹派，中国历史上出现过的民族排外主义和国粹主义都是犯了这个错误。①

因此，文化民族性从来都是一个开放、发展和变异的动态过程。处于动态之中的文化民族性，要比形式上纯粹的"民族性"更具有民族性，它更能把本民族的文化表现得突出和鲜明，更符合文化发展的时代需要。文化的民族性就是在文化的稳定性和变异性所构成的张力中不断向前发展的。

二、文化民族性的生成

文化民族性是文化的生命，它为该文化体维系的人群提供生存的依据和意义的支撑。然而为什么不同的民族会有不同的文化，即使是生产力发展水平大体相同的国家，文化也呈现出极大的差异性？这是摆在马克思主义研究者面前的一个难题。要分析这个难题，还必须首先对现有的思想资源进行清理。

（一）文化人类学视野中的文化民族性生成

文化的民族性问题最早是由文化人类学家提出的，是文化人类学研究的对象。西方的文化人类学理论学派从自己的理论出发对文化民族性的根据作出了自己独特的理解。

古典进化论派坚持认为，所有民族的文化都要遵循同一条路线向前进化，各民族文化之所以有差异是因为它们处于文化进化的不同阶段上。英国人类学家泰勒搜集了大量的民族志资料，将各民族大量的文化现象作比较研究，发现不同地区、不同民族会出现相似的文化，而"研究这些习俗和思想在不同地区的反复出现，和在各地区的流行，可以证明人类生活的现象是由

---

① 参见吴元迈:《经济全球化与民族文化——兼论文化的民族性与世界性》,《中国社会科学院研究生院学报》2001 年第 2 期。

有规律的起因产生的，证明这些现象按照生存法则和扩散法则在一定的文化阶段会成为社会永久标准的条件。"① 各种文化现象都有其发展的历史，"成系列的事实总是按其特有的发展顺序一个挨一个地排列着，它们不会倒过来，按反方向排列。……是从低级上升到高级而不是从高级降低到低级。"② 在《原始文化》一书中，泰勒进一步把人类文明的发展划分为三个阶段：蒙昧、野蛮和文明。"文化的各个阶段可以被认为是文明发展或进化的各个时期，每个特定的时期都是其前期历史的产物，并对将来的历史的形成起到了特定的作用。"③ 美国人类学家摩尔根在他的《古代社会》这一名著中，提出了一个类似泰勒的"三阶段进化论"，他还依据生产技术或生产工具的水平把蒙昧时代和野蛮时代又划分为低级、中级、高级三个阶段。"人类是从发展阶梯的底层开始迈步，通过经验知识的缓慢积累，才从蒙昧社会上升到文明社会的。"④ 古典进化论学派虽然取得了一定的理论成果，但总的来说，它认为文化的民族差异是由于它们以不同的速度经历着文化发展的不同阶段，西欧民族处于文化发展的高级阶段，其他民族处于文化进化的低级阶段，这暗含着文化中心主义的倾向。

传播学派对民族文化的差异提出了不同于古典进化论派的见解。他们竭力反对古典进化论学派的文化进化理论，认为大多数文化都仅仅起源于一个地方或少数地方，然后通过迁徙或模拟扩散到其他社会。传播是历史发展过程的主要内容，全部人类文化史归根结底是文化传播和借用的历史。民族文化之间之所以存在差别主要是因为所在地人们由于地理区域限制而对传播的文化产生了反射上的差异，地理区域的限制决定了对邻近社会或者迁徙人们的影响。德国历史传播学派代表拉策尔就认为，世界上没有一个民族是孤立行动的，每个民族都要受到他周围其他民族的影响。文化的起源是一元的，

① E.B.Tylor, *The Origins of Culture*, Harper and Brothers Publishers, New York, 1958,p.13.

② E.B.Tylor, *The Origins of Culture*, Harper and Brothers Publishers, New York, 1958,p.16.

③ ［英］泰勒：《原始文化》，蔡江浓编译，浙江人民出版社 1988 年版，第 1 页。

④ ［美］路易斯·亨利·摩尔根：《古代社会》，杨东莼等译，江苏教育出版社 2005 年版，第 3 页。

其他的支流都是由这个一元的文化传播而来，迁徙和其他形式的接触是各地文化相似的主要原因。英国传播学派代表史密斯也认为，一切彼此联系的文化现象，是在某个时候埃及（部分在其邻国）诞生的；大约自公元前9世纪至前8世纪时，开始从埃及向一切国家传播，特别是向东，经阿拉伯、波斯湾、印度、斯里兰卡，传播到印度尼西亚，到大洋洲，再经大洋洲和北太平洋北部，传播到美洲。① 他们还搜集整理了大量论据来说明，文明的绝大多数方面——从艺术、法律、政府到陶器、纺织品甚至车轮——都是在埃及发明的，这些文明成果通过埃及人的远途冒险被带到世界其他地方。

以英国人类学家马林诺夫斯基为代表的文化功能主义者则注重开始从社会组织和社会制度的角度来研究文化的民族性差异问题。马林诺夫斯基认为："文化是一套工具及一套风俗——人体的或心灵的习惯，它们都是直接地或间接地满足人类的需要。"② 人类有多种需要，生理的需要（如食欲和性欲的需要），工具的需要（如对教育和法律的需要），整合的需要（如对促进沟通的普遍的"世界观"的需要）。为了满足这些需要，人就必须合作，建立一套秩序和制度。"文化的真正要素有它相当的永久性、普遍性及独立性，是人类活动有组织的体系，就是我们所谓的'社会制度'。任何社会制度都针对一根本的需要；在一合作的事务上，和永久地团集着的一群人中，有它特具的一套规律及技术。任何社会制度都是建筑在一套物质的基础上，包括环境的一部分及种种文化的设备。用来称呼这种人类活动有组织的体系，最适合的名词莫若'社会制度'。"③ 社会制度是构成文化的真正组合成分，不同文化之间的差异在于社会制度上的差异。

20世纪六七十年代，以莱维·斯特劳斯为首的法国结构主义学派认为，社会组织的模式和社会行为都是由人类的认识结构所决定的，文化仅仅是心理结构在外部的一种投射。人类丰富多彩的文化现象，都应该从隐藏在行为背后的结构去寻找根源。"结构是由具备几条要求的模式组成的。第一，结

---

① 参见［苏］C.A.托卡列夫:《外国民族学史》，汤正方译，中国社会科学出版社1983年版，第169页。

② ［英］马林诺夫斯基:《文化论》，费孝通译，华夏出版社2002年版，第15页。

③ ［英］马林诺夫斯基:《文化论》，费孝通译，华夏出版社2002年版，第19—20页。

构表现了某一制度的特征。在组成它的成分中，没有一个成分可以在不招致所有其他成分变化的情况下而经历变化。第二，任何特定的模式都应该有制约某些同类模式变化的可能。第三，如果它的一个或更多的成分受到某种改变的话，那么它的有关性能就可以预示模式将如何反应。最后，构拟的模式应该便于对所有观察到的事实立即作出易于理解的解释。"① 在人类社会中，各个民族的文化之所以多种多样，是由于该民族的历史和环境对该民族成员的思想结构和认识结构有重大影响，从而使他们观察、组织、理解和认识客观世界的方式产生不同，这种认识上的不同决定了民族文化的差异。

文化与人格学派从另外一个角度来研究文化的差异，如文化与人格学派的代表米德就认为文化就是一组人格心理特征在规范、组织、习俗和制度上的投射，是人格心理特征的规范化、合法化和制度化。世界上每一种文化都是选择并实现了人类某些天性或潜力的结果，不同的选择形成了不同的文化，不同的文化又塑造了人们不同的人格心理特征。所以，人格心理特征是文化的重要坐标系，文化之所以有差别，就是因为人格心理特征上存在差别。

（二）西方文化视野中的文化民族性

西方思想传统与马克思主义的产生和发展密切相连，这里我们无意对西方思想进行一个全面的描述，而是选取一些对民族文化生成和发展较为关注的思想家来进行概括性的分析。

在西方思想发展史中，意大利17世纪的思想家维柯首次开始力图摆脱中世纪以来用神的意志来解释历史和文化发展的研究范式，转而用人类自身的生成性来解释历史和文化的发展，从而确立一种"人类的形而上学"的"新科学"。因此，维科也被称为近代文化研究的拓荒者。

在维科看来，人类的历史和文化是人类自身创造的，人类通过自己的创造性活动，把作为客体的人性世界和生活世界从彼岸纳入到此岸。这就蕴涵了从人类的生产性活动中来探求历史之谜的思想。维科的这个思想得到了马

---

① ［法］C.莱维·斯特劳斯：《社会结构》，王庆仁译，载《民族学译文集》2，中央民族学院出版社1990年版，第180—181页。

克思的高度评价。马克思在《资本论》第 2 卷一个很长的脚注中指出："达尔文注意到自然工艺史，即注意到在动植物的生活中作为生产工具的动植物器官是怎样形成的。社会人的生产器官的形成史，即每一个特殊社会组织的物质基础的形成史，难道不值得同样注意吗？而且，这样一部历史不是更容易写出来吗？因为，如维科所说的那样，人类史同自然史的区别在于，人类史是我们自己创造的，而自然史不是我们自己创造的。工艺学会揭示出人对自然的能动关系，人的生活的直接生产过程，以及人的社会生活条件和由此产生的精神观念的直接生产过程。"①

当然，维科对历史和文化发展的认识还没有达到唯物主义的理解。他一方面承认人类事物是人们自己创造的，另一方面又认为人类的自我创造并不是一个完全自觉的和有意识的过程，而是某种充满激情与冲动的"诗性"活动的产物，而这种诗性活动就是神意的体现。因此，在维科看来，人类世界是嵌入在自然世界之中的，在上帝眼里，人类世界是自然世界的延续。这就决定了人类的历史和文化具有共同的本性，各个民族都在展现着"一些永恒规律"，"这些永恒规律是由一切民族在他们兴起、进展、成熟、衰颓和灭亡中的事迹所例证出来的。纵使在永恒中有无限多的世界不断地产生……他们的事迹也都会替这种永恒规律作例证"②。因此，维科采用同人类个体发育相类比的方法把人类历史划分为三个时代。人类社会的童年是神的时代，这时没有国家，完全受宗教观念的统治；人类社会的青年是英雄时代，这是贵族统治的时代；人类社会的成年则是凡人时代。

维科进一步认为，虽然人类世界是自然世界的延续，人类存在着共同的本性，但是这并不是说各个民族的历史和文化都经历着相同的发展方式和途径，而是各有其特点。维科说："因为各民族人民确实由于地区气候的差异而获得了不同的特性，因此就产生了许多不同的习俗，所以他们有多少不同的本性和习俗，就产生出多少不同的语言。因为凭上述他们特性的差异，他们就从不同的角度来看人类生活中的同样效用和必需，这样就有同样多的民

---

① 马克思：《资本论》第 1 卷，人民出版社 1975 年版，第 409—410 页，注 89。

② ［意］维科：《新科学》，朱光潜译，人民文学出版社 1986 年版，第 562 页。

族习俗兴起来，大半彼此不同，有时甚至互相冲突，有多少民族就有多少语言，其原因就完全在此。一个明显的凭证就是谚语。谚语都是人类生活的格言，各民族的谚语在实质上都大体相同，但表达的方式却不一样；有多少民族，就从多少不同角度去表达。"①

维科之后，德国启蒙思想家赫尔德对文化研究作出了重要贡献。赫尔德是一位哲学家、文化学家。他深受卢梭、莱辛、哈曼、斯宾诺莎等人的影响，在《论语言的起源》、《人类历史的观念》、《表彰人道书简》等一系列重要的著作中，赫尔德阐述了他关于民族文化发展的独特性问题。

在赫尔德看来，文化是人进行发明创造的领地，而这些发明创造乃是人与自然界斗争的产物。由于作为文化主体的"人似乎永远不是完整的人，他始终在发展、在进步、在完善"②，因此，文化的日益进步和不断演进是历史发展的必然。人类文明的发展经历了"诗的时代"、"散文时代"和"哲学时代"这样一个从低级到高级不断发展的过程。而"人道"是文化发展的最高目标。赫尔德这样来描述"人道"的核心地位，他说："我希望，把我迄今为止所说的关于以高尚的方式把人教育为具有理性和自由，具有良好的感觉和本能，具有最强健的体魄并能够满足和控制地球这一切意思都归纳到人道这个词里；因为没有一个比人道这个词更高贵的词可以来证明人的使命。"③可见，赫尔德承认世界历史和文化发展的进步主义观念。在赫尔德的思想中，历史和文化无非是人类应对自然力的种种表现，科学、技术、艺术的发展皆是如此。

在承认进步发展的普遍性观念的同时，赫尔德创造了民族文化差异的理论。他认为民族文化的差异是神灵培植在人们内心的固定差异，这种差异开始起源于地理和气候，此后便由独特的历史传统而构成，从而使一个民族具有了"民族性格"和"民族魂"。而且，这种"民族性格"不会因地理的改变而改变。"每一民族的表象方式都有深刻的特色，因为这是它特有的、与其风土关系密切的、从其生活方式产生的、由其祖先那里继承来的。在外人看来惊讶万分的，它都认为可以极清晰地把握；外人觉得可笑的，它却对此

① ［意］维科：《新科学》，朱光潜译，人民文学出版社1986年版，第205—206页。
② ［德］赫尔德：《论语言的起源》，商务印书馆1998年版，第75页。
③ ［德］卡岑巴赫：《赫尔德转》，商务印书馆1993年版，第77—78页。

异常认真。"①

为此，赫尔德抨击欧洲文化对其他地区的征服和宰制。赫尔德指出："全球所有地区的人，你们随着岁月而毁灭。你们活着并不是要用你们的骨灰为土地施肥。死后，你们的后代应该为欧洲的文化而变得高兴。'优势欧洲文化'这个念头其实是对大自然尊严的一种极大侮辱。""历史并不是某种脱去躯壳的、四海之内完全一致的理性的表现，而是各种文化个体的对比作用，其中每个个体形成特殊的共同体，即人民，volk，人类通过它来表现自己的一个侧面。"②在赫尔德看来，大自然没有使一些民族高于或优越于其他民族，"不同文化，就像是人类大花园里众多和睦相处的鲜花，能够也应该共存共荣"③。这就是说，任何一种民族的文化都是平等的，每一种文化对它自己的社会都有着不可估量的价值，因而对整个人类社会也有着不可替代的价值和意义，妄图用一种文化来取代另一种文化是对文化发展规律的悖逆。

赫尔德还特别强调了语言对于人类文化的决定性作用。赫尔德指出："语言是人的本质所在，人之成其为人，就因为他有语言"；"语言乃是我们人类种属外在的区分特征，正如理性是人类的内在区分特征一样"④。语言是人的存在的证明，思想和艺术都源于语言，人通过语言驾驭自己，获得选择的能力，离开语言的人和离开人的语言都是不可想象的。同时，语言还是民族文化传承的重要工具，对于本民族语言的学习是传承和发展民族文化的最好手段。民族语言是世界历史的链条，"人的思想的链带也即词语的链带"⑤。从赫尔德的描述中我们可以看到，尽管赫尔德不是一个激进的民族主义者，但赫尔德的关于民族文化合法性的论述表明了他鲜明的反西方文化普遍主义立场，赫尔德也因此被誉为"民族主义、历史主义和民族精神之父"⑥。

---

① 　Johann Gottfried Herde. Werke. Darmstadt, *herausgege-ben von Wolfgang Pross*,1984.

② 　［法］迪蒙：《论个人主义》，谷方译，上海人民出版社 2003 年版，第 105 页。

③ 　［英］伯林：《反潮流：观念史论文集》，冯凯利译，译林出版社 2002 年版，第 13 页。

④ 　［德］赫尔德：《论语言的起源》，姚小平译，商务印书馆 1998 年版，第 72 页。

⑤ 　［德］赫尔德：《论语言的起源》，商务印书馆 1998 年版，第 76 页。

⑥ 　Berlin,*Vico and Johann Gottfried Herder*. Vintage books,1976:145.

德国文化哲学家奥斯瓦尔德·斯宾格勒受到维科和赫尔德的影响，他认为人类的历史就是文化兴衰史，研究历史就是研究各民族、各地区各种文化的历史。在其巨著《西方的没落》一书中，斯宾格勒把世界上的文化划分为八种形态，即埃及文化、巴比伦文化、印度文化、中国文化、希腊罗马的古典文化、墨西哥的玛雅文化、西非和北非的伊斯兰文化和西欧文化。斯宾格勒认为，每一种文化作为有机体，都有其自身发展的周期性，文化的发展既类似于自然现象中的春夏秋冬四季，又类似于个人生活中的童年、青年、壮年和来年，最初都是充满青春的活力，蓬勃兴起，在其根生土长的地方苗壮成长，枝叶茂盛，然后渐渐枯萎，结束生命的周期。"每一种文化都以原始的力量从它的土生土壤中勃兴起来，都在它的整个生活期中坚实地和那土生土壤联系着；每一种文化各有自己的观念，自己的情欲，自己的生活、愿望和感情，自己的死亡。"① 斯宾格勒通过对八大文化体系的比较研究后得出，西方文明正在走向衰落。

英国文化学家、哲学家、历史学家汤因比坚持了斯宾格勒的文明形态史观，反对"把个人所处的时代和西方国家当成整个人类史的顶峰"②。在其鸿篇巨制《历史研究》中，汤因比把世界上的文化类型划分为20多个形态的文明。他认为，每一种文明的发展都经历了"起源、生长、衰落、解体、灭亡"五个阶段。挑战和应战构成了促进文明起源和成长的动力机制。"创造是一种遭遇的结果，……起源则是一种交互作用的产物。"③ 这个交互作用来自于"某个具有生命的一方对另一个遇到的对手"的"挑战"以及对手的积极的"应战"。在挑战和应战的动态关系中，诞生了各种不同个性特征的文明。在汤因比看来，文明的成长是由满怀"生命的激情"的"富有创造力的少数人"来推动的。他们在应对方面的成功经验必然会被大多数"怠惰的

---

① ［德］奥斯瓦尔德·斯宾格勒：《西方的没落》，齐世荣等译，商务印书馆1993年版，第99页。

② ［英］阿诺德·汤因比：《历史研究》，郭小凌等译，上海人民出版社2000年版，第30页。

③ ［英］阿诺德·汤因比：《历史研究》，郭小凌等译，上海人民出版社2000年版，第86页。

人"所模仿，从而使整个社会保持一致，推动文明的动态发展。倘若这些"富有创造力的少数人"失去创造性之后，大多数"怠惰的人"便不会再模仿和支持他们，社会将出现分裂，一种文明也渐趋解体。

德国社会学家、历史学家韦伯也强调各个民族文化和文明的独特性。他反对历史发展中存在着像自然科学那样的普遍的规律的观点，认为历史不是必然的，而是个别的、单一的现象之间的偶然联系。但是，韦伯也不否认历史发展的规律可以预测。在《新教伦理与资本主义精神》中，韦伯用"理性化"来分析西方现代社会的发展趋势，认为西方现代社会是一个理性化渗透在经济、政治、文化、社会各个方面的社会，人由于理性化不仅没有获得解放，反而被迫处于一种"铁笼"之中，从而得出了西方文化发展的悲观的结论。

综上所述，在西方思想家的视野中，民族文化的差异性是世界文化发展过程中的重要特征，但对于民族文化差异性的原因，大多数思想家还停留在地理环境、民族主体的心智发展等阶段上，还没有分析出民族文化存在多种多样特征的深层原因。而且，由于立场问题，西方思想家大多表现出了一定的"西方文化中心论"色彩。只有马克思主义从唯物史观的角度真正地破解了文化民族性的生成依据，揭开了文化多样性之谜。

（三）马克思主义哲学视野中的文化民族性生成

在长期的历史发展中，每个民族、每个国家都有自己历史积淀下来的历史传统、生活方式、价值观念，这些传统和观念在与其他文化的交流和比较中显示出独特的价值。马克思主义超越了东西方文化二元对立的思维框架，站在世界历史发展的前沿，从唯物史观的视角详细地考察了民族文化产生和发展的依据，深刻地揭示了人类文明发展的内在本质和规律。

马克思主义认为，人类文化多样性是社会历史发展中多种因素综合作用的结果，其中，物质生产实践在民族文化形成和发展中具有决定性作用。

在马克思主义看来，那种用精神因素来分析民族文化生成、发展的做法是唯心主义历史观，这种历史观"不知道任何基于物质利益的阶级斗争，而且根本不知道任何物质利益；生产和一切经济关系，在它那里只是被当做"文化史"的从属因素顺便提到过"①。因此，马克思主义主张从现实的社会基础和历史基础来考察历史。为了区别这两种研究历史的方法，马克思在《〈政治经济学批判〉导言》中对唯心主义方法和自己的方法进行了划分，即"观念的历史叙述"和"现实的历史叙述"。"历来的观念的历史叙述"包括"所谓客观的。主观的（伦理的等等）。哲学的。"②马克思认为，对于观念的历史叙述者来说，"凡是在他们缺乏实证材料的地方，凡是在神学、政治和文学的谬论不能立足的地方，就没有任何历史，那里只有'史前时期'"③。因此，马克思抛弃了"观念的历史叙述法"，坚持"现实的历史叙述法"，即从现实的人及他们的物质生产实践出发来研究历史。

　　对这一方法的最早表述出现在《〈黑格尔法哲学批判〉导言》。在这本著作中，马克思开始对以往的唯心主义历史观进行了理论解构，并试图从唯物主义的视角来重新阐释历史研究的方法，马克思说道："法的关系正像国家的形式一样，既不能从它们本身来理解，也不能从所谓人类精神的一般发展来理解，相反，它们根源于物质的生活关系。"④在《1844年经济学哲学手稿》中，马克思又明确指出："宗教、家庭、国家、法、道德、科学、艺术等等，都不过是生产的一些特殊的方式，并且受生产的普遍规律的支配。"⑤在标志着唯物史观创立的重要文本《德意志意识形态》中，马克思首次深刻阐述了唯物史观的基本原理："这种历史观就在于：从直接生活的物质生产出发来考察现实的生产过程，并把与该生产方式相联系的、它所产生的交往形式，即各个不同阶段上的市民社会，理解为整个历史的基础；然后必须在国家生活的范围内描述市民社会的活动，同时从市民社会出发来阐明各种不同的理论产物和意识形式，如宗教、哲学、道德等等，并在这个基础上追溯它们产生的过程。"⑥在1859年的《〈政治经济学批判〉序言》中，马克思确立

①　《马克思恩格斯全集》第20卷，人民出版社1971年版，第29页。

②　《马克思恩格斯全集》第30卷，人民出版社1995年版，第51页。

③　《马克思恩格斯选集》第1卷，人民出版社1995年版，第79页。

④　《马克思恩格斯全集》第31卷，人民出版社1998年版，第412页。

⑤　[德]马克思：《1844年经济学哲学手稿》，人民出版社2000年版，第82页。

⑥　《马克思恩格斯全集》第3卷，人民出版社1960年版，第42—43页。

了历史和文化研究的"经典模式",对人类社会的物质生活与精神生活的结构关系进行了更精致、完整的表述:"人们在自己生活的社会生产中发生一定的、必然的、不以他们的意志为转移的关系,即同他们的物质生产力的一定发展阶段相适合的生产关系。这些生产关系的总和构成社会的经济结构,既有法律的和政治的上层建筑竖立其上并有一定的社会意识形式与之相适应的现实基础。物质生活的生产方式制约着整个社会生活、政治生活和精神生活的过程。不是人们的意识决定人们的存在,相反,是人们的社会存在决定人们的意识。社会的物质生产力发展到一定阶段,便同它们一直在其中运动的现存生产关系或财产关系(这只是生产关系的法律用语)发生矛盾。于是这些关系便由生产力的发展形式变成生产力的桎梏。那时社会革命的时代就到来了。随着经济基础的变更,全部庞大的上层建筑也或慢或快地发生变革。在考察这些变革时,必须时刻把下面两者区别开来:一种是生产的经济条件方面所发生的物质的、可以用自然科学的精确性指明的变革,一种是人们借以意识到这个冲突并力求把它克服的那些法律的、政治的、宗教的、艺术的或哲学的,简言之,意识形态的形式。"①马克思主义的唯物史观告诉我们,只有深入到生产力和生产关系、经济基础和上层建筑的矛盾运动中才能对民族文化的生成和发展作出科学的解释。

必须指出的是,不能把马克思主义强调经济基础对文化的决定作用简单地等同于经济决定论。事实上,马克思确实是把重点放在经济方面,对于包括文化在内的上层建筑对经济基础的反作用未加论述。这是由当时的历史条件和马克思所肩负的历史使命所决定的。当时,在社会历史领域广泛流行的是用黑格尔的"绝对精神"和费尔巴哈的"爱"来解释社会历史的发展,而忽视它们所依赖的物质基础,这种观点推到极端,必然陷入唯精神论的历史唯心主义。为了克服历史观上的唯心主义,科学地揭示社会历史发展的规律,马克思当然要把重点放在论证物质生产力在社会历史中的决定作用,非如此不可能打破唯心主义在社会历史领域中的长期统治地位。对此,恩格斯晚年在给梅林的一封信中曾作出了解释。他:"只有一点还没有谈到,这一点在马

---

① 《马克思恩格斯选集》第 2 卷,人民出版社 1995 年版,第 32 页。

克思和我的著作中通常也强调得不够，在这方面我们大家都有同样的过错。这就是说，我们大家首先是把重点放在从基本经济事实中引出政治的、法的和其他意识形态的观念以及以这些观念为中介的行动，而且必须这样做。"①

对于如何理解经济基础和包括文化在内的上层建筑的辩证关系，恩格斯晚年做了重要的说明和补充。他说："根据唯物史观，历史过程中的决定性因素归根到底是现实生活的生产和再生产。无论马克思或我都从来没有肯定过比这更多的东西。如果有人在这里加以歪曲，说经济因素是唯一决定性的因素，那么他就是把这个命题变成毫无内容的、抽象的、荒诞无稽的空话。经济状况是基础，但是对历史斗争的进程发生影响并且在许多情况下主要是决定着这一斗争的形式的，还有上层建筑的各种因素，……这里表现出这一切因素间的相互作用。"②"政治、法、哲学、宗教、文学、艺术等等的发展是以经济发展为基础的。它们又都互相作用并对经济基础发生作用。并非只有经济状况才是原因，才是积极的，其余一切都不过是消极的结果。"③可见，只有把马克思恩格斯早年的思想和晚年恩格斯的历史唯物主义通信中的思想结合起来，才能够全面地把握民族文化发展的根源。

首先，自然地理环境是民族文化形成的重要前提条件。

文化是人类为了适应和改造自己的生存环境而进行的精神生产的产物。所以，人类的文化创造就必然要受自己所处的自然地理环境的制约。生产力水平越低，自然作为劳动对象和生活资料的来源对人类的生产方式的制约和影响就越大。

第一，自然地理环境是人类赖以生存和发展的物质基础。任何民族为了生存首先要获取一定的生活资料，而自然地理环境是人类赖以生存和获取生产、生活资料的基础。居住在沙漠地区的人不可能以农业生产方式和游牧生产方式为生，而有大江大河的民族易于发展农业、水草茂盛之地易于产生游牧生产方式，这都是显而易见的。首先，各个民族既定的自然地理环境的优劣造就了具体的生产方式和社会分工的不同。马克思指出："不同的公社在

----

① 《马克思恩格斯选集》第4卷，人民出版社1995年版，第726页。
② 《马克思恩格斯选集》第4卷，人民出版社1995年版，第695—696页。
③ 《马克思恩格斯选集》第4卷，人民出版社1995年版，第732页。

各自的自然环境中，找到不同的生产资料和不同的生活资料。因此，它们的生产方式、生活方式和产品，也就各不相同。"①"由于自然条件不同，即由于土地肥力、水域和陆地、山区和平原的分布不同，气候和地理位置、有用矿藏的不同以及土地的天然条件的特点不同，又有了劳动工具的天然差别，这种差别造成了不同部落之间的职业划分。"②其次，自然地理环境的优劣对民族的劳动生产率有重要的影响。在客观的物质条件大体相同的情况下，地理环境不同，劳动生产率也有很大不同。特别是在人类社会早期，地理环境对劳动生产率的影响更为明显。在人类社会早期，由于人们认识和改造自然的能力还比较低下，所以人们不得不"靠山吃山，靠水吃水"。因此，在自然地理环境提供的各种条件较好、各种资源较为丰富的时候，人们就能"靠山、靠水"收获很多，劳动生产率自然就较高；反之，在自然地理环境较为恶劣，各种资源相对贫乏的地区，人们的劳动生产率就较低。马克思说："撇开社会生产的不同发展程度不说，劳动生产率是同自然条件相联系的。这些自然条件都可以归结为人本身的自然（如人种等等）和人的周围的自然。"③由于这种差别，使得自然地理环境在一个民族形成初期直接决定了该民族的生产方式和生活方式，每个民族在其发展的相当长一段时期中，其经济类型的确立、经济的发展、生产的进行只能受制于自然地理环境。

第二，自然地理环境还影响着民族的生理和心理，制约着不同文化类型的形成。长期生活在某种自然地理环境中的人必然会受其居住地地理环境的影响。特别是在人类发展的早期，民族性格和文化类型在很大程度上受制于自然地理环境。如居住在交通方便和开放的地方的人，多头脑灵活、思维敏捷，容易形成外向开放的民族性格和文化类型。而居住在较为封闭的山区的人，多沉默寡言、稳沉凝重，容易形成内向收敛的民族性格和文化类型。孟德斯鸠认为，地理环境尤其是气候条件，对人的生理和心理有很大影响。"寒冷的空气把我们身体外部纤维的末端紧缩起来；这会增加纤维末端的弹力，并有利于血液从这些末端回归心脏。……炎热的空气使纤维的末端松弛，使

---

① 《马克思恩格斯全集》第 23 卷，人民出版社 1972 年版，第 390 页。
② 《马克思恩格斯全集》第 47 卷，人民出版社 1979 年版，第 334 页。
③ 《马克思恩格斯全集》第 23 卷，人民出版社 1972 年版，第 560 页。

它们伸长，因此减少了它们的弹力和力量。""所以人们在寒冷气候下，便有较充沛的精力"，"有较强的自信，也就是说，有较大勇气"。相反，"如果把一个人放在闷热的地方，……他便要感到心神非常萎靡。在这种情况下，如果向他提议做一件勇敢的事情，我想他是很难赞同的。""炎热国家的人民，就像老头子一样怯懦；寒冷国家的人民，则像青年人一样勇敢"。① 钱穆先生也曾经根据地理环境把人类文化的源头分为游牧文化、农耕文化和商业文化三种类型。他认为游牧文化发源在高寒的草原地带，农耕文化发源在河流灌溉的平原，商业文化发源在滨海地带以及近海之岛屿，并详细分析了各种地理环境对文化形成的重要作用，他指出："游牧、商业起于内不足，内不足则需向外求，因此而为流动的、进取的。……草原与滨海地带，其所凭以为资生之地者不仅感其不足，抑且深苦其内部之有阻害，于是而遂有强烈之'战胜与克服欲'。……故此种文化之特性常见为'征伐的'、'侵略的'。农业生活所依赖，曰气候，曰雨泽，曰土壤，此三者，皆非由人类自力安排，而若冥冥中已有为之布置妥帖而惟待人类之信任与忍耐以为顺应，乃无所用其战胜与克服。……故此种文化之特性常见为'和平的'。"②

当然，这些阐述只能表明自然地理环境是民族文化形成的重要条件，而不是决定条件。自然条件提供的只是可能性和机遇，而且地理环境对于人类的作用与人类对自然地理环境的利用程度和利用方式有关，不同民族或同一民族采用不同的生产方式作用于相同的自然地理环境也会产生不同的文化形态。因此，马克思主义认为，对民族文化生产和发展具有决定性作用的还是该文化所属的社会生产方式和社会的经济基础，不能片面夸大地理环境的决定作用。虽然在人类发展的早期，地理环境对文化的发展几乎起着决定性作用，但随着人类社会的发展，人类征服自然的能力越来越强，使得人类受自然的控制和制约的成分也就越来越小。特别是在科学技术日益发达的今天，人类征服自然和改造自然的能力都在逐步提高，加之各民族之间的交流日益方便和频繁，自然地理环境对一个民族文化的发展约束力虽然依然存在，但

---

① ［法］孟德斯鸠:《论法的精神》(上册)，张雁深译，商务印书馆 1961 年版，第 227—228 页。

② 钱穆:《中国文化史导论》(修订本)，商务印书馆 1996 年版，第 2—3 页。

比起从前，则相差甚远。但这一切都是以地理环境所提供的条件为前提的，并且是以不违背它的内在规律为限度的。

其次，社会经济结构是民族文化生成的决定性因素。

在马克思主义看来，"历史过程中的决定性因素归根到底是现实生活的生产和再生产"①。"每一历史时期的观念和思想也可以极其简单地由这一时期的经济的生活条件以及由这些条件决定的社会关系和政治关系来说明"②。因此，对于文化民族性同样应该到社会的经济关系中去寻找根据。因为任何从事精神生产的人，他们都是生活在一定的社会形态之中，因而不可能越出自己社会许可的范围来创造自己的文化。尽管影响文化的因素多种多样，文化与经济的联系也许由于许多中间环节而变得模糊，但社会经济结构对文化的最终决定作用是确定无疑的。

社会经济结构是社会结构的重要组成部分。社会结构指的是社会要素之间相互关联的方式，它是一个民族文化的重要基础。不同的社会结构，决定了不同的文化体系。社会结构包括社会经济结构、社会政治结构和社会文化结构。社会经济、政治结构决定社会的文化结构。社会经济结构主要指的是生产关系（经济基础），又可称为经济形态。"人们在自己生活的社会生产中发生一定的、必然的、不以他们的意志为转移的关系，即同他们的物质生产力的一定发展阶段相适合的生产关系。这些生产关系的总和构成社会的经济结构。"③这是社会性质的决定性因素。不同的社会经济结构对一个民族文化的形成和发展具有决定性的作用。马克思就特别强调要从具体的社会经济形态来考察特定时期的文化。他说："要研究精神生产和物质生产之间的联系，首先必须把这种物质生产本身不是当作一般范畴来考察，而是从一定的历史的形式来考察。例如，与资本主义生产方式相适应的精神生产，就和与中世纪生产方式相适应的精神生产不同。如果物质生产本身不从它的特殊的历史的形式来看，那就不可能理解与它相适应的精神生产的特征以及这两种生产的相互作用。从而也就不能超出庸俗的见解。这一切都是由于'文

---

① 《马克思恩格斯选集》第4卷，人民出版社1995年版，第695页。
② 《马克思恩格斯选集》第3卷，人民出版社1995年版，第335页。
③ 《马克思恩格斯选集》第2卷，人民出版社1995年版，第32页。

明'的空话而说的。"①比如，在我国，农耕自然经济是我国古代社会经济的主体。这样的经济基础就决定了我国的古代文化基本上是自然经济下的农业文化。"农耕经济的持续性造就了中国文化的持续性。传统农业的持续发展保证了中华文明的绵延不断，使其具有极大的承受力、愈合力和凝聚力……农耕经济的多元结构造就了中国文化兼收并蓄的包容性格……农耕经济的既早熟又不成熟，又造就了中国文化的早熟性和凝重性格。"②

随着历史的发展，社会生产力不断进步，这就要求生产关系随之调整。当占统治地位的生产关系发生重大变化时，社会经济结构也会发生质变，这就决定了文化形态的变迁。当封建社会自给自足的小农生产为资本主义社会化大生产所取代时，与封建社会小农生产的生产方式相适应的封闭的、保守的文化思想观念和思维方式，就必然要被适应资本主义商品经济发展需求的新文化思想观念和思维方式所取代。如在中国的春秋战国时期，由于铁器的广泛使用，生产力得到进一步的发展，出现了新兴的手工业和商业经济，社会经济结构发生了不同于传统农业生产时代的变化。这种新的社会经济结构和经济制度的变化，造成了王室的衰微和诸侯的兴起，这就破坏了世卿世禄的登记制度，动摇了"以德配天"的宗法观念，从而最终导致了整个社会文化的变迁。③

再次，社会政治结构是民族文化生成的重要因素。

作为观念形态的文化除了受社会经济结构影响之外，还受社会政治结构的影响。社会政治结构又称政治上层建筑，是指建立在经济基础之上的政治法律设施、政治法律制度及其相互关联的方式，包括政党、政权机构、军队、警察、法庭、监狱和关于政权的组织形式、立法、司法、宪法和规程等。政治是经济的集中表现。政治上层建筑的性质由经济基础的性质所决定，同时它也作用于作为观念形态的文化。马克思在研究资本的原始积累过程时，就注意到文化类型和剥削方式的不同，他说："对农业生产者即农民的土地的剥夺，形成全部过程的基础。这种剥夺的历史在不同的国家带有不

---

① 《马克思恩格斯全集》第26卷第一册，人民出版社1972年版，第296页。

② 张岱年、方克立主编：《中国文化概论》，北京师范大学出版社1994年版，第50—53页。

③ 参见司马云杰：《文化社会学》，山东人民出版社1986年版，第415页。

同的色彩，按不同的顺序，在不同的历史时代通过不同的阶段。"①在中国古代，奠基于小农为基础的自然经济，决定了我国以血缘关系为纽带的宗法制度和中央集权的君主专制制度。在漫长的历史长河中，中国一脉相承的专制制度和带有某种血脉温情的宗法制度相结合，形成了一种"家国同构"的社会政治结构，深刻地影响着我国的文化传统。"这在政治上表现为儒法合流，在文化上反映则是伦理政治化和政治伦理化，突出地表现为'内圣外王'的心态，即修身、齐家、治国、平天下的人生理想和追求。"②

同时，在社会政治结构（政治上层建筑）中，统治阶级的素质及其统治方式也对民族文化的发展有着重大的影响。一般来说，一个政权如果能够实行民主政治和开放的文化政策，广开言路，博取百家之长，融合异国精华，就能为民族文化的发展创造宽松的环境；一个政权如果实行专制主义和闭关锁国的文化政策，唯我独尊，罢黜百家，故步自封，闭门造车，这就必然为文化的发展设置障碍，从而阻碍民族文化的发展。③如公元前4世纪末赵武灵王"胡服骑射"的例子。赵武灵王为了抗击匈奴和东胡等游牧民族，决定训练骑兵。而要训练骑兵，首先就应该进行服装改革，把华夏民族习惯的宽袍大褂改成短装、长裤、束皮带、穿皮靴。由于赵武灵王的宽容和开放政策，终于成功地进行了服装改革，并由服装改革入手，胜利地进行了军事改革，促进了当时赵国文化的发展和繁荣。相比之下，明清统治者强行推行文字狱，大搞文化专制主义，这给中国文化的发展设置了巨大的障碍，带来了重大的损失。

最后，历史文化传统是民族文化发展的源泉。

马克思主义认为："人们自己创造自己的历史，但是他们并不是随心所欲地创造，并不是在他们自己选定的条件下创造，而是在直接碰到的既定的、从过去承继下来的条件下创造。"④人们所面临的文化世界同样也是如此。文

---

① 《马克思恩格斯全集》第23卷，人民出版社1972年版，第784页。

② 张岱年、方克立主编：《中国文化概论》，北京师范大学出版社1994年版，第72页。

③ 参见黄楠森、龚书铎、陈先达主编：《有中国特色社会主义文化研究》，山东人民出版社1999年版，第72页。

④ 《马克思恩格斯选集》第1卷，人民出版社1995年版，第585页。

化是观念形态，一定社会的文化是一定社会经济、政治的反映。但文化本身又具有很大的相对独立性，各民族文化一旦产生，便以自己独特的风格存在，形成自己独特的传统，并以这种传统对后来的文化世界进行着塑造。文化传统的这种塑造作用又被称为"濡化"。濡化（enculturation）指的是文化中的成员继承文化传统的过程以及与此同步发生的文化从一代传到下一代的过程。"濡化"一词正式提出于 1948 年，它的早期界定者赫斯科维茨认为："把人类和其他生物加以区别的学习经验，能使人类在生命的开始和延续中，借此种经验以获得在其文化中的能力，即可称为'濡化'。"① 简单地说，"濡化"就是文化从一代传到下一代的过程。通过这种"濡化"过程，人获得文化的社会性遗传。文化传统对民族文化的影响过程主要就是文化的"濡化"过程。

　　所谓"传统"，就是被保存在民族中绵延不断并为后代所继承运用的一种稳定结构，它存在于生活方式、思维方式、价值观念、文化道德、风俗习惯之中。② 文化是由人类创造的，人类所创造的文化一经形成就具有极大的相对独立性，它独立于民族成员个体之外，代代相传。每一代人在出生后，都面对着一个既定的文化传统，并被这个既定的文化传统所塑造。传统是一种巨大的力量。它虽然古老，但却在一定程度上为当代人们所遵守和认同。传统的生命力在于它不是沉睡在遗存下来的文献典籍中，而在于它是历史上积累和传递下来、通过社会生活的各种中介而转化为现代人本身存在的东西，是体现在现代人的思维方式和价值观念中的东西。正是在这个意义上，恩格斯指出："我们自己创造着我们的历史，但是，……我们是在十分确定的前提和条件下创造的。其中经济的前提和条件归根到底是决定性的。但是政治等等的前提和条件，甚至那些萦回于人们头脑中的传统，也起着一定的作用，虽然不是决定性的作用。"③ 即使文化发生变迁，文化传统中的某些因素在新文化中仍然发挥着其独特的作用。林毓生教授曾指出："传统架构解体以后并不蕴涵每一传统思想与价值便同时都失去了理性上的价值。一些传

---

① 转引自王铭铭：《西方人类学思潮十讲》，广西师范大学出版社 2005 年版，第 67 页。

② 参见陈先达：《静园论丛》，中国人民大学出版社 2000 年版，第 564 页。

③ 《马克思恩格斯选集》第 4 卷，人民出版社 1995 年版，第 696 页。

统的思想与价值虽然因原有文化架构之解体而成为游离分子，这些游离分子有的失去了内在的活力，但有的却有与西方传入的思想与价值产生新的整合的可能。"① 如中国传统文化是建立在小农自然经济的生产方式和家国一体的宗法社会政治结构基础之上的以伦理道德为核心的文化。在中国传统社会中，人们的社会生活是严格按照伦理的秩序进行的，服饰举止、人际交往，都限制在"礼"的范围内，这就形成了中国人温良恭俭让，礼貌谦虚，尊敬父母，友爱兄弟等优良传统。中国人之所以成为中国人，就是因为中国的特定文化塑造了具有这种文化特质的中国人。同样，中国哲学中中庸辩证的思维方式也塑造了中国人对人生的中庸态度，中国人既不像古希腊人具有急切的进取欲望和征服自然的精神，也不像印度人处于出世的玄想之中，而是形成一种既非积极也非消极的人生态度。②

当然，马克思主义强调文化传统自身的发展规律与文化人类学对于文化的考察不同。马克思主义认为文化传统对于民族文化的影响是以经济基础的决定作用为前提的，而文化人类学往往认为一个民族的文化特征是由他们所处的文化模式所决定的，这种文化模式决定了该社会的一切文化现象。这就片面地夸大了文化传统自身的独立性，否认了经济的最终决定作用，从而陷入了文化决定论。

当然，除了上述几种因素外，影响民族文化特点的还有一些其他因素。如作为文化创造主体的人的需要的多层次性，又如文化之间的相互渗透和影响，这些都会影响着文化的民族性，在该民族文化中得到反映。

三、文化民族性的变迁

任何事物都是不断运动变化的。对于一个民族来说，其在历史长河中积

----

① 林毓生：《中国传统的创造性转化》，生活·读书·新知三联书店 1988 年版，第 159 页。

② 参见王举忠、王冶主编：《中国传统文化与中国人》，辽宁大学出版社 1989 年版，第 71 页。

淀而成的文化也不是一成不变的，而是该民族的自我形象定位和其他民族对之定位的交织和互动。随着社会历史条件的变化，文化民族性也表现为一个发展和变异的动态过程。如果把文化民族性固定化和僵化，不仅不会较好地保存原有文化的纯粹性，反而会阻碍民族文化的前进和民族的发展。

（一）文化民族性变迁的原因

文化作为一种由多种因素交互作用而形成的社会现象，它的变迁同样也受到多种因素的影响。然而，对文化民族性变迁的复杂原因，一些西方学者往往由于在不同程度上受着唯心主义和形而上学思想的影响，无法对文化民族性的变迁原因作出正确的解释。

地理环境决定论者认为，地理环境的变化是使民族文化发生变迁的根本原因。如英国著名哲学家罗素认为，"工业制度是由于近代科学而产生，近代科学是由于伽利略，伽利略是由于哥白尼，哥白尼是由于文艺复兴，文艺复兴是由于君士坦丁堡的陷落，君士坦丁堡的陷落是由于土耳其人的迁徙，土耳其人的迁徙是由于中亚细亚的干旱。因此，在探索历史因果关系时，基本的研究乃是水文地理学"[1]。

心理因素决定论者认为，人的心理因素的变化是文化变迁的决定性因素。最有代表性的可以说是弗洛伊德，他把性欲看成是推动历史和文化发展的原始动力，认为文明的发展乃是人性的压抑。

技术决定论者认为，科学发明和技术进步是推动民族文化发生变迁的根本原因。如美国的文化人类学家怀特指出，人类文化系统包括居于结构底层的技术系统、居于结构中层的社会系统、居于结构上层的观念系统三部分。其中，技术系统是基本的和首要的，"在重要性上，技术系统不仅是首要的，而且也是基本的，整个人类的生活和文化莫不仰仗于它"[2]。

文化传播论者认为，民族文化变迁的根本原因在于外来文化的传播。如历史特殊论代表人物罗维就持这样的观点，他指出："无论是出于相同原因

---

[1] 《现代西方历史哲学译文集》，上海译文出版社 1984 年版，第 129 页。

[2] ［美］怀特：《文化科学》，浙江人民出版社 1988 年版，第 349 页。

的独立演化之例，或是出于不同原因的同归演化之例，都不能确定社会进化之内在定律。可是有一个事实，在文化的各阶段，在社会的各方面，都可以遇见；单是这个事实已足以根本推翻任何历史定律之说——这个事实便是文化之传播。传播作用是丝毫无所创造的，然而一切其他动力见了它就像小巫见大巫，在人类文化的总成绩上，谁都没有它的功劳大。"①

西方思想家的这些理论和观点，往往都是片面夸大自然、人的心理或社会的某一方面因素的作用，而无视社会生产方式对文化变迁的决定性作用，因而最终不可能正确说明民族文化变迁的真正原因。

根据马克思主义的历史唯物主义基本原理，社会生产方式的变更是民族文化变迁的最终动力。马克思主义认为，"物质生活的生产方式制约着整个社会生活、政治生活和精神生活的过程"②。随着社会物质生活的生产方式的变化，社会的精神生活必然发生或多或少、或快或慢的变化。当然，物质资料生产方式对社会文化的决定作用是"归根结底"意义上的，它往往不是一种直接的作用，而是经过若干"中介"来发挥作用的，这就使得社会的物质资料生产方式和社会文化之间的关系在现实中远比在理论上要更加复杂和模糊。对于生产方式和社会文化之间的种种"中介"，马克思恩格斯都有过肯定和原则性的描述，尤其体现在恩格斯晚年给布洛赫的历史唯物主义通信中。③后来，普列汉诺夫发展了马克思恩格斯的思想，提出"五项因素公式"的理论。把马克思、恩格斯所概括的生产力、生产关系（经济基础）、上层建筑三个方面的内容，具体化为生产力、生产关系、社会政治制度、社会人

---

① R. 罗维:《初民社会》，吕叔湘译，商务印书馆 1987 年版，第 522 页。
② 《马克思恩格斯选集》第 2 卷，人民出版社 1995 年版，第 32 页。
③ 恩格斯说:"经济状况是基础，但是对历史斗争的进程发生影响并且在许多情况下主要是决定着这一斗争的形式的，还有上层建筑的各种因素：……这里表现出一切因素间的相互作用，而在这种相互作用中归根到底是经济运动作为必然的东西通过无穷无尽的偶然事件（即这样一些事物和事变，它们的内部联系是如此疏远或者是如此难于确定，以致我们可以认为这种联系并不存在）向前发展。否则把理论应用于任何历史时期，就会比解一个最简单的一次方程式更容易了。"（《马克思恩格斯选集》第 4 卷，人民出版社 1995 年版，第 695—696 页。）这里，恩格斯承认了在经济基础和社会文化之间的复杂性，但由于种种原因，他并没有详细地研究和论证其中的"中介"环节及其作用。

的心理、社会思想体系，丰富和完善了马克思、恩格斯关于社会生产方式和社会文化之间的"中介"的思想。马克思、恩格斯、普列汉诺夫强调"中介"的作用不仅不是对各种历史唯心主义（如认为心理因素或社会某一方面的因素是文化变迁的根本动力）的妥协，而是恰恰对它们彻底的批判，体现了马克思主义辩证决定论的辩证的、革命的本质。

其次，自然地理环境的变化，也是引起民族文化变迁的一个重要原因。自然地理环境是人类从事物质资料生产方式的前提和基础。在人类文明发展的初期，地理环境对文化的影响有着决定性的作用，随着人类文明的进步和科学技术的发达，地理环境的作用将逐步被弱化。而且，地理环境对民族和社会文化的影响是通过在一定生产力的基础上发生的生产关系来影响人的，并不是直接的发生作用。这一点在前面已作过详细地论证，这里不再赘述。

再次，文化传播是文化变迁的重要因素。在历史发展较为封闭的阶段，民族文化的变迁主要依靠的是文化的濡化。通过濡化民族文化在封闭的文化圈内演化和发展。但当历史转变为"世界历史"以后，文化交流更为频繁，使得一个民族在文化交流的过程中必然借用其他民族的文化因素并将它融合到自己固有的文化之中，这就是文化传播（或文化借取）。"一个群体向另一个社会借取文化要素并把它们融合进自己的文化之中的过程就叫做传播。"① 我们把文化要素的输出方称为传播，把文化要素的输入方称为借取。传播和借取是同一过程的两个相反方面。当然文化传播不一定是直接传播，也可以通过媒介来达到传播的目的，如历史上我国的四大发明就是通过阿拉伯人为媒介传到欧洲的。

文化传播是民族文化变迁的重要动力，文化发展的历史充分证明了这一点。我国历史上的"新文化运动"，就是由于西方科学民主思潮和西方先进文明的传播而激发的国内关于各种文化思潮的讨论而引起的。没有西方文化思潮的传入，就不可能引起"新文化运动"，也就不可能形成后来中国文化发展中的全盘西化与国粹主义的争论。同样，如果没有马克思主义的传播，

---

① ［美］C.恩伯和M.恩伯：《文化的变异》，杜杉杉译，辽宁人民出版社1988年版，第535页。

俄国就不可能缔造世界上第一个社会主义国家，产生农奴制封建文化向社会主义文化的变迁；没有马克思主义的传播，中国也不可能取得新民主主义革命的胜利，产生半封建半殖民地文化向新民主主义文化的变迁。近代日本之所以后来居上，迅速由封建阶段进入资本主义和帝国主义阶段，与西方文化的传播也有重要的关系。日本最初和中国一样也采取闭关锁国的政策，但这种过程很快结束，日本以明治维新为起点，大量吸收西方文化。日本政府大力提倡学习西方文明，振兴实业，开办学校，颁布律令，革除一些旧习俗，而一般的日本民众则将接受西方文化当做"文明开化"的行动。在西方文化的传播中，近代日本迅速摆脱殖民地的危机，跻身于发达资本主义和帝国主义国家的行列。可以说，如果没有19世纪的传播发展，只靠日本自身的力量，它无法实现产业化和近代化。

最后，文化涵化是文化变迁的又一因素。涵化（Acculturation）也称"受化"，最先由美国民族学家鲍威尔（J.W.Powell）所创用，指的是"两个或两个以上相异的文化群体发生不同程度、不同方式的接触后，导致一方或双方的文化模式发生变化的现象，其结果是一种文化接受其他文化的要素，及对另一种文化的适应，从而不同文化的相同性日益增强。"[1]文化涵化不同于文化传播。文化传播中的两种文化的地位是平等的，其中一种文化自愿地、有选择性地对另一种文化的某些要素进行吸收。而文化涵化一般指的是两种地位不平等的、处于支配从属关系环境中的文化相互接触时，处于优势地位的文化必然会向处于劣势地位的文化渗透，从而导致一方或双方的文化均发生变化的现象。文化涵化是在外来的压力下对异质文化的输入。"把涵化看成是不同社会处于支配从属关系环境中的广泛的文化借取是恰如其分的。这种借取有时可能是个双向过程，但一般说来都是从属的或不太强大的社会借取的最多。传播的概念可以用来专指文化要素的自愿借取，相形之下，涵化的特征都是在外部压力之下的借取。"[2]

文化涵化引起文化变迁有两种情况。一种情况是经济上和文化上都先进

---

[1]　章人英主编:《社会学词典》，上海辞书出版社1992年版，第172页。

[2]　[美]C.恩伯和M.恩伯:《文化的变异》，杜杉杉译，辽宁人民出版社1988年版，第546页。

的民族与经济和文化都落后的民族相接触时引起的落后民族的文化变迁。例如，西班牙在征服墨西哥后，强迫很多印第安人群体接受天主教。由于印第安人在经济和文化上都比西班牙人落后，所以他们不得不接受西班牙人给他们安排的选择。另一种情况是经济军事强大但文化落后的民族对文化较先进的民族的征服，从而引起征服民族文化的变迁。如日耳曼人对代表当时西方文化发展顶峰的古罗马帝国的入侵，虽然当时直接导致了罗马文化的衰落，但却使罗马文化的影响由西南欧传播到整个欧洲大陆和英伦三岛，奠定了今天欧洲文化的基础。当然，文化涵化也具有一定的选择性。只要弱小的民族还存在，它就一般不会全盘接受强大民族的一切文化，而是以自己的方式来抵制着强大民族文化的同化。

（二）文化民族性变迁的规律

人是一种创造性的生成性存在，但人不能凭空创造任何东西，人所创造的文化永远离不开自然界提供给人的物质基础。因此，从根本意义上，文化世界和自然世界一样，也是一种客观存在，其发展也遵循着一定的规律。

首先，民族文化的变迁是一个从自在到自觉的过程。文化作为民族成员改造自然环境的产物，首先是为了满足民族主体的生存需求。当民族成员的生存由于自然灾害、社会变革等因素面临威胁时，民族文化的变迁就会随之而来，而开启这一变迁历程的往往首先是少数的社会精英。这些社会精英"或者对文化传统进行新的解释，或者从社会外部引入新思想，或者从实际经验中创造新的思想观念，或者三者兼而有之"①，从而改造和超越原有社会中文化价值秩序的保守性和惰性。如果这种新思想在阐释、倡导和传播的过程中能够激发起社会大众广泛的社会心理认同，有效地解决自然和社会变革中提出的问题，那么它就会被选择成为整个社会认可的新文化价值秩序，广大社会大众就会自觉地把它当成"集体行动的逻辑"，这也就标志着文化变迁一个过程的基本完成。然而，文化变迁从自在到自觉的演进并不是线性的

---

① 《观念、制度与思想解放》，http://news.xinhuanet.com/theory/2008—10/09/content_10168300.htm。

发展过程，而是一个曲折的历史发展过程。特别是在"世界历史"时代，文化传播和交流成为文化发展的重要动力之一，文化自觉也就不能仅限于对民族文化的自觉，而是要扩展为对异族文化和世界文化的自觉。正如费孝通所说的："文化自觉是一个艰巨的过程：首先要认识自己的文化，根据其对新环境的适应力决定取舍。其次是理解所接触的文化，取其精华，去其糟粕，加以吸收。各种文化都自觉之后，这个文化多元的世界才能在相互融合中出现一个具有共同认可的基本秩序和形成一套各种文化和平共处、各舒所长、联手发展的共同守则。"①

其次，民族文化变迁和民族经济发展具有不平衡性。由于文化变迁不仅受经济因素的决定，而且还受许多其他"中介"因素的影响，因此文化变迁和经济变迁往往呈现出不平衡性。从世界文化发展史来看，世界上许多文化特别发达的国家和地区，其经济发达程度并不都是与之一一对应的。许多经济落后的国家和地区，在思想文化领域却走在经济先进的国家和地区的前列。例如，中国春秋末期，奴隶制生产衰落，政治上诸侯割据，而在学术思想领域却呈现百花齐放、百家争鸣的局面。18世纪末19世纪初，德国在生产关系和生产力发展水平上，都远远落后于英、法。但德国"在哲学上仍然能够演奏第一提琴"②，出现了歌德、康德、费希特、黑格尔等对世界影响巨大的哲学家。对于文化发展的这个规律，马克思从艺术上给予说明，马克思说："关于艺术，大家知道，它的一定的繁盛时期决不是同社会的一般发展成比例的，因而也决不是同仿佛是社会组织的骨骼的物质基础的一般发展成比例的。例如，拿希腊人或莎士比亚同现代人相比。就某些艺术形式，例如史诗来说，甚至谁都承认：当艺术生产一旦作为艺术生产出现，它们就再不能以那种在世界史上划时代的、古典的形式创造出来；因此，在艺术本身的领域内，某些有重大意义的艺术形式只有在艺术发展的不发达阶段上才是可能的。如果说在艺术本身的领域内部的不同艺术种类的关系中有这种情形，就不足为奇了。"③列宁在研究奴隶占有制这种经济关系时，也注意到了

---

① 费孝通：《开创学术新风气》，《思想理论教育导刊》1997年第3期。

② 《马克思恩格斯选集》第4卷，人民出版社1995年版，第704页。

③ 《马克思恩格斯选集》第2卷，人民出版社1995年版，第28页。

同样的奴隶占有制的生产关系在不同的国家和地区都有不同的制度表现形态现象，他说："在奴隶占有制时期，在当时最先进、最文明、最开化的国家内，例如在完全建立于奴隶制之上的古希腊和古罗马，已经有各种不同的国家形式。那时已经有君主制和共和制、贵族制和民主制的区别。君主制是一人掌握权力，共和制是不存在任何非选举产生的权力机关；贵族制是很少一部分人掌握权力，民主制是人民掌握权力（民主制一词按希腊文直译过来，意思是人民掌握权力）。所有这些区别在奴隶制时代就产生了。虽然有这些区别，但奴隶占有制时代的国家，不论是君主制，还是贵族的或民主的共和制，都是奴隶占有制国家。"①

再次，民族文化变迁是克服旧文化自满自足的文化惰性的过程。文化作为人类在改造自然过程中的精神创造，体现了人的活动的自由本性。然而，文化作为观念的上层建筑，具有较强的相对独立性，它一经形成便会对该文化维系的民族成员有一定的束缚、禁锢作用，甚至在某些条件下能够成为一种异化的存在阻碍着新文化的创造。因此，文化变迁特别是文化发展就需要在既有的文化基础上通过人的文化创造去吸纳社会实践和时代发展中的新的内容和要素，从而克服旧文化中惰性的内容和要素以实现文化的创新。文化创新并不是一劳永逸的过程，每一次文化创新的结果都为人类文化发展长河增加了丰富的珍宝，但由于其有限性又必然会随着社会和时代的变化而不断被扬弃。正如有的学者所分析的那样："人的任何一次文化创造都有其不可替代的价值，但是，人的任何一次文化创造又注定是不完善的和有限的，注定会在一定的条件下成为人进一步扬弃的对象。这种有限性与不完善性构成人之存在根基的内在要素，同时，它也使人进一步的文化创新成为可能。"②

（三）文化民族性变迁的模式

民族文化在自身的变迁过程中，基本上遵循着从文化的有序状态到无序状态再到有序状态的变迁模式。当一种文化还在其质的规定性范围内时，它

---

① 《列宁选集》第 4 卷，人民出版社 1995 年版，第 32 页。
② 衣俊卿：《文化哲学十五讲》，北京大学出版社 2004 年版，第 112 页。

处于一种有序状态，而当旧的文化特质已经被破坏而新的文化特质又没有被建立起来的时候，它就处于一种无序状态。即使是新的文化特质建立起来了，因它一时还不能适应社会的需要，人们对它也没有完全适应，故而也仍然处于一种无序状态。只有当新建立起来的文化特质适应了社会的需要和发展，适应了人们的文化认同，人们已经对这种新的文化特质习以为常了，这时才形成了一种新的文化模式。文化变迁从有序到无序再到有序的状态在文化变迁模式上主要表现为：传统——反传统（文化危机）——新的传统。

首先，传统是一个民族文化变迁的起点。文化变迁首先是对民族文化传统的传承。对民族文化传统的传承是民族文化变迁中对民族文化肯定性的一面，它构成了民族文化变迁的基础条件。传统具有连续性。"传统是一个社会的文化遗产，是人类过去所创造的种种制度、信仰、价值观念和行为方式等构成的表意象征；它使代与代之间、一个历史阶段与另一个历史阶段之间保持了某种连续性和同一性，构成了一个社会创造与再创造自己的文化密码，并且给人类生存带来了秩序和意义。"① 文化在传统的传承中不断进步和发展。黑格尔就指出："在科学里，特别是在哲学里，我们必须感谢过去的传统……但这种传统并不仅仅是一个管家婆，只是把它所接受过来的忠实地保存着，然后毫不改变地保持着并传给后代。它也不像自然的过程那样，在它的形式的无限变化与活动里，永远保持其原始的规律，没有进步。"② 希尔斯在《论传统》一书中也指出，现代的人总是生活在"过去的掌心之中"。"即使我们承认，每一代人都要修改前辈传递下来的信仰和行为范型，我们还必然会发现，大量的信仰过去被拥护，现在仍然被拥护，许多行为范型过去被奉行，现在仍然被奉行，而且，这些信仰和模式与近期出现的范型相互并存。"③ 人类的文化在创造之初可能是简单的，但却内在地包含着未来发展的可能性，随着人类物质生产实践和交往活动的不断发展和深化，它所包含

① ［美］E.希尔斯：《论传统》，傅铿、吕乐译，上海人民出版社1991年版，《译序》第3页。

② ［德］黑格尔：《哲学史讲演录》第1卷，贺麟、王太庆译，商务印书馆1959年版，第8页。

③ ［美］E.希尔斯：《论传统》，傅铿、吕乐译，上海人民出版社1991年版，第52页。

的可能性便被不断地激发，并在同其他文化的交流过程中不断发展壮大。恩格斯曾经指出："在希腊哲学的多种多样的形式中，差不多可以找到以后各种观点的胚胎、萌芽。"① 文化模式的变迁一般都是从对传统的继承开始的。

其次，传统虽然有许多对文化发展有利的因素，但传统也可能成为负担和包袱，阻碍着社会发展的需要。当传统成为负担和包袱，阻碍社会发展时，就出现了反传统。于是反传统就成为抗击传统，推动社会发展的重要力量。舍勒对反传统在文化发展中的作用持肯定态度，他指出："靠着传统惯例，某种'进步'已是可能的。然而，人类所有真正的发展，在本质上都是建立在一种日渐增长的对传统的破除之上……传统威力的破除在人类历史上呈增长的趋势发展。"② 反传统是文化危机时期的产物。当一个民族文化自身内部的文化传统积累到一定程度，或当它遭遇外部文化的冲击时，都有可能导致民族文化危机的产生。如我国的清朝末期，由于我国内部民族资本主义经济的发展和西方坚船利炮的轰击以及西方大量科学理论的传入，传统的"华夏中国"的美梦被惊醒，出现了"数千年未有之大变局"的文化危机。在文化危机时期，为了挽救本民族，通常会出现对传统的巨大反叛。如鸦片战争之后，中国的一些精英分子先后提出要向西方文化学习的文化主张，从林则徐的"睁眼看世界"到魏源的"师夷长技以制夷"，从物质层面的变革（洋务运动）到制度层面的变革（戊戌变法），再到观念层面的变革（新文化运动），都是对在传统中国封建经济结构和政治结构稳定性基础上产生的传统文化的巨大反叛。历史的发展证明，这些反叛对中国文化的发展，对于中国的发展都起到了巨大的促进作用。

最后，当对传统的反叛达到一定程度后，必然会产生文化上的革命，从而导致新的文化模式的出现，实现民族文化的质变和创新。库恩说："科学革命就是旧范式向新范式的过渡。"文化上的革命也是如此，当一种文化适应社会发展的客观需要，适应时代的发展要求，它就必然成为新文化模式的主体因素。如中国的马克思主义文化。马克思主义在传入中国之初，和其他

---

① 恩格斯：《自然辩证法》，人民出版社 1984 年版，第 49 页。

② ［德］马克斯·舍勒：《人在宇宙中的地位》，李伯杰译，贵州人民出版社 1989 年版，第 16—17 页。

社会思潮一样，只是各种社会思潮中的一种，但马克思主义文化以其独特的革命性、科学性和实践性迅速被中国革命作为指导思想，取得了中国新民族主义革命的胜利，从而成为中国文化的指导思想。当然，文化的创新和吸收其他文化的精华也是分不开的。例如，古代希腊文化继承了古代埃及的文明成果；近代西欧文化也汲取了阿拉伯文化的优秀养分；中国文化也正是在把自己纳入世界文化发展的轨道，在对西方文化成果积极学习和吸收的过程中才走上建设有中国特色社会主义文化的道路的。

总之，民族文化的变迁就是一个从传统到反传统再到形成新的文化模式的过程。从本质上来说，民族文化的变迁就是文化积累和文化创新的统一。一方面，文化积累是文化创新的基础，任何一个民族所进行的文化创新都只能以它的先辈所提供的既定的社会文化氛围为前提，以已经内化为心理结构的特定文化传统为基础。文化人类学家们很重视文化是一种积累的过程，并把文化积累看成是文化的重要特征和规律。如摩尔根说："人类是从发展阶梯的底层开始迈步，通过经验知识的缓慢积累，才从蒙昧社会上升到文明社会的。"①另一方面，文化创新是文化积累的必然结果。当一种文化的内部要素积累到一定程度后，必然会引起文化的结构性变化，形成新的文化模式，实现民族文化的创新。正如朱谦之所说："固然文化的进化中，一方面仰倚着'故'，一方面俯视着'新'，一方面是未来的前进不可预测，一方面是过去的累积永无穷期，然而，这种永不间断的过去里程，实存在于现在绵延转起之一流之中，所以文化积累不已，便日新不已。"②

四、文化民族性与文化相对主义

民族性是文化的重要特点，文化的民族性体现了文化的相对性，包含着该民族生存的合法性，是民族平等的重要理论前提。但是，如果把文化的民

---

① ［美］路易斯·亨利·摩尔根:《古代社会》，杨东莼等译，江苏教育出版社 2005 年版，第 3 页。

② 朱谦之:《文化哲学》，商务印书馆 1990 年版，第 14 页。

族性和相对性绝对化，而抹杀和忽视文化的绝对性，就容易走入文化相对主义。尽管文化相对主义的存在有着理论上的合理性，但它也存在着明显的局限。

（一）文化相对主义的缘起和嬗变

文化相对主义作为文化间关系的一种主张，是在对启蒙时代以来形成的文化普遍主义的理论反动中出现的。文化普遍主义是西方近代工业文明的一种意识形态，它以近代以来形成的科学理性为理论根基，以自然科学演绎的或归纳的方法为方法，认为科学理性是衡量一切历史和文化的根本标准，"一切都必须在理性的法庭面前为自己的存在作辩护或者放弃存在的权利。思维着的知性成了衡量一切的唯一尺度"①，于是追求普遍性和确定性成了文化普遍主义的理论追求。在黑格尔哲学中，我们可以看到文化普遍主义为世界历史发展所作的富有逻辑性的理论设计。黑格尔通过对绝对精神自我实现和自我发展的辩证过程的逻辑演进，构建了以西方为中心的人类整体的一元历史观。在黑格尔的一元历史观中，世界历史经历了四种民族依次更替的进步过程，即东方民族、希腊和罗马民族、日耳曼民族，日耳曼民族代表了世界历史发展的巅峰。

文化普遍主义的这种思维方式在 19 世纪下半叶文化人类学那里获得了丰富的经验性论证，并发展成为线性发展的文化进化主义理论，其代表人物是英国文化人类学家爱德华·泰勒。泰勒搜集了大量的民族志资料，将各民族大量的文化现象作比较研究后提出，所有民族的文化都要遵循同一条路线向前进化，各民族文化之所以有差异是因为它们处于文化进化的不同阶段上。在《原始文化》一书中，泰勒把人类文明的发展划分为三个阶段：蒙昧、野蛮和文明。"文化的各个阶段可以被认为是文明发展或进化的各个时期，每个特定的时期都是其前期历史的产物，并对将来的历史的形成起到了特定的作用。"②文化进化主义把生物进化论运用于文化发展，对于民族文化

① 《马克思恩格斯选集》第 3 卷，人民出版社 1995 年版，第 355 页。
② ［英］泰勒：《原始文化》，蔡江浓编译，浙江人民出版社 1988 年版，第 1 页。

发展的差异性具有一定的解释力，但由于它把文化的民族差异仅仅归结为时代性差异，忽视了落后民族文化存在的合理性，极容易蜕变为推行帝国主义和霸权主义的理论工具，必然要遭到弱势文化的反抗，于是文化相对主义应运而生。

文化相对主义最早出现在人类学领域，并公认是由美国人类学家博厄斯提出的。博厄斯激烈地抨击泰勒、摩尔根等人的古典进化论，认为各种文化是各个民族独特的产物，这些民族文化都沿着自己的发展轨道演进。他明确指出，任何一种文化都有不同于其他文化的独特之处，都有其存在的价值和尊严，各民族文化之间没有优劣、高低、好坏之分，因而，民族文化之间没有普遍的绝对的衡量标准，一切评价标准都是相对的。因此，对其他文化进行科学研究时，要"从建立于自身文化之上的种种价值标准中解脱出来。只有在每种文化自身的基础上能深入每种文化，深入每个民族的思想，并把在人类各个部分发现的文化价值列入我们总的客观研究的范围，客观的、严格科学的研究才有可能"①。

博厄斯之后，其弟子露丝·本尼迪克特对文化相对主义的观点进行了集中阐发，她认为："现代社会思考的最重要的任务，莫过于充分思考文化的相对性。……对文化相对性的承认，有其自身的价值，这些价值未必就是那些绝对主义者哲学理论所宣称的价值。"②她强调，人类学家如果不能持一种超然的态度，不能摆脱掉自己的文化所养成的价值判断和偏见，不能采取被研究文化参与者的观点，不能对被研究文化产生一种移情，不能对被研究文化取主观位（Etic）的态度，那么他就不能客观地揭示文化事实和规律。

对文化相对主义理论进行系统总结的是赫斯科维茨。赫斯科维茨在其《人类及其创造》中对文化相对主义进行了系统的理论总结，标志着文化相对主义学派的最终形成。赫斯科维茨指出，文化相对主义的核心是"尊重差别并要求相互尊重的一种社会训练。它强调多种生活方式的价值，这种强调

---

① ［美］弗朗兹·博厄斯:《人类学与现代生活》，刘莎等译，华夏出版社1999年版，第131页。

② ［美］露丝·本尼迪克特:《文化模式》，何锡章、黄欢译，华夏出版社1987年版，第215—216页。

以寻求理解与和谐共处为目的，而不去评判甚至诋毁那些不与自己原有文化相吻合的东西"①。

由于文化相对主义质疑了线性一元历史观，对于消解西方话语霸权，促进思想解放有着积极意义，因而，文化相对主义理论在人类学领域提出后，逐渐扩展到历史学、社会学、哲学等多种领域，并进一步得到了强化。

在历史学领域，斯宾格勒和汤因比创立了"文化形态学"，主张通过比较世界历史上存在过的各种文化形态，找出各种文化形态的相似性和共同点，反对把人类文化看做一个单一的统一进化链条。在社会学领域，马克斯·韦伯坚持历史相对主义，认为各个民族的文明具有独特性和唯一性，没有高低优劣之分，只能依据其自身的标准和价值来进行评判。在哲学领域，后现代主义提倡反基础主义、反本质主义和解构主义，用相对论消解了绝对论关于文化的统一价值标准。

由此可见，文化相对主义是在西方社会内部产生的反对启蒙时代以来形成的文化普遍主义的理论思潮，它以强调文化的地域性和空间性为理论手段，以解构近代以来西方文化中心论为理论旨趣。由于其理论主张具有强烈的非西方价值取向，对于弱势民族保持和恢复其文化尊严和自主发展权利有着积极的意义，因而很自然地成为弱势民族应对全球化时代文化普遍主义的重要理论形式。然而，"正如理性主义走向独断时，非理性主义就必定兴起并显示出合理性一样，文化相对主义的合理性也只是因为文化绝对主义（文化普遍主义——引者注）的存在，所以，它们实际上处于同一层次，谁也不比谁更为高明、更有建设性"②。

（二）文化相对主义的哲学基础省思

从哲学的角度对文化相对主义进行考察，可以发现它存在着明显的局限性和问题。

第一，文化绝对整体主义的认识论。

---

① M.J.Herskovits：*Cultural Relativism*，32-33，New York，1973.
② 张曙光：《走向"公共性"的文化价值秩序》，《中国人民大学学报》2007 年第 6 期。

　　文化相对主义把文化看成一个独立自足的有机整体，认为其内部的诸种要素就像生物有机体内部各个器官一样相互联系和作用，形成一个自组织系统。这个自组织系统，类似于生物有机体，也经历一个自足的从发生到成熟再到自然死亡的有机生命历程。文化相对主义对文化的相对性、特殊性、民族性、多元性的坚持均是建立在此种文化观基础之上的。

　　斯宾格勒在《西方的没落》中对文化的定义就是这个认识论的典型代表。在斯宾格勒看来，世界历史上的八大文化体系，即埃及文化、巴比伦文化、印度文化、中国文化、希腊罗马的古典文化、玛雅文化、伊斯兰文化和西欧文化，都有自己独特的观念、生活、愿望、感情等，彼此之间被鸿沟隔开。每一种文化作为有机体，都有其自身发展的周期性，文化的发展既类似于自然现象中的春夏秋冬四季，又类似于个人生活中的童年、青年、壮年和老年，最初都是充满青春的活力，蓬勃兴起，在其根生土长的地方茁壮成长，枝叶茂盛，然后渐渐枯萎，结束生命的周期。①

　　固然，任何一个特定的文化形态都是由多种要素，按照一定的方式或结构组成的一个有机整体，然而这种系统是有着深厚的实践根基的、开放和发展着的系统，其内部的诸种要素在不影响该文化形态整体特性的条件下是可以和其他文化要素融合的。正是因为文化要素之间的可交流性和可融合性，文化的进步和发展才成为可能。

　　绝对整体主义不承认文化内部要素的可重组性和世界文化的可交流性。按照这种逻辑，现代文化只能是传统文化的简单延续，人类文化只是各种"一潭死水"的民族文化的简单相加，文化体系之间没有任何"可通约性"。这是不符合世界文化发展的历史的，"不同文明的交流过去已经多次证明是人类文明发展的里程碑。希腊学习埃及，罗马借鉴希腊，阿拉伯参照罗马帝国，中世纪的欧洲模仿阿拉伯，而文艺复兴时期的欧洲则效仿拜占庭帝国"②。而且这种绝对整体主义的文化观把文化理解为一种自足的不依赖于他物而存在的文化实体，这种无视文化生成的丰富实践根基的实体主义思维方

---

　　①　参见［德］奥斯瓦尔德·斯宾格勒:《西方的没落》，齐世荣等译，商务印书馆1993年版，第99页。

　　②　［英］罗素:《一个自由人的崇拜》，胡显清译，时代文艺出版社1988年版，第8页。

式，抽掉了文化所赖以形成的经济关系和政治关系，使文化变成了无源之水、无本之木、纯粹主观自生的东西，从另一条道路走向了文化神秘主义。

第二，割裂矛盾共性和个性的方法论。

文化的最高价值是追求自由。由于文化是在一定物质基础上人类进行的精神创造，所以它既是一个现实世界，又是一个意义世界、理想世界。文化世界的意义性和理想性是人具有生成性和超越性的表现，同时又反过来促使人对客观世界进行无穷的探索，促使人在探索中改造自身，实现最终的自由全面发展。对自由的追求是在所有国家和民族中普遍存在的，是文化的共性和绝对性所在。然而，各个民族国家对自由追求的形式和方法却不尽相同，从而形成了文化的个性和相对性。任何一种文化都是绝对性和相对性的统一，绝对性中孕育着相对性，相对性中又包含着绝对性，绝对性和相对性构成了文化的一体两面的辩证结构。

文化相对主义割裂了文化的相对性和绝对性之间的辩证关系，把文化的相对性绝对化，变成了脱离任何相对性的纯粹绝对性的东西。尽管文化相对主义者主张把特定事物和观念放到其自身文化语境中观照，反对文化一元批评，对于保护世界文化的多样性确实有积极作用，然而文化相对主义内在蕴涵的形而上学方法论恰恰是导致其"只见树木不见森林"的思想桎梏，它使人们只看到自己置身其中的文化体系的合理性而忽视其可能存在的不合理性和缺失，这种价值观念一旦和狭隘的民族主义相结合，就会形成极端文化相对主义。极端的文化相对主义往往以坚持文化的民族性和纯粹性为口号，排斥对任何外来文化的吸收和融合，在文化自闭和自大中凸显自身的优越性。但是，在当今世界文化激荡的浪潮下，这种文化观不可避免地会导致自我封闭和自我欣赏，最终沦为缺少在"他者"文化的反观中审视自身的狭隘的文化民族主义。

按照这种方法论，文化相对主义不仅无法达到最初的理论初衷，还有可能走向理论的反面——文化中心主义。这是因为，文化相对主义一方面反对以一种文化为标准来衡量和评价其他文化，认为任何一种文化的价值只能从文化自身得到说明；另一方面又认为文化相对主义价值本身具有普遍性，只有实行文化相对主义才是符合文化内在本性的，这事实上是把相对主义的价值观念凌驾于其他价值观念之上，是文化普遍主义和文化中心主义的另一种形式。

第三，抽象的民族利益价值观。

人的本质是一种不断追求满足自己主体需要的超越性存在。文化作为人的本质的对象化，满足了主体的需要，确证了主体的存在，体现了主体通过实践自我超越和自我完善的价值取向。正是在这个意义上，我们认为文化既是一种工具体系，又是一种意义支撑，是主体在长期的历史发展中作出的最佳生存模式的选择。这里的主体不是抽象的个体存在，而是一种社会性的存在，文化只有依赖于一定的社会组织或文化体形态才能创造并不断传承。

人类文化在漫长的历史发展中经历了不同的文化体形态，从最初由血缘关系形成的氏族，到氏族之间的联合形成部落，最后到发展为民族，并最终在民族中得到固定。文化以民族为前提，通过民族这一载体存在和发展，民族又因为依托了文化这一坚实根基而愈益牢固和紧密。因而，从价值选择的角度来说，文化是特定民族成员的生存需要和意义选择。这也恰恰是文化相对主义维护本民族文化合法性最有力的论据。

然而，文化相对主义者忽略了一点，那就是民族的概念并不是抽象的，而是具体的。任何一个民族内部都存在着不同的阶级或阶层，民族价值体系的产生和发展是各种利益集团价值观念之间相互博弈的结果。其中，统治阶级的意识形态在众多价值观念中具有强势地位，它试图整合和引领整个社会文化观念，如果这种整合能够完成，那么这个民族或国家就处于稳定时期；如果这种整合非常成功，既保证了指导思想的一元化又促使了各种文化观念良性互动，那么这个民族或国家就处于繁荣时期；如果统治阶级的意识形态难以获得广大民众的认同，那么这个民族或国家必然处于价值失序状态。由此可见，无论是在社会发展的稳定期还是动荡期，一个民族或国家内部都不可能只存在一种只反映某一个阶级或阶层的文化观念，也不可能存在维护整个民族所有阶级或阶层整体利益的价值系统。

因此，文化相对主义主张从本民族文化自身的价值体系而不是用其他民族文化为标准来评判其行为就变成了一厢情愿的假设。因为文化相对主义在论证这个观点时，暗含着这样的理论预设，即将一个民族抽象地看成一个利益共同体，完全抹杀了民族中的各种利益集团的划分，仿佛只要是属于一个民族，人们的利益就完全一致，人们就拥有一致的风俗、一致的信仰、一致的价值观念。① 事实上，文化相对主义的这种理论基石在现实的民族和国家中是不存在的。如果一定要以民族整体利益为理论点，不仅在理论上无益，而且在实践中也是有害的。它不仅不会有利于维护民族利益，反而容易被部分利益集团作为维护自己狭隘集团利益的幌子。因此，文化相对主义以维护整个民族利益为理由的理论论证也是站不住脚的。

第四，非决定论的历史观。

文化是人类历史发展的产物。在人类历史过程中，不同民族由于形成的先后性、自然地理环境的独特性以及生产力水平的差异性，形成了各具特色的文明形态。文明多样性为民族文化的选择提供了多种可能性，有利于推动人类文明的共同发展。文化相对主义注意到了文化多样性的意义和价值，这正是它的合理性所在。然而文化相对主义过分地强调了民族文化的差异性、个性和相对性，认为在不同文化和价值标准之间不存在任何可通约性，这就暗含着一种非决定论的历史观：历史只有个别的、单一的现象之间的联系，人类社会历史的发展不存在共同的规律性、统一性和必然性。

事实上，历史非决定论作为对历史决定论的理论对立面，它混淆了机械决定论和辩证决定论的界限。机械决定论以近代经典物理学的机械唯物主义方法论为基础，认为历史的发展有着内在的规律性和必然性，但是它只承认历史发展的客观规律性，而否认人的主观能动性，这就取消了历史认识的可能性，是同人的本性相悖的。辩证决定论也承认历史发展的客观规律性，不同的是，它对社会历史规律的揭示基于辩证唯物主义的方法论，肯定人类社会历史的发展有其自身规律，认为"社会经济形态的发展是一个自然历史过程"，因此，"这种历史观和唯心主义历史观不同，它不是在每个时代中寻找某种范畴，而是始终站在现实历史的基础上，不是从观念出发来解释实践，而是从物质实践出发来解释观念的形成"。② 正是遵循"从物质实践出发来

① 葛红兵：《走出民族主义和文化相对主义》，《社会科学论坛》2002 年第 2 期。
② 《马克思恩格斯选集》第 1 卷，人民出版社 1995 年版，第 92 页。

解释观念的东西"的基本原则，辩证决定论揭示了人类历史发展的动力机制，即人类历史的发展是由以生产力、生产关系（经济基础）、上层建筑为基本矛盾的动力系统推动而成的。在这种动力机制下，人类社会的发展经历了三大社会形态，即人的依赖关系为主导的社会形态、物的依赖关系基础上的个人独立性的社会形态、个性的自由发展的社会形态，从而揭示了人类历史发展的普遍规律性。

同时，辩证决定论还认为历史发展规律本身是抽象的，这种抽象规律只有通过人的实践过程才能体现出来，人在历史规律面前并不是消极的被决定者，而是积极的创造者。在人类历史发展过程中，各个民族由于面对不同的地理环境、生产力水平、政治结构和文化传统，因而形成了不同的实践方式，产生了不同的文化样态。因此，以人类社会实践为根基，来考察现实的人与自然、社会、历史的互动关系是辩证决定论超越机械决定论和非决定论之所在。

然而，文化相对主义却没有看到这一点，它们否认了人类历史发展的内在规律性，取消了人在历史面前的能动性和创造性，抹杀了多元共存的文明中所蕴涵的共性和个性的历史辩证法，这实质上是和机械论决定论的线性一元历史观殊途同归。

由此可见，文化相对主义和文化普遍主义一样，都不可能为人类历史未来的和谐发展提供有效的方法论。

第三章　文化民族性的当代价值

全球化给各民族文化所提供的平台使得各民族文化不再是沿着自己的轨道孤立地演进和发展，而是必须走出区域文化和地方文化，融入全球文化发展的格局中。在全球化背景下，民族文化的交流达到了前所未有的规模和深度，文化全球化的趋势日益明显，但这并不会导致文化的同质化。文化民族性在全球化浪潮的汹涌澎湃中不仅不会因为文化的全球化而磨灭，反而有不断加强的趋势。

一、文化民族性是文化全球化的制约

全球化作为当今世界文明发展的潮流正席卷着世界的每一个角落。在这一潮流的裹挟下，世界文化无论从广度和深度都显现出前所未有的发展态势，人类无论在生活方式、价值观念、审美情趣都显现出与以往诸多不同的风格。但是，文化能否像经济一样，形成文化全球化，还存在很大争论。

一种观点认为，文化全球化就是文化的一体化和同质化（普遍主义的）。其立论根据是：由于人类实践活动的共通性和社会发展的规律性，文化的本质具有普遍性，并且资本主义国家由于在经济和科技方面的绝对优势，使得资本主义文化具备了一统天下的能力，特别是美国的文化帝国主义将导致美国的文化在全球传播。文化同质论往往容易被别有用心的人作为维护西方文化霸权的理论根据。如弗兰西斯·福山的"历史终结论"提出：

"自由民主制度也许是'人类意识形态发展的终点'和'人类最后一种统治形式',并因此构成'历史的终结'。我们找不出比自由民主理念更好的意识形态。"①即使是塞缪尔·亨廷顿的"文明冲突论"所透露出的也不过是对西方文明和美国霸权地位的忧思。其"所依据的理论是已经过时了的'西方中心论'"②。

另一种观点认为,文化全球化是文化多元化(特殊主义的)。其立论根据是:文化是文化主体在特定的生活环境中所形成的生存智慧,具有其他文化不能替代的功能,因此文化在价值上没有优劣之分,多元文化的发展始终是人类文化发展的内在要求和外在表现。全球化正是对多元文化发展的肯定和体现。全球化从来都不意味着一元化。文化多元论容易成为"固执于文化独特性或异质性的特殊申认,过度地强调不同文明或文化传统之间的'文明冲突'(亨廷顿语),或者坚持不同文明类型或文化传统之间在社会基本理念和文化价值立场上的'无公度性'(麦金太尔语),因而最终排除任何形式和程度的全球化可能"③。

之所以产生这两种争论,是因为两者都各执一词,一种是只看到文化的普遍性和全球化进程中文化发展的趋同性,另一种是只看到文化特殊性和民族性在文化发展的作用,否认了人类文化的整体发展过程和一般规律,以及不同文化之间在进步性上的可比较性,因而都是片面的。

事实上,在全球化条件下,文化发展由于受到经济发展的影响,既呈现了某种程度的趋同,也由于文化自身的相对独立性而日益有多样化的趋势。从唯物史观的角度来考察全球文化的发展态势,可以发现文化全球化不仅具有可能性,而且正在现实中逐渐地展现出来。

(一)文化全球化的可能性

我们认为文化全球化之所以具有可能性,主要是基于以下几方面根据。

---

① [美]弗朗西斯·福山:《历史的终结及最后之人·代序》,黄胜强、许铭原译,中国社会科学出版社 2003 年版。

② 汤一介:《和而不同》,辽宁人民出版社 2001 年版,第 62 页。

③ 万俊人:《经济全球化与文化多元论》,《中国社会科学》2001 年第 2 期。

第一，文化全球化是经济全球化的必然反映。毋庸讳言，全球化首先是经济全球化，但经济全球化的社会存在必然反映到作为观念形态或社会意识的文化上来。关于文化与经济、社会存在与社会意识的关系，马克思主义经典作家早有阐述。马克思在《〈政治经济学批判〉序言》中曾经指出："物质生活的生产方式制约着整个社会生活、政治生活和精神生活的过程。不是人们的意识决定人们的存在，相反，是人们的社会存在决定人们的意识。"①恩格斯在《社会主义从空想到科学的发展》一文中也指出："每一时代的社会经济结构形成现实基础，每一个历史时期的由法的设施和政治设施以及宗教的、哲学的和其他的观念形式所构成的全部上层建筑，归根到底都应由这个基础来说明。"②毛泽东在论述文化时也指出："一定的文化（当作观念形态的文化）是一定社会的政治和经济的反映，又给予伟大影响和作用于一定社会的政治和经济。"③经济全球化作为一种客观存在，它"迫使一切民族——如果它们不想灭亡的话——采用资产阶级的生产方式；它迫使它们在自己那里推行所谓的文明度，即变成资产者。一句话，它按照自己的面貌为自己创造出一个世界"④，其结果必然体现为各国各民族和各种不同文明体系之间在生活方式、生产方式和价值观念的某种趋同化。

在经济全球化时代，最明显的特征就是经济、政治和社会生活的一体化趋势。伴随着经济全球化的产生和发展，人们的经济观念、政治观念必然会发生变革，这必然会反映到作为社会意识的文化中来。比如说，在经济生活中市场经济必然要求平等竞争、自由自主、等价交换的原则。而以市场经济为核心的全球化本质上排斥一切与市场不相符合的反映民族特性的发展模式，市场将对全部社会关系不断地进行变革，并促使人们的意识和行为普遍适应这些要求，否则就会被市场经济所淘汰。在社会生活和政治生活中，"传统的数代同堂的大家庭在越来越多的国家正在被核子家庭所取代。民主政治日益成为世界各国共同的政治追求，对人的尊重，对自由和平等的向往已经

---

① 《马克思恩格斯选集》第 2 卷，人民出版社 1995 年版，第 32 页。
② 《马克思恩格斯选集》第 3 卷，人民出版社 1995 年版，第 739 页。
③ 《毛泽东选集》第二卷，人民出版社 1991 年版，第 663 页。
④ 《马克思恩格斯选集》第 1 卷，人民出版社 1995 年版，第 276 页。

成为普遍的政治价值，而专制政治已越来越不得人心"①。因此，全球化不仅是经济全球化，还包含着政治全球化和文化全球化。赫尔德在《全球大变革：全球化时代的政治、经济与文化》中就把全球化视为一个综合性概念："社会生活的几乎所有领域都无法摆脱全球化进程的影响。这些进程体现在所有社会领域中，从文化领域到经济领域、政治领域、法律领域、军事领域以及环境领域。全球化最好被理解为一个多面的或者分化的社会现象。不能把它看作一个单一的状态，相反它指的是在社会活动的所有关键领域中不断全球化的相互联系模式……任何对全球化进程的一般性解释都必须认识到，全球化不是一个单一的状态，最好把它理解为一个分化的、多面的进程。"②

第二，全球性问题的出现和增多推动了文化的全球化。在前全球化时代，各个民族和国家都在自己的地域和空间内活动，它所面临的环境只是自己的民族和国家。然而，全球化使人类的社会生活跳出了原有的地域和空间限制。全球化和科学技术的迅猛发展，使得人类生活的空间变为了一个"地球村"，人类的生存环境发生了很大的变化。

全球化和科学技术的发展给人类生存环境带来的影响有正负两个方面。一方面，全球化和科学技术的发展给人类创造了前所未有的物质财富和生活便利，极大地改善了人类的生存条件和生存环境，增强了人的主体意识与创造性。另一方面，全球化和科学技术的迅猛发展，导致人与自然之间矛盾的恶化和全球性问题的出现。"全球性问题具有两个特点：一是全球问题具有世界性和全人类性，这些问题不是某个国家或地区存在的个别问题，而是在世界范围内普遍存在并关系到整个人类共同利益的问题。二是全球问题就其影响或后果来说是非常严重的，它不只是人类社会发展中遇到的一般困难和障碍，而是威胁着人类生存和发展，决定人类命运的重大问题。"③如核威

① ［德］赖纳·特茨拉夫主编：《全球化压力下的世界文化》，吴志成、韦苏、陈宗显译，江西人民出版社2001年版，第97页。

② ［英］戴维·赫尔德：《全球大变革：全球化时代的政治、经济与文化》，杨雪冬等译，社会科学文献出版社2001年版，第37页。

③ 伊希成、季正矩：《"全球化"时代的全球化问题》，《当代世界与社会主义》1999年第3期。

胁、全球气候变暖、人口爆炸、粮食匮乏、南北差距、数字鸿沟、环境污染、恐怖主义等问题就是全球性问题的典型。

文化是人们为了适应自然和改造自然而进行的精神生产的产物。不同国家和民族人们的相同或相近的自然情况，会使人们的文化有某种趋同。经济全球化迫使人类社会必须形成一种全球化的新的文化模式，以回应全球性难题所带来的挑战，这就推动了文化全球化的进程。因为人类社会所共同面临的全球性问题，单靠某一个国家或民族是不能解决的，而需要不同的国家和民族达成文化上的共识。全球性的可持续发展战略的形成就是一个例证。1972 年 6 月，联合国在斯德哥尔摩召开人类环境会议。来自113 个国家的代表第一次聚集在一起讨论地球环境问题，大会通过了具有划时代意义的《人类环境宣言》，对于人类解决环境与发展问题起到了重要的推动作用。

第三，信息技术的发展为文化全球化提供了发展动力。科学技术的发展，为人类文化的整体发展创造了条件，提供了动力。全球化的重要推动因素和显著特点就是科学技术，尤其是信息技术的高速发展。信息技术最大的特点就是超越时空性，它能够使信息迅速传播到世界的每一个角落。世界各个国家可以不受自然地理因素和时间的限制进行文化的自由交流。"全球化使在场和缺场纠缠在一起，让远距离的社会事件和社会关系和地方性场景交织在一起"。① 世界经济全球化的过程同时也是一个信息全球化的过程。频繁的跨国、跨民族、跨文化的信息交往也超越了地域、民族和文化的隔阂，向不同区域的人们灌输共同的情感和观念，唤起不同区域的人群共有的感受性和趣味，部分冲淡了不同民族之间的文化差异，进而扩大了不同区域人群共有的经验领域，而且打破了特定地域的本土文化的限制，使人们对不同文化圈的文化感同身受。这些都使得人们的思想内容和观念将在更广泛的范围内超越地域的界限，人类将在更真实的意义上成为"地球人"，狭隘的地域观念必将逐步被打破，立足于全球的全球性观念正逐步形成。而这种全球性

---

① ［英］安东尼·吉登斯:《现代性与自我认同》，赵旭东、方文译，生活·读书·新知三联书店 1998 年版，第 23 页。

观念，正是将来全球文化的核心。①

　　同时，由于因特网的出现和普及，各个国家和民族的联系也进一步加强。信息的快速搜集、加工、储存和传递，使各国政府、企业和个人能够更快捷有效地获取它所需要的信息。信息的这种透明性、公开性和流动性，有利于文化科学知识的传播、有利于各国人民对彼此文化的尊重和认同、有利于政府和企业更好地掌握信息来进行科学的决策，从而必然有利于经济全球化与社会全球化，必将有力地推动着文化的全球化。

（二）文化全球化的表现

　　文化的全球化趋势不仅有其发展的内在可能性，而且也有着现实的表现。主要表现在：

　　第一，人类生活方式一定程度的国际化。全球化带来的物质产品的全球流通，使人们的物质生活和消费模式日益国际化。"如今在一个中国人的家里，可能有美国生产的电脑、日本生产的电视机、德国生产的电话、意大利生产的冰箱、韩国生产的空调，有各种进口的或外国独资、中外合资企业生产的日常用品和文化用品。"②各国物质产品的背后，都蕴涵着本国的文化理念。所以，物质产品的国际化，必然带来人类生活方式的国际化。这就使得人们在对传统饮食、衣着和娱乐的选择上表现出日益弱化传统定势的倾向。人们日常生活的食品、服装和音乐、影视正在呈现出相似的特点。民族特色、地方特色以及个人的爱好越来越不明显。韦政通先生在《伦理思想的突破》一书中就指出，工业文明的一个重要特征就是标准化。他写道："全世界新兴的大城市，外观上差别很小，满街是规格相同的汽车，街道两旁排列着规格相同的高楼，交通标志、高速公路也一样。标准化消灭了一切可以规格化事物的差异，也强迫不能完全规格化的人去适应这种标准化的原则，连学校也越来越像一座大型的工厂，课程、师资、教务都趋向标准化。人在现代社会的不同机构里，仅是一号码数字，工业文明里的设计和运作，只能照

---

　　①　参见王来金：《全球化视野下的民族文化》，中国人民大学博士学位论文2001年，第26页。

　　②　尹继佐：《经济全球化与上海文化发展》，上海社会科学院出版社2001年版，第13页。

顾大众化的要求，不能考虑个别的特性和需要。"①人们走在街道上，看到的全是清一色的街道、趋同化的服饰、大同小异的广告牌，城市与城市之间的差别逐渐淡化，人与人之间的衣、食、住、行等生活方式也日益趋同。

第二，消费主义价值观的风靡。消费主义是一种文化态度和价值观念。它发起于美国，随后，在全世界范围内迅速传播。消费主义在表面的意义上表现为现实物质生活层面上的大众高消费，它把消费数量和消费种类的日益增长看做是至高无上的，并把这种大众高消费作为一种普遍的文化倾向和通向个人幸福的道路。在消费主义者看来，能否高消费是高生活质量与低生活质量的标志，也是个人幸福与否的标志。消费主义主要具有以下几个特征："第一，西方消费主义文化是建立在机器大工业基础上，以大规模商品生产和商品交换为特点的一种工业文化，它以鲜明的重视物质消费的物质主义为特征，并通过物质的占有来达到心理的满足；第二，消费主义的大规模消费需求是被制造出来的，并于无形中将所有人都卷入其中，使人们永无止境地追求高消费；第三，消费主义是对商品象征意义的消费，并将其看作是自我表达和社会认同的主要形式，看作是较高生活质量的标志和幸福生活的象征；第四，向社会各个领域渗透的消费主义日益在全球获得其正当性和合法性，成为一种新的社会统治方式，体现着一种新型的社会生活组织。"②

随着全球化进程的进一步推进，崇尚大众高消费的消费主义在全球迅速蔓延，传统的、单一的、民族化的消费方式被转变为一种现代化、世界化的消费方式。发源于美国的消费主义迅速从美国扩展到了西欧和日本，后来，又扩展到法国、西德和英国。发展中国家也难以逃脱消费主义的陷阱。中国社会科学院的陈昕在其博士论文《中国社会日常生活中的消费主义》一文中认为：消费主义的浪潮正悄无声息地从发达国家向发展中国家、从发达地区向欠发达地区、从中心城市向中小城市、从城镇向乡村、从高收入和高名望群体向普通大众迅速蔓延。以琳琅满目的商品为特征的消费主义以其鲜活状态几乎影响到了每一个国家中的每一个人，在全球范围内，处于上升状态中

----

① 韦政通：《伦理思想的突破》，四川人民出版社 1988 年版，第 80 页。

② 刘晓君：《全球化过程中的消费主义评说》，《青年研究》1998 年第 6 期。

的消费主义正以一种史无前例的规模向全球蔓延。全球范围内蔓延的消费主义生活方式是人类日常生活中曾经经历过的最迅捷、最显著，也是最基本的变化。经过短短的几代人，人们已经变成了轿车的驾驶者、电视的观看者、商业街的购物者和一次性物品的使用者，并以此作为人类文明的最高成就、较高生活质量的象征和人类社会进步的标志。①

第三，全球观念和全球治理的产生。经济全球化时代使人们的思维方式发生了转变，人们思维方式从一个国家内部越来越转向全球，越来越从民族历史转向世界历史。这种思维方式的转变势必使人们形成一种全球性的意识。这主要表现在：

首先，在经济观念上，经济全球化蕴涵着国家经济观念的全球化。市场机制作为全球市场都必须遵守的法则逐渐突破民族国家的樊篱，无论是政府、跨国公司或其他国际组织都必须把国际的经济利益或组织的经济利益放在全球的范围内来考虑，这就要求树立起一种全球性的经济视野。几乎所有的国家都充分意识到，只有把本国经济与世界经济、本国市场与全球市场紧密联系在一起才有更大的发展机遇和动力。在全球化背景下，一国的发展已经不再是以他国的损失和落后为前提，而是以双方的共同发展为基础。各个国家在追求本国利益的同时必须注意他国的利益，学会妥协，为双方的利益而放弃一些自我利益法则，从而使双方均有所收益。

其次，在政治观念上，出现共同的安全观念。全球化使各国的利益相互联系，安全已经成为以全球为主体而不是以单个国家为主体的全球性问题，任何国家在追求本国安全时也必须考虑到其他国家的安全和世界的安全，安全已经变成世界性的事件了。如对恐怖主义的反对全球已经达成了共识，因为恐怖主义威胁的已经不是某个国家的安全，而是整个人类的安全，因为全球的安全都是密切相关的。在此基础上，出现了全球治理理论。"全球治理是各国政府、国际组织、各国公民为最大限度地增加共同利益而进行的民主协商和合作，其核心内容应当是健全和发展一整套维护全人类安全、和平、

---

① 参见陈昕：《中国社会日常生活中的消费主义》，中国社会科学院博士学位论文，1997年。

发展、福利、平等和人权的新的国际政治经济秩序，包括处理国际政治经济问题的全球规则和制度。"① 有统计显示，在过去的 30 年里，仅仅关于环境问题的国际规则就从无增加到了近 100 个。所以说，普遍性的全球性的人类共同价值观和全球治理的产生，是当今文化全球化的基本特征。

（三）文化民族性对文化全球化的制衡

虽然文化全球化有其内在可能性和现实表现，但文化的全球化并不意味着文化的同质化。混淆文化的全球化和文化的同质化也恰恰是很多反文化全球化论者思维上的误区。事实上，文化的同质化强调的是文化的"一致性"，"这种'一致性'指的是质的同一性和单一化"②。文化的全球化强调的是文化的"相关性"，"这种'相关性'并不排斥矛盾和冲突，而恰恰是建立在矛盾、冲突基础之上的相互影响、相互制约、相互依存"③。从本质上来说，文化全球化指的是各民族文化在全球化的平台上更为广泛和深入地交流，并通过对话、交流和融合不断突破本民族文化的局限而吸收其他文化的精华，同时又不断将本民族文化区域的资源转变为人类共享、共有的资源的过程。

由于文化全球化是以文化民族性为基础的相关性和矛盾性的现实展开，因而文化民族性基于其自身的特点必然会对文化的全球化形成一定的制约和制衡，这就使得文化的全球化进程表现为一个同质化和异质化共存、民族化与世界化共生的过程。之所以会形成这种趋势和特点，主要是因为：

第一，全球化的重要力量——跨国公司是民族的。跨国公司是世界经济和生产力高度发展的产物，是世界经济的火车头，是全球化的重要推动力量。即使如此，跨国公司也不是超越国家和民族之上的。首先，跨国公司体现着母国的民族价值观念。虽然它是在全球范围内配置资源，但它的根仍然扎在母国文化之中，从它们的发源地汲取养分。当前，跨国公司的扩

---

① 俞可平：《全球化与政治发展》，社会科学文献出版社 2003 年版，第 17 页。

② 崔唯航：《关于现代性、全球化与中国知识的文化反思》，《山东大学学报》2003 年第 1 期。

③ 崔唯航：《关于现代性、全球化与中国知识的文化反思》，《山东大学学报》2003 年第 1 期。

张，在一定程度上说，就是资本主义经济和文化的扩张。据统计，跨国公司中90％的母公司是在西欧、北美、日本等发达国家，控制着20.7万家外国子公司。法国的米歇尔·盖尔特曼指出："所有的跨国银行都源于发达国家，它们的经营活动三分之二集中在本国。"① 其次，跨国公司在很大程度上是受母国控制的。跨国公司有一个中央决策体系。"子公司定期地向母公司汇报其经营情况，……母公司可以检查子公司，可以叫子公司对可能出现的预算偏差作解释。"② 在行为准则方面，"东道国这一方应该采取合作的态度，而不是对跨国公司进行监督。"③ 同时，跨国公司还注重将科研和发展能力集中在母国来控制其子公司。"将科研、发展能力集中在母公司所在地和不断产生新技术，是跨国公司在其他国家进行经营活动的必要手段。"④ 如很多IT产业，虽然公司产品的组装和员工已经全球化，但跨国公司的主体和项目的研发仍然在母国，受母国控制和操纵。另外，跨国公司总部在人事上也起着主导和控制作用。全球各个子公司的主要负责人都是由跨国公司总部直接任命的，由此决定着跨国公司全球体系的决策、研究、生产、经营和管理。所以，相比较来说，跨国公司同东道国的关系远没有同母国的联系密切，作为全球化重要推动力量的跨国公司仍然是具有民族性特征的。

第二，国家利益和民族利益在全球化背景下依然存在，并有加剧的倾向。全球化是一个包容着多重矛盾且处于生成中的世界性现象，全球化与民族化始终是围绕着国家利益问题而展开的。国家利益是指维护和创造本国大多数居民共同生存和发展必需的各种因素的综合，是一个主权国家生存与发展全部需求和意志的集中表现。马克思曾指出："人们为之奋斗的一切，都同他们的利益有关"⑤；"革命的开始和进行将是为了利益，而不是为了原则"⑥。恩格斯也指出："一切社会变迁和政治变革的终极原因，不应当到人们

---

① ［法］米歇尔·盖尔特曼：《跨国公司》，肖云上译，商务印书馆1998年版，第33页。
② ［法］米歇尔·盖尔特曼：《跨国公司》，肖云上译，商务印书馆1998年版，第41页。
③ ［法］米歇尔·盖尔特曼：《跨国公司》，肖云上译，商务印书馆1998年版，第97页。
④ ［法］米歇尔·盖尔特曼：《跨国公司》，肖云上译，商务印书馆1998年版，第92页。
⑤ 《马克思恩格斯全集》第1卷，人民出版社1995年版，第187页。
⑥ 《马克思恩格斯全集》第3卷，人民出版社2002年版，第411页。

的头脑中，到人们对永恒的真理和正义的日益增进的认识中去寻找，而应当到生产方式和交换方式的变更中去寻找；不应当到有关时代的哲学中去寻找，而应当到有关时代的经济中去寻找。"① 国家利益和民族利益是民族文化发展的动因。全球化条件下，只要民族利益依然存在，民族文化就不可能被同质化。正如日本学者星野昭吉所认为的："从以近代国家为构成单位的国际社会的形成开始，各国国家利益的形成和追求成为现实国际政治展开的动因。"② 虽然全球化条件下也出现了经济对民族国家界限的超越，如欧洲共同体的成立，但这毕竟只是矛盾的次要方面，因为欧盟只有不到 3 亿的人口，整个发达国家的人口也只占世界人口的一小部分，矛盾的主要方面依然是国家和民族利益，这仍然是最根本的动力。即使是宣扬"民族国家过时论"的人也是如此，他们的目的无非是把他们的民族价值观和政治模式推向全球，实现全球的资本主义化。而对发展中国家来说，他们极力维护民族国家的界限，维护民族和国家的主权，这也是因为民族国家的界限是它们发展的有力屏障和积极推动者，而民族和国家主权则是它们长期形成的共同利益在政治上的集中表现。这些归根到底都是为了维护国家和民族的利益。在当前全球化条件下，哪个国家和民族的利益维护得好、发展得好，它就在国际竞争中处于有利的、主动的地位，哪个国家和民族的利益维护得不好、发展得不好，就会在国际竞争舞台上扮演被遗弃的角色。

第三，文化的民族化进程在推进。文化的民族化是指各民族在现代化的发展过程中，对自身的历史传统、风俗习惯、生活方式和价值观念的彰显。随着全球化的进一步加剧，文化的民族化进程也在逐步推进。各个民族都按照自己的风俗对其他的民族文化进行着改造，使其适应着本民族的文化发展。麦当劳的发展就是一个明显的例证。华特森曾指出，麦当劳成功的原因之一就是地方化的成功，它每到一个不同的社会，都有适应这个社会的一些变通机制，比如，在印度有素食的麦当劳，在夏威夷有面食的麦当劳，在中国又有中国的特点。中国的麦当劳消费带有越来越多的文化意味。麦当劳不

① 《马克思恩格斯选集》，第 3 卷，人民出版社 1995 年版，第 741 页。
② ［日］星野昭吉：《变动中的世界政治》，新华出版社 1999 年版，第 25 页。

仅成了学生课外休息、亲戚朋友聚会的场所，更是幽雅、休闲生活的象征。这就是麦当劳文化的中国化，是中国文化的民族性改造了麦当劳文化。可口可乐公司也是如此。可口可乐本来一直是以最典型化的美国风格和美国个性来打动中国消费者的，但随着中国软饮料市场的飞速发展，可口可乐为了获得更多的市场份额，决定在中国市场实行本土化的营销策略，如邀请中国的广告公司设计、请中国演员拍摄广告等。特别引人注目的是，可口可乐公司在 2002 年春节推出大阿福包装，它用喜庆的大红色加上中国传统的阿福娃娃的形象作为其品牌形象，可谓是深入人心。可口可乐在中国的成功同它对中国传统文化的适应是分不开的。

　　文化的全球化以民族文化的多样性为基础，是多样性文化更为深入和广泛的交流。民族文化要想顺应这一浪潮必须在自身文化建设的基础上吸收借鉴其他国家文化的合理因素，从这个意义上来说，文化全球化为文化民族化的复兴提供了指导。文化民族化是文化全球化的伴生物，对文化全球化形成了强烈的制约，成为制衡文化全球化的重要因素。这正如奈斯比特所说的："在经济上我们越是互相依赖，我们就越要表现出人性，越要强调我们自己的特点，特别是自己的语言。各国经济的全球化将伴随着语言的复兴和强调文化特点。"① 当然在文化民族化过程中也会出现一些打着文化民族化或文化本土化的旗帜推行文化保守主义、排斥吸收其他先进文化的做法，对此要高度警惕并予以克服。事实证明，建立在全球性基础上的文化民族化或本土化运动极大地促进了民族经济和文化的发展。日本就是把全球化与民族化结合得很好的国家，很值得借鉴。在日本看来，"日本的国际化"对日本来说就等于"世界的日本化"。这种"从全球着想、从本地入手"（think globally, act locally）的思想极大促进了日本民族经济的发展，同时它也作为一种文化理念被其他国家广泛吸收。

　　总之，全球化会影响文化的民族性，但不会也不可能消解文化的民族性。全球化越是普遍，文化的个性要求就越是强烈。正如美国的未来学家约

---

　　① ［美］约翰·奈斯比特:《大趋势——改变我们生活的十个新方向》，梅艳译，中国社会科学出版社 1984 年版，第 75 页。

翰·奈斯比特所说："在日常生活当中，随着愈来愈互相依赖的全球经济的发展，我认为语言和文化的特点的复兴即将来临。简而言之，瑞典人会更瑞典化，中国人会更中国化，而法国人也会更法国化。"①

二、文化民族性是文化多样性的保证

经济全球化必然导致文化全球化，但文化全球化并不是文化的单一化和同质化，而是全球化与多元化、同质化与异质化并存。因为各个国家和民族都有自己独特的文化，这些文化传统积淀在这些国家和民族的骨髓里，奔腾在这些国家和民族的血液中，已经和这个国家和民族融为一体了。随着全球生产力的高度发展和人类思想文化的极大提高，全球的生产方式、经济体制、政治体制有可能趋同，但民族文化则会永久保持多样性的特征。"全球资本主义既促进文化同质性，又促进文化异质性，而且既同时受到文化同质性制约，又促进文化异质性制约。差别和多样性的形成和巩固，是当代资本主义的一种本质要素。"②文化的民族性特征使得整个世界的文化展现出多样的姿态。其实，文化民族性和文化多样性在本质上是一回事，只是侧重点不同而已。文化民族性是从个别民族文化的角度来说的，文化多样性则是从世界文化的角度来说的。

（一）文化发展的多样性特征及意义

自古以来，民族文化就是一种多样的存在。而且随着人类社会发展的深入，文化发展的多样性所包含的内容也在不断丰富和发展。德国历史哲学家斯宾格勒就曾把世界文化分为八种，即埃及文化、巴比伦文化、印度文化、中国文化、雅典文化、玛雅文化、伊斯兰文化、西欧文化。英国著名的历史

①　［美］约翰·奈斯比特：《大趋势——改变我们生活的十个新方向》，梅艳译，中国社会科学出版社 1984 年版，第 75 页。

②　［美］罗兰·罗伯森：《全球化社会理论和全球文化》，梁光严译，上海人民出版社 2000 年版，第 246—247 页。

学家和历史哲学家汤因比则把世界文化分为二十多种，历经发展演变，剩下了五种比较重要的文明，即西方的基督教文明、东欧和俄罗斯的东正教文明、北非和中东等地的伊斯兰文明、印度次大陆的印度教文明、中国和东亚的儒教文明。以"文明冲突论"闻名于世的亨廷顿也把世界文明分为七种，即中华文明、日本文明、印度文明、伊斯兰文明、西方文明、拉丁美洲文明、非洲文明。尽管他们划分的标准上存在着很大的差异，但都论证了文化具有多样性的特征这一事实。"从占据世界文化发展中心地位的西方文化的推陈出新，到东方文明的博大精深和综合创新，从屡遭打击而不衰的犹太文明生命活力，到非洲大陆的特色文化的别样风采，世界正凭借文化的多样性展示着自己的魅力。"[①]

1. 文化多样性的当代特点

随着历史由民族历史转变为"世界历史"，文化发展的多样性更加引起人们的关注。正如马克思和恩格斯所指出的，随着资产阶级对世界市场的开辟，"新的工业的建立已经成为一切文明民族的生命攸关的问题……过去那种地方的和民族的自给自足和闭关自守状态，被各民族的各方面的互相往来和各方面的互相依赖所代替了。物质的生产如此，精神的生产也是如此。各民族的精神产品成了公共的财产。民族的片面性和局限性日益成为不可能，于是由许多民族的和地方的文学形成了一种世界的文学。资产阶级，由于一切生产工具的迅速改进，由于交通的便利，把一切民族甚至最野蛮的民族都卷到文明中来了。"[②] 从世界范围内看，文化多样性问题在全球化时代表现得更为突出。

一方面，全球化使得文化多样性面临严重威胁。首先，人类语言种类的减少。在以美国为代表的西方文化霸权主义的侵袭下，英文成了世界上独霸的语种，它在国际交往中占有绝对的统治地位，国际互联网络上的信息约有80%以上是通过英语来传递的。据统计，世界上原有的1.5万种语言将有90%面临消失的危机，特别是大洋洲、亚洲、非洲少数族群使用的语言。[③] 有

---

① 参见李晓东：《全球化与文化整合》，湖南人民出版社 2003 年版，第 30—31 页。

② 《马克思恩格斯选集》第 1 卷，人民出版社 1995 年版，第 276 页。

③ 转引自何中华：《全球化与民族主义》，《探索与争鸣》2001 年第 2 期。

人估计，世界上共有大约 6000 种语言，其中有 20%—50% 已经失传。又有人估计，到 2100 年，可能将有 90%—95% 的语种将消亡或趋于消亡。美国阿拉斯加费尔班克阿拉斯加本土语言中心 M. 克劳斯指出："据保守的推测，在下个世纪里，平均每年将有 20 种语言消亡。"语言减少的后果是严重的。因为减少一种语言，就意味着减少了一种看待世界的不同方式。语言是文化的载体，是表达和传播文化的工具，不同的文化是依托一定的语言来表现的。18 世纪法国哲学家孟德斯鸠认为，语言是唯一共同的特征，是民族文化特征的最高标志。只要被征服的民族没有失去自己的语言，这个民族就还有希望。语言的减少无疑意味着文化样式的减少。其次，文化殖民现象严重。以美国为首的西方发达国家凭借它们在经济政治上的强大优势，在输出技术、资本和商品的同时也极力地输出它们的政治模式和文化价值观，并妄图以它们的文化为标准建立世界文化。这对其他国家的文化特别是弱小民族的文化构成了严重的威胁。当今的全球化在很大程度上就是"美国化"、"麦当劳化"。

　　另一方面，文化多样性在全球化时代得到了空前的发展。今天，全球社会充分显示了它的文化多样性并以多种多样的形态表现出其多样性。"现今地球上共有将近 190 个民族国家，从美国、日本、欧洲共同体这些经济技术大国，到克罗地亚这样的新国家和几内亚、毛里塔尼亚、贝宁这样一些经济上欠发达的国家，以及列入联合国最不发达国家名单上的其他国家；在民族国家之外，还有好几百个遍及全球的多国公司，它们在世界经济中结成空前强大的势力。这些不同的国际关系主体，都有自己的独特的文化，这些文化都有自己特殊的生命力。"[①]其实，文化多样性本身就是全球化的题中之意，"全球化本身产生变异和多样性，从许多方面来看，多样性是全球化的一个基本的方面"[②]。尽管全球化不断强化着全球性、统一性和普遍性，但是，它同时也促使着更为丰富多彩的多样性产生。全球化时代文化的内容呈现出空前的广泛性，网络文化的蓬勃兴起是全球化时代文化发展最突出的亮点。"发达的电信网络使信息的流动不再有国界的限制，从而导致各种有关文化的生

---

① 金民卿：《文化全球化与中国大众文化》，人民出版社 2004 年版，第 75 页。
② ［美］罗兰·罗伯森：《全球化：社会理论和全球文化》，梁光严译，上海人民出版社 2000 年版，第 247 页。

产、流通、交换和消费等活动的范围被扩展到全球规模的水平上。"①网络的出现彻底打破了时空界限，为人们提供了体验全新生活方式的可能性，网络文化也由此得到了空前的丰富。

2. 文化多样性的意义

文化多样性是历史形成的。它的存在具有重要的意义。首先，文化多样性是人类文化延续和保存的重要前提。多样性是任何事物存在和发展的最基本条件，这一规律对文化同样适用。文化多样性的存在是人类文化延续和保存的重要前提。任何一种文化都有自身的优点和缺点。同样，任何一种文化要想在不利于自身存在的条件下获得生存的机会和可能，就只有吸收其他文化的优势因子来补充发展自己，适应外部环境带来的挑战，从而在相互吸收和交流中，共同受益发展。就人类文化的整体而言，如果离开了不同文化之间的互补整合，就有可能将一种文化的缺陷放大为整个人类文化在总体上所普遍具有的共同缺陷，从而危及到人类文化的持续存在。因此，人类进步基金会研究报告《共同创造地球的未来》提出了 7 项未来行动原则，其中第六条就是"多样性原则"。它指出："多样性的文化是人类的共同财产，也是人类能够应付各种复杂情况，迎接各种挑战的力量和智慧的源泉，因此必须全力保存这种多样性。"② 联合国教科文组织《世界文化多样性宣言》第一条也指出："文化穿越时间和空间表现为多样的形式，这种多样性体现了构成人类的群体和社会的身份的独特性和多元性，作为交流、变革和创作的源泉，对人类来讲就像生物多样性对维持生物平衡那样必不可少。从这个意义上讲，文化多样性是人类的共同遗产，应当从当代人和子孙后代的利益予以承认和肯定。"

其次，文化多样性是推动人类文明不断进步的重要力量。文化多样性所要求的不同文化之间的多元关系，成为各种文化之间的张力结构赖以保持的可靠保障。而不同文化之间的张力关系恰恰为人类文化的存在和发展提供了不竭的动力。世界上各类民族的文化创造，有很多都是在吸收其他文化的基础上而创造的，文化多样性为这种文化选择提供了多种可能性，而对于新的

---

① 鲍宗豪：《全球化与当代社会》，上海三联书店 2002 年版，第 149 页。

② 李其庆编译：《"人类社会如果按照目前的方式发展下去，就将自我毁灭"——人类进步基金会研究报告》，《国外理论动态》1994 年第 19 期。

可能性的尝试和探索本身就是人类文明进步的表现。正如美国著名文化人类学家基辛指出的："文化的歧异多端是一项极其重要的人类资源。一旦去除了文化的差异，出现了一个一致的世界文化……就可能会剥夺了人类一切智慧和理想的源泉，以及充满分歧与选择的各种可能性。演化性适应的重要秘诀之一就是多样性，……去除了人类的多样性可能到最后会付出持续的意想不到的代价。"① 法国著名生态学家克洛德·莱维·斯特劳斯就倡导要保持文化的多样性，"为了认识和理解我们自己的文化，我们必须从其他文化的观点来观察它，使我们的习俗和信念与其他时代和其他地方的习俗和信念形成比较。……通过维护不同社会群体的文化特征来在一定程度上保持和促进文化多样性至少应该是可能的，就像植物种类的基因库被创造出来以防止生物多样性的枯竭和地球环境受到伤害一样。如果我们要维护我们社会的活力，我们必须至少要保持不能取代的习俗、惯例和技能的活的记忆，它们不应该被允许完全消失。……全球文明从来不应该是文化在全球层面上的联合，每一种文化都应该保持其创造力。"②

　　再次，文化多样性还是维护民族平等和民族主权的条件。世界上各民族无论大小，无论其社会处于何种发展阶段，从价值上来看都是平等的。"每一种文化代表自成一体的独特的和不可替代的价值观念，因为每一个民族的传统和表达形式是证明其在世界上的存在的最有效的手段。"③"每一种文化都有必须得到尊重和维护的尊严和价值。""每个民族都有权利和义务发展其文化。"④ 当今世界，一些发达国家利用经济全球化搞文化霸权主义，试图使多样的文化变为统一的文化。因此，保护和发展本民族的文化，不仅是一个民族生存和发展的需要，也是维护民族文化主权的需要。只有充分保护各民族的文化主权，才有可能实现真正意义上的民族平等。

---

　　① ［美］基辛：《当代文化人类学概要》，北辰译，浙江人民出版社1986年版，第283页。

　　② 转引自王晓德：《试论世界文化多样性的本质及其发展趋势》，《当代世界与社会主义》2004年第4期。

　　③ ［美］欧文·拉兹洛：《多种文化的星球——联合国教科文组织国际专家小组的报告》，戴侃、辛未译，社会科学文献出版社2001年版，第154页。

　　④ ［美］欧文·拉兹洛：《多种文化的星球——联合国教科文组织国际专家小组的报告》，戴侃、辛未译，社会科学文献出版社2001年版，第156页。

（二）文化的多样性与统一性

在民族国家阶段，文化多样性是在封闭条件下的多样性，是相互阻隔的多样性。全球化给多样的文化提供了交流的平台，封闭的、阻隔的多样性被打破，文化的统一性趋势和全球化趋势不断加强。文化的统一性不等于文化的同质性。文化的同质性是指以某种文化为标准，其他文化都向这个标准看齐，以这个标准来衡量其他文化是先进还是落后。而文化的统一性是指所有的文化都相互平等，在文化平等的基础上，各民族达成共识，从而形成反映人类共同利益、需要的人类共同遵循的文化价值观，并且这种文化价值观不断地向这些民族扩散。"文化的同一性是一种财富，它通过促使每一个民族和每一个群体从自身的过去汲取营养，欢迎来自外界的与其自身特点相适应的贡献并由此继续其自身的创造过程来激起人类自我实现的可能性。"[①] 由此可见，文化的统一性在本质上依然是对文化多样性的肯定，并且是在更高意义上的肯定。"任何一种文化都不能抽象地要求普遍性：它产生于全世界各民族的经验，因为每种文化都表现出其自身的同一性，文化的同一性和文化的多样性是不可分的。"[②] 真正的统一性是一个文化共处、共享和共同发展的过程，它只会补充而不会损害文化的多样性。

文化多样性与统一性关系可以理解为文化特殊性和文化普遍性的关系。文化的特殊性指涉文化的多元性、多样性，是对文化民族性的确认；文化的普遍性指称存在于各种异质民族文化之中的同质性，是指文化的共同性，是对文化统一性和普遍性的确认。每一种民族文化里面都既包含有相对于其他文化所不同的成分，又包含有全人类共有的绝对性的内容。每一种文化都既是特殊的又是普遍的。文化的特殊性中包含着普遍性，文化的普遍性通过文化的特殊性而得以展现。如果片面夸大文化的特殊性或普遍性就会导致文化特殊主义和文化普遍主义。

---

① ［美］欧文·拉兹洛：《多种文化的星球——联合国教科文组织国际专家小组的报告》，戴侃、辛未译，社会科学文献出版社 2001 年版，第 154 页。

② ［美］欧文·拉兹洛：《多种文化的星球——联合国教科文组织国际专家小组的报告》，戴侃、辛未译，社会科学文献出版社 2001 年版，第 155 页。

文化特殊主义主张任何文化形态之间在价值上是相对的、平等的，它们之间无所谓先进和落后、高级和低级之分，它们的存在都是与其特殊的环境相匹配的，这就取消了文化比较、文化对话、文化融合的可能性。文化特殊主义在反对帝国主义文化侵略、消解西方中心论方面起到了一定的积极作用，但它在充分肯定民族文化平等的同时却又否认人类文化的统一性，否认人类文化有统一的价值体系，否认人类文化的整体发展过程和一般规律，否认了不同民族文化之间在进步性上的可比较性，因而是片面的、不科学的。文化普遍主义，主张文化具有统一性，并以此为借口试图把全球文化整合成千篇一律的同质化的单一文化体，从而取消各种地方文化和民族文化，消除文化的多样性。在现实中，普遍主义往往被文化殖民主义和文化霸权主义所利用，它们借助于经济、政治甚至军事的力量，把自己的文化价值观视为全球普遍性的文化，并迫使其他国家民族接受他们的文化。

文化的多样性与统一性的关系还表现为文化的民族性与世界性的关系。在民族国家时代，民族文化与世界文化的关系可以说是部分和整体的关系，在全球化时代，民族文化逐渐走向世界，在全球化舞台上相互激荡，文化的民族性与世界性的关系演变为特殊和一般、个性和共性的关系。

一方面，全球化给每个民族文化优秀成分的展示提供了一个广阔的平台，实现了文化内世界性因素的充分展示，同时使每个民族在吸收世界上最先进文化成果的同时，也使自己民族的文化成为整个人类文化的有机构成，为世界文化提供自己独特的"文化资源"。

另一方面，文化民族性通过文化在世界范围内的交流得到丰富和发展。全球化不可能消解文化的民族性，而只是对文化民族性的建设提出了更高的要求。任何民族文化都是特定历史阶段民族精神的反映，都是人类文化发展总链条的一环，文化的民族性包容着世界性，是世界性的基础和重要内容，没有民族性就没有世界性，世界性就是在民族性上体现并发生的，真正的民族性必定具有一定的世界性。文化的世界性存在于民族性当中又通过民族性显示出来，没有民族性和民族性之间的比较和相通，世界性就是一个空壳。世界性是相通的民族性，民族性是世界性中的各具特色的民族性。19世纪俄国文学批评家别林斯基是这样阐释民族文学与世界文学的关系的。他说：

"只有那种既是民族性的同时又是一般人类的文学，才是真正民族性的；只有那种既是一般人类的同时又是民族性的文学，才是真正人类的。一个没有了另外一个就不应该，也不可能存在。"① 鲁迅也在 1934 年 4 月 19 日致陈烟桥的信中说："现在的文学也一样，有地方色彩的，倒容易成为世界的，即为别国所注意。"②

　　文化的统一性与多样性的关系还表现为文化的同质化与异质化的关系。"今天全球互动的中心问题是文化同质化与文化异质化之间的紧张关系。"③在全球化时代，一方面，文化发展越来越具有趋同性，虽然这个过程会被某些大国所利用，成为其推行霸权主义的工具，但建立一种基于多样性之上的统一性文化依然是人们的目标。另一方面，为了发展本民族经济、维护本民族利益，各民族都越来越重视民族传统文化资源的开发和保护，这就构成了文化的同质化和异质化趋势。文化同质化和文化异质化的张力，构成了现代文化全球化的内在矛盾。正如阿帕杜莱所说："今天全球文化的主要特征是这样一种征兆：同一性和差异相互力图把对方吞食，因而都宣称它们成功地劫持了关于胜利了的普遍性和恢复活力的特殊性这一对启蒙运动时的观念。"④

（三）文化进步性：全球化背景下民族文化发展的目标

　　既然多样化是文化发展的特征，那么在这些多样化的文化之间有没有可能存在一个普遍的衡量标准呢？文化相对主义认为，在不同文化之间不存在一个统一的标准，各种文化之间的价值是不可以比较和衡量的。这种观点当然是不可取的，因为如果文化之间没有一个衡量的标准，那么文化发展就会迷失方向，陷入困境。文化绝对主义则认为，文化之间存在着客观的评价标准，自己的文化就是其他一切文化的衡量标准。这种观点漠视了弱势文化的

---

① ［俄］别林斯基：《别林斯基选集》第 1 卷，上海译文出版社 1979 年版，第 187 页。

② 《鲁迅全集》第 10 卷，人民文学出版社 1981 年版，第 391 页。

③ 汪晖、陈燕谷：《文化与公共性》，生活·读书·新知三联书店 1998 年版，第 527 页。

④ ［美］罗兰·罗伯森：《全球化：社会理论和全球文化》，梁光严译，上海人民出版社2000 年版，第 148 页。

生存权利，常常成为文化殖民主义冠冕堂皇的口号，因而也是错误的。

1. 民族文化的评价标准

一般而言，文化之间的评价标准可以归结为两种：价值尺度和真理尺度。

文化评价的价值尺度。文化评价的价值尺度是就文化对于民族成员的功能和价值而言。在这一点上，各民族的文化都是该民族在自己所面对的独特的生活环境中所形成的生存智慧，对于该民族来说都具有其他文化所不能替代的功能，因而它们是平等的，在价值上没有优劣之分。各民族的传统文化如风俗习惯、宗教信仰、伦理道德、婚姻家庭、文学艺术、语言文字等，都有其独创性和充分价值。作为一种历史的选择，它具有一种最优化的特征。① 正如麦金太尔所说的，"每一种传统都能凸显其解决各种难题，消除各种困难和学习如何进一步从其对手的批评中显示它能够提供迄今为止有关这样或那样的课题之最佳解释的能力"②。

依据文化的价值尺度，民族文化具有不可比较性，在这里文化和民族一样是无所谓优劣的，彼此都是不可分割的。否定文化价值上的平等，就是否认民族的平等。例如，基督教、佛教和伊斯兰教之间就没有高低之分，西方人吃饭用刀叉、东方人用筷子等习惯也没有优劣之分。从文化评价的价值尺度来看，每一个民族或国家的文化价值，应该由该民族的价值体系来评判，而不应该把西方的价值标准强加于人。各种文化之间应该共生共荣，并行发展。整个人类历史，包括文学史、艺术史、哲学史都证明，所有文化的地位都是平等的，各种文化都是相互渗透、相互促进的，世界各国文化都为人类文明的进步作出了自己的贡献。

文化评价的真理尺度。文化评价的真理尺度指的是某种文化对自然界和人类社会的发展规律和发展趋势的认识程度，对客观事物及其规律的把握程度。它代表了一个民族在特定地理环境和特定社会生产方式和生活方式下所

---

① 参见王来金：《全球化视野下的民族文化》，中国人民大学博士学位论文2001年，第74页。

② 转引自何玉兴：《价值差异与价值共识》，《河北师范大学学报》2000年第2期。

达到的对自然、社会和人类自身的本质及其规律的认识水平和认识高度。①
各民族由于所处的地理环境、社会实践方式以及自身认识能力和认识水平的
差异，对客观事物及其规律的认识上必然存在认识程度和认识水平的差异，
这就产生了文化发展的不平衡现象。

依据文化评价的真理尺度，文化有优劣之分，即先进与落后的差别。如
西方在科学技术领域就是比中国先进。当今世界无论数学、物理学、化学等
自然科学，还是经济学、政治学、社会学、哲学等人文科学很多都是以西方
的学术话语为主体。承认了文化评价的真理尺度，也就承认了文化具有时代
性的特征。正是因为文化有先进与落后的差别，才使得我们今天建设先进文
化有了理论依据。

文化评价的价值尺度和真理尺度是相互依存的、相互包含的，它是人类
历史活动中价值原则和真理原则、主体原则和客体原则辩证统一的体现。

2. 文化进步性的内涵

全球化背景下，作为"软权力"的文化竞争日趋激烈，以西方文化为主
的"强势"文化为了获得更大的经济利益和文化利益，努力追求文化进步；
以发展中国家为主的"弱势"文化为了抵御"强势"文化的侵略，发展自己
的文化，也在努力追求文化进步。因此，追求文化进步成了全球化背景下民
族文化发展的目标。

文化进步性是指一个民族的文化具有符合社会发展的未来方向、符合时
代发展的需要，并具有强大生命力和远大发展前途的特征。进步性的文化有
两种形式，一是文化本身是先进的，符合社会发展的未来方向和时代发展的
要求；二是文化是开放的，能积极同其他文化相交流，在交流中发展自己。
为了理解文化进步性，这里要做两点区分。

第一，文化的多样性与文化的进步性。文化的多样性是文化发展的重要
特征，在全球化背景下，多样性达到了空前的发展。但是，文化之间是可以
相互比较的，存在着先进和落后的区分，因而不是所有的民族文化都是进步

---

① 参见王来金：《全球化视野下的民族文化》，中国人民大学博士学位论文 2001 年，第
60 页。

的。文化的多样性是和文化的同质性相对应的，指的是人类文化发展进程中形成的不同形态的文化。文化的进步性是与文化的落后性相对应的，指的是文化符合人类社会的发展规律和趋势。在多样的文化形态中，有些是符合人类社会的发展规律和趋势，对人类社会发展起推动作用的，如马克思主义文化就是进步的文化。有些则是对社会发展起阻碍作用的，如法西斯文化，便是落后的文化。强势文化并不就是先进的，弱势文化也不一定就是落后的。

　　第二，文化的时代性与文化的进步性。文化时代性指的是任何文化都属于一定的时代，都打上这个时代的烙印，它表明了一种文化为什么会在这个时代产生。而文化的进步性则表明了一个民族的文化是否符合社会发展的未来方向和历史发展的规律、是否符合时代发展的需要、是否具有强大的生命力和远大的发展前途。例如，在封建时代出现的资产阶级思潮、资本主义时代出现的马克思主义思潮、帝国主义时代出现的反帝国主义思潮等都是进步性的文化表现形式。对于中国来说，"自鸦片战争以后沦为半封建半殖民地社会，它出现了中国历史上从来没有过的帝国主义文化、半封建半殖民地文化。这种文化在中国的出现显然具有时代的特征，但它是反动的落后的文化，是丧失时代进步性的文化，而代表民族资产阶级的文化的新文化则是进步文化。在五四以后，随着马克思主义的传入和中国共产党的建立，无产阶级的文化又成为中国最进步的文化"①。因此，从历史的发展状况来说，"在任何社会、在任何时代，特别是处于社会变革时代，各种文化并存的状况是必然的，它们是时代的产物，都具有时代性，但却并不都具有进步性。例如，哲学可以是时代精神的精华，也可以是时代的糟粕，哲学家可以是时代的骄子，也可以是时代的弃儿；可以是真理的发现者，也可以是错误理论的吹鼓手——问题是反映了时代的哪一个方面。真正的哲学之所以是时代精神的精华，正在于它符合时代的进步要求，抓住了时代的主题，回答了时代提出的迫切问题。一个哲学家越有才华和贡献，他就越是依存他的时代反映他的时代，用哲学为他的时代的进步服务"②。

---

① 陈先达：《静园论丛》，中国人民大学出版社 2000 年版，第 557 页。
② 陈先达：《静园论丛》，中国人民大学出版社 2000 年版，第 557 页。

（四）和而不同：全球化背景下多样文化共处的原则

如上所述，由文化具有真理尺度，存在先进落后之分，因而我们应当追求先进的文化；同时，文化又具有价值尺度，存在差异，因而我们又应当追求文化多元并存、东西互补和共同发展。如何使不同文化共生共荣，应该遵循什么样的原则？中国传统文化中的"和而不同"给我们提供了重要的文化资源。

"和而不同"的思想在中国有着悠久的历史。早在春秋战国时期，人们对"和"与"同"就有了比较深刻的看法，并力图区分"和"与"同"的差异。《左传》记载了齐侯与晏婴的一段对话，齐侯对晏婴说："唯据与我和夫"。晏子对曰："据亦同也，焉得为和？"公曰："和与同异乎？"对曰："异。和如羹焉，水火醯醢盐梅以烹鱼肉，燀之以薪。宰夫和之，齐之以味，济其不及，以泄其过。君子食之，以平其心。君臣亦然。……今据不然，君所谓可，据亦曰可。君所谓否，据亦曰否。若以水济水，谁能食之？若琴瑟之专一，谁能听之？同之不可也如是。"在晏婴看来，只有五味调和才会有美味，如果只是往水里面加水，那永远只是一个味道，怎么会有人愿意吃呢？

周朝的史官史伯也提出"和实生物，同则不继"。他说道："夫和实生物，同则不继。以他平他谓之和，故能丰长而物归之；若以同裨同，尽乃弃矣。故先王以土与金木水火杂，以成百物。是以和五味以调口，刚四支以卫体，和六律以聪耳，正七体以役心，平八索以成人，建九纪以立纯德，合十数以训百体，出千品，具万方，计亿事，材兆物，收经入，行姟极。故王者居九垓之地，收经入以食兆民，周训而能用之，合乐如一。夫如是，和之至也。"《国语·郑语》史伯认为，只有把不同的事物放在一起，让它们相互吸收和借鉴才能产生新事物。"他"即不相同的或异己的事物，"以他平他"就是把不相同的事物放在一起，让它们彼此取长补短、互相促进，从而使事物双方都能获得发展的内在动力。"同"是指相同的事物，"同则不继"意思是说一个事物如果只和它相同的事物相接触，则该事物就不会有变化的内在动力，自然也就不会发展。

其后，孔子又指出："君子和而不同，小人同而不和。"（《论语·子路》）

认为有学问有道德的人能够听取不同意见，并能对其他意见尊重、吸收和融合；而没有学问没有道德的人则要求什么事都和他一样，甚至同流合污。孔子要指出的也就是要"和而不同"，要承认"不同"，在"不同"的基础上形成的"和"才能使事物得到发展。如果盲目刻意地追求事物之间的"同"，不仅不利于事物的发展，反而会阻碍事物的发展。事物的统一是基于多样性的统一。道家的创始人老子也指出："人法地，地法天，天法道，道法自然"，"道生一，一生二，二生三，三生万物，万物负阴而抱阳，冲气以为和。"（《老子》四十二章）主张天地人不是绝对对立的，而是彼此相通的，彼此不同但又相和。

对于文化来说，也是如此。由于人类生活所遇到的既定的历史传统和生活方式不可能千篇一律，因而各民族在面临特殊的环境、特殊的社会生产方式时便形成了不同形态的民族文化。世界中的民族文化应该是丰富多彩的，各民族文化应该是多元并存、东西互补和共同发展的。伴随着全球化时代的到来，用某一种强势文化去"整合世界文化"搞所谓的"西方文化中心主义"，或认为"世界的前途将是中国文化的复兴"都是不现实的，而且也不利于民族文化的发展。文化的全球化将是不同文化间不断地冲突与融合、借鉴与整合的过程。各种文化之间不是孤立存在的，要通过交流和对话来达到"和"的目的，这样各种文化才能共生共荣。正如党的十六大报告中所概括的那样："世界是丰富多彩的。世界上的各种文明、不同的社会制度和发展道路应彼此尊重，在竞争比较中取长补短，在求同存异中共同发展。"[①]这是对人类文化发展历程的概括，也是人类文化多样性发展的主要原则。

三、文化民族性是文化交流的基础

全球化使得民族国家的文化不再是沿着自己的轨道孤立演进，而是融入

---

① 江泽民：《全面建设小康社会，开创中国特色社会主义事业新局面》，人民出版社 2002 年版，第 48 页。

全球化浪潮中，在全球化的舞台上相互激荡。随着全球化的进一步深入，未来的文化不会由某种全球文化或普世文化来支配，而应是在多民族文化共存的基础上谋求发展。也就是说，多元文明程度、不同层次的共存共生才是人类文明史的大趋势。

（一）文化交流的可能性和必要性

文化交流是当代世界文化发展的重要特征，不同文化之间之所以能够能够交流是由人类实践活动的本性、文化自身的特征和实践过程中形成的共同价值观念等多方面原因所推动的。

1. 文化交流的可能性

首先，人类实践活动的共通性，使文化交流成为可能。文化的根基深埋于人类的社会实践活动。各个时代、各个民族的实践都是由主体、客体和对象构成，都是人所特有的对象化活动。实践把人的目的、理想、知识、能力等本质力量对象化为客观实在，创造出一个属人的对象世界。马克思指出："劳动的产品就是固定在某个对象中、物化为对象的劳动，这就是劳动的对象化。劳动的实现就是劳动的对象化。"① 实践是一种合规律性和合目的性的物质生产活动，具有普遍性。文化则是人在解决人与自然的矛盾中所形成的智慧、思维方式、价值观念和审美情趣。实践活动的普遍性决定了民族文化的相通性。综观整个人类文化发展史，我们可以发现许多不同民族之间具有大致相同的文化现象。李约瑟在《中国科技史》中就列举了中国与欧洲文化的许多相似之处。威尔逊也指出，埃及、美索不达米亚、印度、中国、墨西哥、中美洲和南美洲的早期文明都有非常相似的地方。

事实上，不管人类处于什么样的历史阶段，它们的文化主题都是相同的，都要处理人与自然的关系、人与社会的关系、人与自身的关系，思考问题的方向也大致相同，如对人的起源的思考，对万物本原的思考，对人的命运的追问等。中国古代的"五行说"和古希腊对水是万物的始基的讨论尽管表现形式有差别，但都是对万物本原的思考；中国古代的女娲造人说和西方

---

① 《马克思恩格斯全集》第 42 卷，人民出版社 1979 年版，第 91 页。

的上帝创世说尽管对创造世界的事物有差别，但都是对人的起源的思考；中国神话故事中的玉皇大帝和西方神话中的宙斯也具有相同的意义；中西方封建社会中都存在着等级、忠君、仁爱、禁欲主义等观念。文化的差别仅仅在于由于生存环境的差异，对于同样的问题，不同民族回答问题的角度和方式不同而已。恩格斯曾经指出："对同样的或差不多同样的经济发展阶段来说，道德论必然是或多或少地互相一致的。从动产的私有制发展起来的时候起，在一切存在着这种私有制的社会里，道德戒律一定是共同的：切勿偷盗。"①各种文化之间的共通性使文化交流成为可能，而各种文化之间的差异性使文化交流成为必要。

其次，文化交流也是由文化本身的性质决定的。文化的本质就是创造和发展，孤立的、封闭的文化必然会导致落后。从文化的发展历程来看，任何时候文化的发展都不是静态的、停滞的，而是必然伴随着人类由古至今交往的足迹，不断丰富与完善，不断借鉴和吸收异质文化中的优势，抛弃自身的弊端。从现实的文化发展来看，在不同个人、群体、民族、国家的交往过程中，也必然伴随着不同文化特质之间的相互作用和相互交融。在现实中也不存在完全脱离于外部世界的文化。另外，全球化也为文化的交流提供了便利的条件。作为全球化动力之一的科学技术的迅猛发展跨越了人们之间的空间界限，把人类居住的整个地球变成一个"地球村"，各个国家和民族被连成一体。人类通信手段的快速发展，交通工具的日益现代化，使彼此间的时间和空间距离大大浓缩了，信息的交流与传递完成于瞬息之间。现代传媒的发展，使得文化交流与传播在更大范围、更多领域、以更快捷的方式得以实现，这就为文化能够进一步充分交流创造了有利的物质条件，成为当代跨文化交流的"催化剂"和"加速器"。特别是 20 世纪 90 年代以来，随着知识经济的进一步发展，信息也逐渐走进千家万户的生活，渗透在跨文化交流中。"信息革命在文化全球化中的作用更为直接、显著，它不仅从根本上变革了通讯工具和交通手段，开辟了文化传播与文化交流的新时代；更为重要的是，它丰富了文化的内涵，因为信息本身及其传播与接受方式就是文

---

① 《马克思恩格斯全集》第 20 卷，人民出版社 1971 年版，第 102—103 页。

化。"① 借助于科技的文化传播与交流，呈现出一种全球化的文化景观。

再次，共同价值观念的存在是文化交流的前提和基础。《世界宗教议会走向伦理宣言》（1993）中曾提出过普世价值的概念。普世伦理又称全球伦理。"全球伦理，并不是指一种全球意识形态，也不是指超越一切现存宗教的一种单一的统一的宗教，更不是指用一种宗教来支配所有别的宗教，我们所说的全球伦理，指的是对一些有约束性的价值观、一些不可取消的标准和人格态度的一些共识。"② 在当前的世界政治格局中，普世伦理和普世价值是不太可能的。但人类在面临共同的问题时，会形成大多数人赞同的共同价值观念，这是可能的。如人类所共同面临的生态问题、人口问题、环境问题、和平问题等决定了不同文化之间存在着一些共同的价值观念，比如，和谐观念、责任意识、平等精神、互利原则、可持续发展思想、关爱情怀。③ 更为重要的是，不同人类群体在道德信条和道德实践上也有着相似性，即使从未发生过文化接触的不相邻地区，也有某种相似的准则。譬如，谋杀、乱伦、说谎是每一种文化都禁止的。共同的价值观念是不同民族、不同文化体系之间在相互尊重、相互交流的基础上形成的、被普遍认可的原则或价值观念。它要求消除任何一种文化以任何形式表现出的文化霸权主义或价值霸权主义，以使自己在价值上能体现人类的整体意识、整体利益。

2. 文化交流的必要性

在文化多样性的今天，文化间的交流不仅可能而且极为必要。首先，不同文化之间的交流有助于各文化间的相互了解、相互理解、相互认同，消除各文化间的误解与敌意，缓解文化间的冲突。在全球化条件下，虽然不同文化之间的交流空前频繁，不同文化间的理解程度在不断提高，可是文化的冲突依然存在。只有通过深入、有效的对话，才能不断消除误解、消解对立、避免摩擦、化解冲突。因此，文化交流可以促进文化间的了解和认同，缓解

---

① 隋岩：《全球化语境中的跨文化交流》，《国际关系学院学报》2001 年第 3 期。

② ［德］孔汉思、库舍尔合编：《全球伦理——世界宗教议会宣言》，何光沪译，四川人民出版社 1997 年版，第 12 页。

③ 郭明俊：《普世价值的性质及其基本理念刍议》，《延安大学学报》（社会科学版）2003 年第 6 期。

文化间的冲突，促进文化间的合作。

其次，文化交流能促进文化自身的反思。每一个民族的文化都有其独特的优点，同时也存在自身的不足。只有在文化的交流和比较中，各民族才能更清楚正确地认识自己本民族的文化，反思自己的文化，从而了解本民族文化的优点和缺点，长处和短处。在文化交流的过程中，其他民族的文化犹如一面镜子，反射着本民族的文化。这就促使对本民族文化的反思，从而产生进一步建设本民族文化的愿望和要求。文化交流的过程就是一个民族文化反思的过程。民族文化由于反思而向前发展。封闭的文化之所以会被淘汰就是因为他看不到自己文化的缺点也看不到其他文化的优点，因而觉得自己是最先进最进步的文化，意识不到发展本民族文化的必要性。因此，"任何民族都不宜自我欣赏，而应该学会去欣赏别人，以求攀登时代的最高巅峰"[1]。

再次，文化交流是文化发展的动力。从历史发展的进程来看，任何文化成果的较大进步都离不开对其他文化养料的吸收，某一种文化一旦自我封闭、与世隔绝、孤芳自赏，这一种文化就很难再具有活力，很难再取得较大的长进。只有加强文化之间的交流，加强各种文化之间的融合，给文化之间的相互学习和吸收创造条件，才能促进文化的不断发展和共同进步。文化的发展缺少了碰撞和交流就会丧失自己的活力，就会出现文化的断层和断裂。文化交流形成文化的张力，形成文化发展的动力。"文化是对话，是交流思想和经验，是对其他价值观念和传统的鉴赏；文化将在孤立中消亡。""不向世界开放，不经常与其他文化联系，就不可能有积极的或产生好的结果的认同感。""只有同样确信自身的价值和伟大的诸文化之间的和平交往，才能真正地丰富这些文化。"[2]

（二）文化交流中的文化冲突

在文化交流中，由于有不同的政治经济利益，因而具有不同价值观念的

---

① 庞朴:《文化的民族性与世界的多元化》,《星洲日报》(马来西亚)1994年8月7日。
② ［美］欧文·拉兹洛:《多种文化的星球:联合国教科文组织国际专家小组的报告》,戴侃、辛未译,社会科学文献出版社2001年版,第205页。

民族文化可能会产生冲突，文化冲突是文化交流结果的一种表现形式。从古至今，不同民族所处的客观环境和在此基础上产生的具体实践活动方式的差异以及由此带来的民族利益的差异伴随着文化发展过程的始终，这种差异表现在文化上就是文化价值观的差异。当两种文化相接触时，两种价值观念必然会产生某些程度上的抵触，有的甚至没有任何吸收的余地。全球化强化了文化之间的这种冲突。全球化背景下，市场经济突破了民族国家主权界限和地域限制，造成了全球性的竞争，这就强化了民族利益之间的冲突，使全球化变为不同民族国家追求自身利益、追求发展的结果。全球化背景下，文化的冲突主要表现为发达国家文化和发展中国家文化之间的冲突以及传统文化和现代化之间的冲突。

首先，来看发达国家文化和发展中国家文化之间的冲突。在经济全球化的现实发展过程中，由于各参与方的历史条件、经济基础和发展资源的不同，他们在经济全球化中的地位是不平等的。总体来说，当前的全球化是资本主义主导的全球化，资本主义在推动经济全球化产生发展的过程中，始终是"按照自己的面貌为自己创造出一个世界"①，因此发达资本主义国家也是全球化的最大受益者。正如马来西亚学者 M. 科尔所说：建立世界经济和国际贸易体系的方式是不平等的；贸易条件、金融、投资和技术转移是不平等的；"全球化"带来的利益和损失的分配也是不平等的。一句话，强国受益多，其他国家则受益不多或根本得不到什么好处。在全球化中受益颇多的西方发达国家凭借它们现代工业文明的成果和高度发达的科学技术掌握着文化上的主导权和输出权，将自身的意识形态看做是唯一占优势地位的普适性价值观，大肆向广大发展中国家推行强权政治和文化霸权主义。因此，在西方殖民主义造成的霸权语境中，发展中国家的文化被严重边缘化，而且只能被动接受发达国家的文化。发展中国家的意识形态不断受到冲击，文化价值观念也面临严峻的威胁。这就引起了发展中国家对发达国家文化霸权主义的抵制，民族主义的风起云涌就是一个典型的表现。发达国家在向发展中国家输出文化价值观念的同时，也不同程度地吸收了发展中国家的文化价值观念。

---

① 《马克思恩格斯选集》第 1 卷，人民出版社 1995 年版，第 276 页。

全球化的整个过程都贯穿着发达资本主义国家文化和发展中国家文化的矛盾，而且这种斗争错综复杂。

其次，再来看传统文化与现代化的冲突。现代化是当代的重要社会历史范畴，"现代化作为一个世界性的历史过程，是指人类社会从工业革命以来所经历的一场急剧变革，这一变革以工业化为推动力，导致传统的农业社会向现代工业社会的全球性的大转变过程；它使工业主义渗透到经济、政治、文化、思想各个领域，引起深刻的相应变化。"① 现代化植根的社会基础是工业社会，它彻底摧毁了传统农业社会所赖以存在的自然经济，确立了按照市场规律来配置资源和调节生产的市场经济。现代化所要求的对外开放和传统文化的封闭自守形成了冲突、现代化所要求的竞争和传统文化的保守形成了冲突。当然，传统文化与现代化的冲突并不是不可调和的，经过合理的转化之后，传统文化可以作为现代化发展不可或缺的重要资源。传统文化与现代化的这种矛盾关系使得现代化背景下传统文化的现代命运成为文化研究中一个争论的热点。对传统文化应该持一种什么样的态度，到底是文化激进主义还是文化保守主义？是全盘西化还是儒学复兴？这已经成为20世纪文化研究中争论的一个焦点问题。

然而，文化的冲突只是文化交流的一个方面，在文化交流中，文化的相互吸收和融合是主要的方面，文化在交流中进步。"文化是水，不是石头，流来流去可以，照搬不行。正因为是水，所以不能老是依靠同一个源头在同一个河道里流淌，时间长了会枯竭，变质变味。需要有新源新水注入此古老的河流之中。"②

如果把文化冲突看成是文化交流中的主要方面，不仅是不对的，而且也不利于人类文化的发展。但当前文化冲突论却有一定的市场。以"文明冲突论"而赫赫有名的美国学者亨廷顿就指出："20世纪80年代末，随着共产主义世界的崩溃，冷战的国际体系成为历史。在后冷战的世界中，人民之间最

---

① 罗荣渠：《现代化新论——世界与中国的现代化进程》（增订版），商务印书馆2004年版，第17页。

② 刘梦溪：《"文化中国"：解构与重建——〈王静安先生挽词并序〉新释》，《中国文化报》2001年2月14日。

重要的区别不是意识形态的、政治的或经济的，而是文化的区别。"①"由于现代化的激励，全球政治正沿着文化的界线重构。文化相似的民族和国家走到一起，文化不同的民族和国家则分道扬镳。以意识形态和超级大国关系确定的结盟让位于以文化和文明确定的结盟，重新划分的政治界线越来越与种族、宗教、文明等文化的界线趋于一致，文化共同体正在取代冷战阵营，文明间的断层线正在成为全球政治冲突的中心界线。"② 亨廷顿把当代的主要文明分为：中华文明、日本文明、印度文明、伊斯兰文明、西方文明、拉丁美洲文明以及可能存在的非洲文明。在亨廷顿看来，文化之间的冲突是全球政治冲突的核心。

事实上，亨廷顿的文明冲突论是不能成立的。因为它只看到了文化冲突的表面，而没有看到文化冲突的本质。其实，在文明冲突论背后隐藏的就是利益，是国家的经济和政治利益。"历史上还没有仅仅因为文化不同而发生战争的。战争最根本的是经济和政治利益的矛盾，战争是政治的延续，而政治又是从属于经济利益的。文化的差异在战争起因上是极其次要的原因，即使是历史上所谓的宗教战争，其根本的原因还在于经济和政治利益，而不仅仅是因为宗教信仰的差异。当代，美国如此重视中东，最根本的是维护美国的利益。美伊海湾战争最根本的原因是石油，不是由于石油这一生命之血，美国决不会因为文化的不同而动武，何况同样都是伊斯兰国家，美国有亲有疏，态度迥然不同，显然不是以文化差异为标准而是以实际利益为转移的。"③ 因此，文明冲突论就其实质而言，是为西方国家主要是超级大国充当新时期的世界宪兵制造根据和借口的理论。他们力图用文化冲突来掩盖问题的实质，把这种矛盾歪曲为不同文化的冲突。

---

① ［美］塞缪尔·亨廷顿：《文明的冲突和世界秩序的重建》，周琪等译，新华出版社2002年版，第6页。

② ［美］塞缪尔·亨廷顿：《文明的冲突和世界秩序的重建》，周琪等译，新华出版社2002年版，第129页。

③ 陈先达：《静园夜语——哲学随思录》，中国人民大学出版社1998年版，第316—317页。

（三）文化交流中的文化吸收

在文化交流中，与异质文化的交流和对话还存在一个文化吸收和融合的问题。文化吸收是一个民族文化在与其他民族文化的交流过程中，选择性地、主动地吸取其他文化的有益成分来为我所用。文化吸收是文化进步的需求，闭关自守的文化不可能主动吸收其他民族的文化。在现实中，影响文化吸收的有几个主要因素。

第一，文化吸收必须符合本民族的政治、经济发展需要，吸收对本民族有用的东西。文化作为观念的形态，归根到底还是取决于民族的经济和政治，因而文化的吸收和发展也必须符合本民族的经济和政治发展需要。不符合本民族经济和政治发展需要的文化是肯定要被淘汰的。历史上这种例子屡见不鲜。日本之所以在唐代时积极向中国学习，就是因为当时的日本正处于氏族制和部民制为基本形态的奴隶制社会末期，危机四伏，迫切需要寻找国家的出路，而邻近的唐朝的先进制度和发达的文化，对于改变日本的经济政治状况可能会有很大的作用，于是日本不断派遣"遣唐使"。18世纪前半叶，法国知识界之所以掀起了对中国文化的关注及其争论，一方面在于当时法国政治前景不明朗，需要从中国文化中寻找政治借鉴；另一方面在于社会矛盾尚未发展到尖锐不可调和的地步，各阶层的社会改造方案还具有某种探索的性质，这些方案与中国社会保持着一定程度的相似性。然而，到了18世纪下半叶现实生活的发展使法国社会发生了深刻的变化，从而也对法国的政治前途作出了抉择。随着政治前景的明朗化和阶级矛盾的不可调和，中国作为欧洲楷模的参照价值不复存在，所以有了"中国热"的退潮。[1]

第二，文化吸收与民族自身的文化素质有关。一般来说，水平更高的文化更容易吸收好的外来文化，水平越低的文化就越容易被其他文化所同化或受其他文化影响。如我国唐代时期的文化。唐代的文化在当时的时代应该是水平比较高的文化了，具有极大的包容性和开放性。唐太宗李世民运用"有

容乃大"的文化气度，不仅在政治上实行"开明专制"，在意识形态上奉行三教并奖政策，而且在文化上也积极鼓励文化发展的多样性，绝不推行文化独裁主义。唐代的其他统治者也基本上秉承了这一文化政策。唐文化以其宏大的气魄、博大的胸襟广为吸收外域文化，"南亚的佛学、历法、医学、语言学、音乐、美术；中亚的音乐、舞蹈；西亚和西方世界的祆教、景教、摩尼教、伊斯兰教、医术、建筑艺术及至马球运动等等，如同'八面来风'。从唐帝国开启的国门一拥而入，首都长安则是那一时代中外文化汇聚的中心，一个具有盛大气象的世界性都市。隋唐文化对外域文化的大规模吸收，不仅在中国文化史上，而且在世界文化史上均可成为卓越范例。英国学者威尔斯在《世界简史》中比较欧洲中世纪与中国盛唐的差异说，当西方人的心灵为神学所缠迷而处于蒙昧黑暗之中，中国人的思想却是开放的，兼收并蓄而好探求的。"①正是唐文化超越前朝的特有气派、熠熠生辉的深厚根基，使它成为当时世界上其他国家广泛学习的对象。日本就是其中的典型。在世界民族之林中，日本人可说是最善于吸取国外先进文化的民族之一。日本特别善于多方位、多层次地吸取其他民族的先进文明。日本之所以能从一个文化后进的国家在不太长的时期内发展成为高度发达的现代强国，其中很大原因就是它善于吸取先进文明，并能够加以选择、改造和融合。美国著名文化人类学家露丝·本尼迪克特通过对日本国民性进行深入研究后指出："在世界历史上，很难在什么地方找到另一个自主的民族如此成功地有计划地汲取外国文明。"②

文化吸收是对其他民族文化的选择、改造和融合，因而文化吸收不仅不会改变本民族的文化个性，反而会丰富本民族的文化。如中国文化对佛教的吸收。自佛教从汉唐朝时代传入中国以来，中国文化一直在努力吸收和融化佛教这种不同于中国传统文化的异质文化。在印度佛教传入中国的千余年中，中国的哲学、文学、艺术等方面都因为吸收了印度佛教而有了发展；印度佛教也在中国文化的丰富土壤上得到了发扬光大，形成了若干中国化佛教

---

① 张岱年、方克立主编：《中国文化概论》，北京师范大学出版社 1994 年版，第 98 页。

② ［美］露丝·本尼迪克特：《菊与刀》，吕万和、熊达云、王智新译，商务印书馆 2004 年版，第 41 页。

宗派，如天台宗、华严宗和禅宗等。中国文化并没有因吸收印度佛教文化而失去其特色，反而更加丰富发达。

日本对中国文化和西方文化的吸收也是如此。可以说日本对中国的文字、文学、艺术、哲学、教育等方面都有不同层次、不同程度的吸收，但日本文化依然是日本文化，中国文化只是被融入日本文化之中，并在结合日本的文化基础进一步发展了日本文化。"日本文化虽然是在中国文化的基础上进化的，但迅速发展了它自身的个性。日本人不像中国人那样抵制外来思想。在日本文化中，既没有古老的传统可以珍视，也没有一批圣贤可以崇拜；只有一位神圣的'天皇'。日本人的理想是多元的。他们重视家庭和团体，但没有强烈的家族观念。他们强调精神和自尊的价值，但不否定肉体的人和肉体的享乐。他们义和利并重，恩义和人情并重。日本人发展了'武士道'，其核心是知耻，由此产生出忠诚、重恩义、勇武和坚忍的品德，以及在神明面前保持毫无内疚的光明磊落的心境。武士富有使命感、冒险精神和组织能力。日本文化的典型人格就是武士人格，其理想的精神就是武士道精神。"① 日本对西方文化的吸收也同样如此。日本从 1868 年明治维新确定了日本现代化的基本方针，就是努力学习西方的先进科学技术，全面效法西方的政治体制，引入西方的资本主义制度。但是，学习西方并没有使日本丧失其文化特性，反而因日本的强大使其文化个性更为突出。

欧洲的文化发展也证明了同样的道理，欧洲文化在其发展过程中也不断吸收不同文化的因素，无论早期的文艺复兴还是后来的基督教文明，都不仅吸收了古希腊文化和犹太文化的精髓，而且吸收了中华文明、伊斯兰文明的先进成分。历史证明，欧洲文化虽然在自身的发展过程中吸收了各种各样不同文化传统的因素，但欧洲文化不仅没有失去其作为欧洲文化的传统，而且还大大丰富了自身文化的要素和内涵。

---

① ［美］欧文·拉兹洛:《多种文化的星球：联合国教科文组织国际专家小组的报告》，戴侃、辛未译，社会科学文献出版社 2001 年版，第 145—146 页。

四、文化民族性是民族文化认同的根据

文化的一个重要特点是超越性，任何文化一经形成，都会通过本民族的象征性符号转变成一种文化环境，身处其中的民族成员在其影响之下，也会自然地形成对这种文化具有认同感的"集体良知"（涂尔干语）。全球化不仅没有消解这种民族性、地方性的认同，反而在一定程度上强化着这种认同。

（一）认同的含义

认同（identity）就本意而言指的是自身独特的、与他人不同的特征。"根据西方学者的研究，认同有微观和宏观两个层面。在微观层面上，认同是人类行为与动力的持久源泉，它坚定了人们对自己的看法。又从他们与他人的关系中，派生出生命的意义。在宏观层面上，认同是一个更深的个人意义的代码，它将个人与最一般层面的社会意义相联系。社会学家常常将认同视为共有的信仰与情感，和维持社会秩序的社会角色与身份。它是涂尔干称之为'集体良知'的东西，是将一个共同体中不同的个人团结起来的内在凝聚力。"[1]认同也是一个识别象征体系，用于界定"自我"的特征，以示与"他者"的不同。威廉·康纳利指出："差异需要认同，认同需要差异……解决对自我认同怀疑的办法，在于通过构建与自我对立的他者，由此来建构自我认同。"[2]安东尼·吉登斯认为，认同是社会连续发展的历史性产物，它不仅指涉一个社会在时间上的某种连续性，同时也是该社会在反思活动中惯例性地创造和维系的某种东西，即持续地吸纳发生在外部世界中的事件，把它们纳入关涉自我的、正在进行着的"叙事"之中。[3]"从类型上看，认同

---

① 张汝伦：《经济全球化和文化认同》，《哲学研究》2001年第2期。

② William E . *Connlly, identity/difference: Democratic Negotiations of Political Paradox,* Ithaca, p.x, N. Y.: Cornell University Press,1991.

③ 参见［英］安东尼·吉登斯：《现代性与自我认同》，赵旭东、方文译，生活·读书·新知三联书店1998年版，第57—60页。

包括种族认同、民族认同、社会（群体）认同、自我认同、文化认同等多种类型，但核心是文化认同。一方面是因为在民族认同、社会认同和自我认同中都包含着文化认同的内容，即使是种族认同，也包含着文化认同的因素。另一方面，认同所蕴涵的身份或角色合法性，都离不开文化。身份、角色、合法性，都只能在一定的文化中才能具有意义。即使是与认同不可分割的自我概念，从根本上说也是文化的产物。"①民族认同的根据，认同的根，认同的轴心，都在于地方性的、民族性的文化，如果没有了地方性和民族性的文化，认同的基础也就会消失，从而维系一个民族的纽带也就消失了。

文化民族性之所以是民族文化认同的根据，是因为：首先，它是沟通民族全体成员的心灵纽带。文化的民族性是特定民族的全体成员所共有的，它不受阶级对立的限制，具有超阶级性。对于整个民族而言，文化是一种为适应生存和发展而进行的创造，但对于这个民族的每个成员而言却是一种接受和学习。任何一个民族的文化都通过本民族的语言文字以及其他物质载体，使其由个人意识变为社会意识、由主观精神变为客观精神，从而形成一种社会文化环境。凡生活在同一民族中的每一个成员，都不能不处在这种社会文化环境之中，不能不受到该社会文化环境的浸染和熏陶而具有共同的民族文化心理特征。正是这种共同的心理特征成为沟通和联系特定民族全体成员心灵的纽带，从而维持着该社会的同一性和稳定。每一个民族成员之所以对本民族的同胞和本民族的文化有一种天然的认同感和亲切感，就在于本民族的独特文化中有他们历史的影子。从本民族的文化中，他们能获得精神的沟通和心灵的共鸣。

其次，文化民族性能够自我继承并对该社会发生影响。各民族文化发展史都显示，文化的民族性一旦形成，就会以它特殊的亲切力和感染力影响着本民族的每一个成员，使它得以通过获得继承性而不断延续。文化自身具有一种凝聚力和自我继承的力量。因此，尽管经历了久远的岁月，但在民族最初祖先身上体现出来的文化民族性，依旧会在下一代人的身上表现出来。它不仅不会随着时代的推移而泯灭，反而随着历史的发展和时代的进步而在继

---

① 崔新建：《文化认同及其根源》，《北京师范大学学报》（社会科学版）2004 年第 4 期。

承上一代人已经取得的成就上继续前进。总之，只要这个民族存在，它的文化就会存在。当然文化传统可能会中断、可能会发生重大变化，但变化的原因却不是种族的改变，而是社会变化引起的；而且变化后的文化仍然是这个民族的文化，仍然以不同方式同历史上的文化传统存在联系和继承关系。

（二）全球化对文化民族认同功能的强化

在全球化条件下，文化的积极成果——文明是可以相互传播和借鉴的，但文化的民族性特色更加明显，文化的民族认同功能也更加强化。这表现在：

第一，在全球化条件下，各民族通过相互之间的交往更为明确地认识到民族与民族之间的差异性，这就迫使各民族在同其他民族的交往中把本民族作为一个统一的整体来看待，加强了各民族的自我意识。马克思曾经指出："人起初是以别人来反映自己的。名字叫彼得的人把自己当作人，只是由于他把叫做保罗的人看做是和自己相同的。"① 民族的自我认识也是如此，一个民族只有在与其他民族的关系中，才能充分认识到自身不同于其他民族的民族特征和文化个性。全球化在一定程度上唤起了人们对本民族利益的认同以及民族意识的觉醒，为民族文化的发展提供了强劲的动力。②

第二，全球化造成了贫富分化更加悬殊，使得各民族振兴本民族的意识增强，加强了文化的民族认同功能。当今世界，占世界人口约 17% 的 24 个发达国家，拥有世界生产总产值的 79%，而占世界人口 83% 的发展中国家，仅占世界生产总值的 21%。全球化浪潮不能从根本上涤荡国际政治经济旧秩序，没有消除国际竞争和世界经济发展的不平衡性，反而加剧了这种竞争和经济发展的不平等，民族利益和国家利益的矛盾更加突出。

在这种境遇下，弱势的发展中国家必然面临着在世界格局中如何定位的问题。民族经济越是落后，民族自卑感越强，民族认同的需要就越迫切，民族主义的势力也就越强大。正如美国学者勒纳"痛苦门槛理论"所指出的，

---

① 《马克思恩格斯全集》第 23 卷，人民出版社 1972 年版，第 67 页。

② 参见王来金：《全球化视野下的民族文化》，中国人民大学博士学位论文 2001 年，第 46 页。

每个民族在进入现代的"门槛"时，原先的支撑物和社会结构突然崩溃，这使人们充满了压力和痛苦但又不可避免，于是人们转向民族主义。这种民族主义虽然以种族、宗教为基础，具有强烈的排他性，但它明显包含了一种抗拒帝国主义、振兴民族的理念。于是，在全球化态势日益明朗的情况下，民族主义不仅没有走向衰亡，反而表现得异常活跃并会在全球化的推动下得到复兴和发展。这是因为，对于广大发展中国家来说，民族主义是其在面对西方现代性冲击的一道保护和防御屏障，它可以起到强化民族共识，凝聚民族力量，抗衡敌对势力的作用。在全球化所造成的利益差异格局中，民族主义是防止外来势力渗透，保持民族独立性的重要手段。文化是民族身份的象征，因而也无疑成为民族主义的大旗。同时，社会经济生活方式和其他生活方式的同化趋势，使人们不能不反躬自问："我是谁？我到底要什么？文明的意义何在？"全球化虽然在一定程度上削弱了地方民族国家的凝聚力，但却加强了对身份归属的紧迫要求，文化无疑是确立身份和意义的有效源泉。随着民族和宗教影响力的增强，文化的作用将更显要。

第三，全球化激励了西方的文化霸权，使得弱势国家和民族把文化作为重要的抗争手段，这也强化了文化的民族认同功能。西方国家凭借科学技术和经济全球化把自己的文化和价值观念打扮成普遍主义的价值观念，并用这种普遍主义的价值观念来代替发展中国家的价值观念。它用自己的民族文化标准来判断其他文化，将本民族的价值观置于其他民族之上，这从本质上来说是西方文化中心主义的表现。哈贝马斯对"西方中心主义"的批判很值得借鉴。哈贝马斯认为，西方中心主义文化观掩盖了资本主义文化野蛮的一面，它在所谓普遍性的要求之下无视西方文化形态的片面性，将其看做是文化类型中最优秀的并且必须成为"世界文明"的文化模式。

在西方文化中心主义面前，弱势国家和民族的民族尊严和文化传统都遇到了空前的挑战。他们的文化价值观念在全球化的洪流中几乎面临着被同化、被取代的危险。这种危机感在很大程度上促使了民族意识的觉醒、民族情绪的高涨和民族认同的增强。发展中国家对全球化的抵制表面上看是对现代化的拒斥，但从根本上来说是对西方霸权的拒斥，是对西方发达国家强行行为的抵制。不可否认，西方文化价值观确实有其现代性的一面，也有许多发展中国家学习和借鉴的地方，但如果用霸权主义的方式来推行其文化价值观，那就意味着对发展中国家尊严和主权的践踏。于是文化的认同功能凸显出来，人们把文化作为反抗霸权、保护自己的一种手段。在全球化时代，人们对本民族文化的认同是与对西方文化中心主义的反抗相伴而生的，只要一种文化对另一种文化的霸权依然存在，文化的民族认同功能就会强化。

（三）文化民族主义思潮浅析

在全球化背景下，文化民族认同功能的强化主要表现在文化民族主义思潮的勃兴。当然，在文化民族主义问题上，我们要采取具体分析的态度。对于狭隘的文化民族主义坚决反对，但对于包含有爱国主义内容的对抗帝国主义和殖民主义思潮的文化民族主义我们则持肯定的态度。

要理解文化民族主义首先要理解民族主义。对民族主义的理解包含多重层面。一层把民族主义看成是一种爱国主义的情感或意识。如汉斯·科恩主张："民族主义是一种认为每个人的最高忠诚应该献给民族国家的心理状态，只有民族国家才是理想的和唯一的合法的政治组织体，只有民族才是一切文化上的创造力和经济上成就的源泉。"[1] 徐迅也指出："作为意识形态，民族主义具有极强的倾向性、情绪性，常常表现为热爱祖国，维护民族利益，捍卫民族生存。"[2]

另一层把民族主义看成是一种学说、理念或原则。如埃勒·凯杜里认为："民族主义是 19 世纪初产生于欧洲的一种学说。……该学说认为，人类自然地划分为不同的民族，这些民族由于某些可以证实的特性而能被人认识，政府的唯一合法形式是民族自制政府。"[3] 厄内斯特·盖尔纳认为："民族主义是一个政治原则，它主张，文化的近似（similarity）是最基本的社会纽带。"[4] 安东尼·史密斯还把民族主义的基本主张概括为："世界被划分为不同的民族，每个民族都有自己的特点和命运；民族是一切政治权力的源

---

① Hans Kohn, Nationalism:Its Meaming and History, pp.1-8, Neveyork, 1961.

② 徐迅：《民族主义》，中国社会科学出版社 1998 年版，第 46 页。

③ ［英］埃勒·凯杜里：《民族主义》，张明明译，中央编译出版社 2002 年版，第 13 页。

④ E.Gellner, *Nationalism*, p.4, London, Weidenfeld & Nicolson, 1997.

泉，对民族的忠诚高于一切；为了获得自由，个人必须认同于一个特定的民族；为了保持本色，每一个民族必须是自治的；为了和平与正义通行于世界，民族必须是自由的和安全的。"①

第三层把民族主义看成是一种实践或运动。如安东尼·吉登斯指出："民族主义是一种意识形态运动，目的在于为一个社会群体谋取和维持自治及个性，他们中的某些成员期望民族主义能够形成一个事实上或潜在的民族。"

综上所述，民族主义，既是一种理念和原则，又是一种实践和运动。它是以爱国主义情感为基础，以民族利益为口号，以谋求民族权益，包括生存、平等、独立、发展等权益为目的的一种社会政治思潮和实践运动。民族主义是民族成员民族意识的表现，是民族凝聚力的深厚根源，具有正当性，它可以推动民族交流与融合，促进民族发展，但它又会加剧民族纠纷和冲突。

文化民族主义则是民族主义在文化上的表现，是文化领域内的民族主义。它是基于文化的长期熏陶和教化，在一个民族成员中形成的深厚的人类情感。文化民族主义把文化作为区分不同国家和民族的本质特征，一般强调本民族独特的历史文化传统，以此巩固和发展本民族的凝聚力、向心力，进而以文化认同为基础，保持或扩大本民族的生命力。"所谓文化民族主义，实为民族主义在文化问题上的集中表现。它坚信民族固有文化的优越性，认同文化传统，并要求从文化上将民族统一起来。"②"当民族主义成为政治的意识形态时，是以国家利益、国家尊严、国家主权为诉求的。同时，民族主义可以为民族国家提供文化秩序，即以文化传统的某些要素作为社会认同的基础和国家合法性的来源。"③

在今天的全球化中，文化民族主义思潮方兴未艾。一些社会经济发展较为滞后的民族或国家，在激烈的国际竞争中处于弱势地位，出于捍卫民族尊

① ［英］安东尼·史密斯：《全球化时代的民族与民族主义》，龚维斌、良警宇译，中央编译出版社 2002 年版，第 180—181 页。
② 郑师渠：《近代中国的文化民族主义》，转引自康晓光：《文化民族主义论纲》，《战略与管理》2003 年第 2 期。
③ 徐迅：《民族主义》，中国社会科学出版社 1998 年版，第 46 页。

严和谋求更高的国际地位的民族心理，大力宣扬本民族历史上的"光荣业绩"和文化上的"优越性"，甚至把文化民族主义与政治民族主义或与宗教狂热相结合，采取极端民族主义形式。这就使文化民族主义魔鬼的一面充分地暴露出来，原先表现出爱国主义凝聚力的思潮逐渐蜕变成现代民族国家在处理传统与现代性、本民族特色与世界强势文明关系时的阻滞性因素。在中国，20世纪90年代是文化民族主义的复苏期，它产生的思想根源既是对80年代"全盘西化"论的反动，也是一部分中国知识分子的自觉选择，他们希望借文化民族主义的复兴来化解社会危机，填补转型时期出现的价值真空。

文化民族主义的功能是双重的。一方面，无论在历史上还是在现代化建设的情境中，文化民族主义作为民族精神凝聚力对于唤起人民的思想觉悟和民族意识，争取民族独立，维护民族利益起到了重要的作用。

但另一方面，文化民族主义往往带有我族"中心主义"的观念，如果把握不好尺度的话，文化民族主义会发展成为狭隘的文化民族主义。狭隘的文化民族主义在要求弘扬本民族文化的同时，抽掉了民族的具体的历史规定性，以保持抽象的民族性来抵制现代化，把民族性作为文化价值选择的标准，把民族性作为建构文化认同对象的理论立场。狭隘的文化民族主义的根本弊端就在于以民族性掩盖了时代性，以民族文化的优秀成分来代替民族文化的全部。它在现实中的表现也就是闭关锁国、夜郎自大，或不分良莠地把外来文化拒之门外，最终变成了阻碍民族现代化进程的消极力量。

其实，现代化与文化民族主义并不是必然抵触的，包含着爱国主义内容的对抗帝国主义和殖民主义思潮的文化民族主义必将对现代化进程有着重要的促进作用。这就需要一种理性的文化民族主义心态。"民族主义会牵及民族感情，甚至可以承认，民族主义有其心理和感情的基础。但绝不可以因此将民族主义归结于感情，或停留在感情的层面上。要完成建立近代民族国家这样艰巨的任务，必须依靠健全的理性指导。因此，应当明确地提倡'理性的民族主义'。"① 只有理性的文化民族主义才能给全球化时代的文化建设提供合理的方向和路径。

---

① 《关于"中国近代史上的民族主义"的对话》，《光明日报》2006年3月28日。

第四章　中国传统文化的民族性及其近代境遇

文化是一个生生不息的运动过程，任何一种民族文化，都有其产生和发展的历史，在这个历史中既有辉煌也有低谷。中国文化也不例外。中华民族的先民们在漫长的历史年代里，随着疆域的扩大和社会的发展，创造了源远流长、博大精深、悠远浩博的传统文化。① 然而，近代以降，由于西方资本主义文化的强势入侵，中国传统文化遭到了沉重的打击、摧残和解构。尽管许多先进的中国知识分子在中国传统文化解构的同时也努力地以各种方法来尝试对中国新文化的建构，但却"总是在复古、反古，西化、反西化或拼盘式的折衷这一泥沼里打滚，展不开新的视野，拓不出新的境界"②。要在当代全球文化的视野下重建有民族特色的中国文化，实有必要对近代以来中国传统文化的解构机理以及中国志士仁人对现代新文化建构的历程做一个简要的回顾。

一、中国传统文化的历史轨迹和基本特点

掀开中国文化史的画卷，可以发现中国传统文化在中国古代农耕自然经

---

① 学术界关于中国传统文化有两种界定：一是广义的中国传统文化，既包括古代的传统，又包括近代以来形成的传统。二是狭义的中国传统文化，即中国古代形成的传统文化。本章的传统文化取狭义概念，即指 1840 年鸦片战争以前的中国文化。

② 林毓生：《中国传统的创造性化》，生活·读书·新知三联书店 1988 年版，第 324 页。

济和宗法制度的影响之下，经历了一个从孕育发生到恢弘壮大的漫长而曲折
的发展过程。在本节中，我们不打算对中国传统文化的历史发展做详细的描
述，而只是粗略地勾勒这一发展演变的历史轨迹，为下文讨论中国文化的近
代转型奠定思想史的基础。

（一）中国传统文化的历史轨迹

关于中国文化的孕育期，学术界一般认为是殷周时期。殷周时期出现了
中国文化的第一次巨大变革，正如王国维所描述的："夏商间政治文物的变
革，不像商周那样剧烈，商周间大变革……是旧制度废而新制度兴，旧文化
废而新文化兴。"[①]这里，王国维先生所指的"变革"就是殷周时期宗法制度
的创立。宗法制度的核心是"周道尊尊"的嫡长子继承制和以"封建亲戚，
以藩屏周"的余子分封制度。为了使宗法制获得深厚的社会根基，周朝还确
立了一套巩固周王朝统治，维护上下尊卑等级关系的道德和宗教观念。其中
最有代表性的有三个：

一是礼乐文化。礼是周代一切行为规范的基本准则。必须要对各个阶
级、各种活动进行严格的礼的限制和规定，才能实现"别贵贱，序尊卑"，
才能保证"天无二日，士无二主，国无二君，家无二尊，以一治也"。因此，
在任何政治生活、经济生活、社会生活和家庭生活的各种行为中，都必须遵
守"礼"的规范，"道德仁义，非礼不成；教训正俗，非礼不备；力争辩讼，
非礼不决；君臣上下，父子兄弟，非礼威严不行；祷祠祭礼，供给鬼神，非
礼不成不庄"（《礼记·曲礼》）。周代所创制的"礼"，为后世儒家所继承
和发展，深刻地影响着中国传统文化。甚至有些学者认为礼是中国传统文化
的核心，如中国思想史大家钱穆在 20 世纪 60 年代会见一位美国学者时明确
地说道："中国的核心思想就是'礼'"。

二是天命观。殷代是天神至上的时代。当时，由于人们改造自然能力的
低下，深受自然和社会的双重压迫，整个社会弥漫着浓郁的宗教迷信氛围。
在殷人看来，"帝"或"上帝"能主宰一切，不仅能支配自然界，使之下雨、

---

① 王国维：《观堂集林》，中华书局 1959 年版，第 453 页。

刮风，决定年成的丰歉；而且能主宰人世的祸福，决定战争的胜负和政权的兴衰。随着殷朝的灭亡，周朝在继承殷朝文化的基础上，开始对殷朝的宗教信仰进行了一场重大的变革，逐渐用"天"取代殷人所崇拜的"帝"。"他们逐渐在改变着至上神的名称和神性。在周代青铜铭文中，上帝、皇上帝、皇天上帝、皇天王、天等名称最初是混用的，以后'天'的叫法越来越多，周人便把苍天视为至上神了。"①周人认为，天是可以决定人的命运和政权更迭的，天子是天的儿子，是受天命来接管殷商政权的，从而把家国一体的宗法制与至上神联系了起来。

三是敬德观念。周统治者在对整个社会宣扬天命观的同时，在统治阶级内部又对天命持一种理性的态度。他们认为，殷朝之所以失天下，恰恰说明"天命靡常"（《诗经·大雅·文王》）。"天命靡常"，乃是由于"民心无常"。而要得到"民心"，就必须施行"德政"，因为"德"是上天意志的体现。因此，他们提出了"敬德保民"的思想，用"德"来配天命，巩固其统治。从"天命靡常"到"敬德保民"观念的转变，标志着"民"的地位的提高和"天"的神性及其所支撑的神权政治的淡化和衰落，为春秋时期思想界的百家争鸣创造了社会思想文化前提，也成为后来儒家提出"德治"的主要理论根据。

春秋战国时期是中国传统文化形成的"轴心时代"。那是个"百川沸腾，山冢崒崩"、"礼崩乐坏"的时代，然而随着社会的急剧转型，思想文化上却创造了辉煌的"百家争鸣"盛况。人们试图冲破天命鬼神的观念，张扬理性精神，凭借自己的理性思考去探索世界的本质和规律，构筑出庞大的旨趣各异的理论派别，如儒家、道家、墨家、法家、名家等。各家各派之间相互批判、相互争辩、相互吸收、相互融合，在思想激荡中规定了中国传统文化的特质和基本形态。

秦汉时期，中国文化定于一尊，并形成了以儒学为意识形态的文化传统。公元前221年，秦始皇终于完成"吞二周而亡诸侯，履至尊而制六合"的统一大业，建立了中国第一个封建帝制国家。然而秦王朝是个短命的王

---

① 牟钟鉴：《中国宗教通史》（上册），社会科学文献出版社2003年版，第114页。

朝，由于暴戾统治，很快被推翻，为汉王朝所取代，但秦朝所创制的封建帝制一直保存下去，对中国政治制度产生了深远的影响。秦汉时期，为了巩固刚刚确立的统一帝制，统治者致力于思想文化的统一。秦统一后，在思想文化上实行"书同文，行同伦"（《礼记·中庸》）。秦始皇称帝后不久，针对各国"文字异形"的状况，下令李斯等人进行文字的整理和统一工作，将各国不同地方字体统一为"秦篆"，并将它作为官方文字，颁行全国，这就是"书同文"。秦始皇还要求"以法为教"、"以吏为师"，在各地设置专掌教化的长官，试图建立一致的生活习俗和道德规范，实现"行同伦"，从文化心理上促使民族文化的形成。为了促使"书同文，行同伦"的形成，秦始皇采纳了李斯"焚书坑儒"的极端建议：一切史记，除了秦记，一切"百家"思想的著作和其他文献，除了由博士官保管的，除了医药、卜筮、种树之书，都应当送交政府烧掉。（《史记·秦始皇本纪》）

　　汉朝兴起以后，汉朝统治者尽管不赞成前朝"焚书坑儒"的极端措施，可是他们也明确地意识到思想文化的统一对维护封建帝制的重要性。于是，在汉武帝时期又再次尝试了思想统一的举措，其中董仲舒"罢黜百家、独尊儒术"的思想得到汉武帝的重视，并取代了汉初的黄老之学，成为国家的官方学说。

　　董仲舒以儒家思想为基础，结合黄老之学、法家和阴阳家的思想，构建了封建大一统意识形态的思想基础。董仲舒为大一统封建制度的合法性做了强有力的证明，他发挥了《春秋公羊传》中关于大一统的主张，说："《春秋》大一统者，天地之常经，古今之通谊也。今师异道，人异论，百家殊方，指意不同，是以上无以持一统。"为此，董仲舒力主改变先秦儒家私门传学的教育传统，推行"以经取士"的选官制度，其中"诸不在六艺之科、孔子之术者，皆绝其道，勿使并进"。（《汉书·董仲舒传》）

　　为了维护封建大一统的合法性，董仲舒还对先秦儒家思想进行了理论概括和神学改造，形成了一套以"天人感应"和"阴阳五行"为基础的思想体系。董仲舒说："天者，百神之君也。"（《春秋繁露·郊义》）"唯天子受命于天，天下受命于天子。"（《春秋繁露·深察名号》）而"人之为人本于天，天亦人之曾祖父也。此人之所以上类天也。"（《春秋繁露·为人者天》）因此，天是人的一切行为的准则和依据，天道就是人道，人道就是天道，天和人可以相互感应，相互制约。而天人之间感应的中介就是阴阳之气。

以此为基础，董仲舒创立了以"三纲五常"为核心的规范伦理。董仲舒认为："天子受命于天，诸侯受命于天子，子受命于父，臣受命于君，妻受命于夫。诸所受命者，其尊皆天也，虽谓受命于天亦可。"（《春秋繁露·顺命》）因此，子、臣、妇对父、君、夫要绝对服从。同时，董仲舒还根据"五行"把仁、义、礼、知、信，确立为"五常之道"。

通过对"天人感应"、"阴阳五行"、"三纲五常"等理论的系统化，董仲舒建构起天人统一的理论图式，完全契合了宗法——专政的君主政体要求实现思想上大一统的需要，对西汉以后的中国封建社会产生了深远的影响。

东汉末年，由于长期的封建割据和连绵不断的战争，汉帝国最终在剧烈的社会动荡中崩溃瓦解，原来作为汉帝国统治理论基础的以"天人感应"、"阴阳五行"、"三纲五常"等理论为核心的神学目的论开始褪去理论光泽，两汉"经学"由于形式烦琐、内容驳杂而逐步被魏晋玄学所取代。玄学以老庄哲学为基础，以探讨名教与自然的关系、本末关系、有无关系、人生的意义和人格理想、生活态度为自己的最高学术追求，是对汉代经学致思理路的重大突破，实现了从宇宙论到本体论思维方式的重大转型。汤一介先生认为魏晋玄学是指"魏晋时期以老庄思想为骨架，企图调和儒道，会通自然与名教的一种特定的哲学思潮。它所讨论的中心为'本末有无'问题，即用思辨的方法来讨论有关天地万物存在的根据的问题，也就是说表现为远离'世务'和'事物'形而上学本体论的问题"[①]，这个判断是很中肯的。

从南北朝开始，玄学思潮归于沉寂，佛道二教继续发展。佛教东汉末年传入中国，经过魏晋南北朝数百年的碰撞与融合，至唐朝日臻完善，形成了中国化的佛教派别。道教是中国本土的宗教，酝酿于东汉，发展于魏晋，至南北朝时期，道教形成了一个完整意义上的宗教派别。道教和佛教反映了社会动荡时期，人们对把握自己命运、慰藉自己心灵的无奈和痛苦，也满足了部分统治者利用某种意识形态来消解广大被统治者反抗意识的一种目的。这

---

① 汤一介：《郭象与魏晋玄学》，北京大学出版社 2000 年版，第 13 页。

一时期，儒、释、道处于三足鼎立的局面。三者之间的相互博弈和交融也使得中国文化在多重碰撞和融合之中，得到了多向度的发展和深化。

宋明时期，与中央专制集权主义的政治制度相适应，形成了中国后期封建社会的主导思想——宋明理学。宋明理学糅合了儒、释、道三教思想，以天理、人欲、理气、心性等为主要内容，以传统儒学道德原则的哲学化为主要形式，深刻地影响了中国民族的文化心理。

周敦颐是宋明理学的奠基人。周敦颐吸收了《易经》和《中庸》的"太极"和"诚"的思想，糅合了佛教、道教的某些思想。周敦颐认为："无极而太极。太极动而生阳，动极而静，静而生阴。静极复动。一动一静，互为其根。分阴分阳，两仪立焉，阳变阴合而生水火木金土。五气顺布，四时行焉。五行，一阴阳也；阴阳，一太极也；太极，本无极也。五行之生也，各一其性，无极之真，二五之精，妙合而凝。'乾道成男，坤道成女'，二气交感，化生万物。万物生生，而变化无穷焉。"①这里的"太极"显然具有哲学上的本体论意义。紧接着，周敦颐提出了"诚"的原则："'大哉乾元，万物资始'，诚之源也。'乾道变化，各正性命'，诚斯立焉。纯粹至善者也。故曰：'一阴一阳之谓道，继之者善也。成之者性也'。元、亨，诚之通；利、贞，诚之复。大哉《易》也，性命之源乎！"（《通书·诚上》）不难看出，周敦颐用一种理性主义的方式表达了宇宙、自然和人生的统一，使董仲舒的神学目的论披上了更为精致的外衣。同时，周敦颐还吸取了佛教、道教宣扬的禁欲、容忍的生活态度，为宋明理学的天理人欲之辨奠定了理论基础。

朱熹在周敦颐的基础上，吸收了张载和二程的思想，创立了一套以"理"为最高范畴的自然观、宇宙观和人生观。朱熹说："万物皆有此理，理皆同出一源，但所居之位不同，则其理之用不一。"（《朱子语类》卷十八）因此，"理"是宇宙间万事万物的根据，"天得之以为天，地得之以为地，而凡生于天地之间者，又各得之以为性，其张之为三纲，其纪之为五常，盖皆此理之流行，无所适而不在"②。同时，"理"也是人类社会的最高道德准

---

① 周敦颐：《周子通书》，上海古籍出版社 2000 年版，第 48 页。

② 朱熹：《读大记》，《四库全书·集部八四·别集类》，上海古籍出版社影印本（1996），第 383 页。

则，"君臣父子夫妇长幼朋友之常，是皆必有当然之则，而自不容已，所谓理也"。因此，人的一切行为都以按照自己的本分，合乎理为最高要求。而理的全体，就是太极，"总天地万物之理，便是太极"。朱熹还明确了天理人欲之辨，认为天理和人欲是对立的，"人之一心，天理存则人欲亡，人欲胜则天理灭，未有天理人欲夹杂者"（《朱子语类》卷十三）。因此，必须要通过修养的方法"革尽人欲，复尽天理"（《朱子语类》卷十三），以达到人与理合一、人与太极合一的圣贤君子境界。

由此可见，宋明理学是在儒学的基础上，对外来佛教和本土道教的一种积极整合，表达了中国宋明时期思想家重建汉末以后中国社会封建统治危机和社会价值危机的一种努力。由于这种理论体系表现形式的思辨化、精致化和内容的彻底性，使得在隋唐以来逐渐没落的儒学重新获得了封建社会的正统地位，因而对于维护中国后期封建统治的合法性提供了强有力的理论支撑。

然而，现实远比理论更为微妙、丰富和复杂。宋明理学精致的理论依然阻挡不了明清之际封建社会走向没落的历史事实。西方新兴的资本主义精神在给西方带来工业革命、技术进步、科学发展、文化转型的同时，也以"铁的必然性"把古老的中国社会纳入到"世界历史"之中。在鸦片战争这一中西方第一次正面交锋的历史转折中，中国传统文化开始步入了步履蹒跚的蜕变与新生并存的现代转型时期。应该说，直到今天，这种转型依然还在进行之中。

（二）中国传统文化的基本特点

中国传统文化自春秋战国时期孕育、秦汉时期定于一尊以来，基本上确立了是以农业文化为主导的、与中国封建秩序相匹配的文化价值体系。这套文化价值体系不仅提供了几千年封建统治合法性的有效说明，而且成为中华民族普通百姓的伦常日用和精神居所。总体来说，中国传统文化有几个方面的突出特点。

首先，中国传统文化是伦理本位的文化。这是就中国传统文化的基本类型而言的。关于中国传统文化的类型，自"五四"以来就是一个争论不休的问题。许多思想家对之进行了不同角度的总结和阐释，如李大钊认为，

"东西文明有根本不同之点，即东洋文明主静，西洋文明主动是也"①。钱穆认为，中国传统文化是大陆农业文化，西方文化是滨海商业文化。②张岱年认为，中国传统文化是大陆连绵型文化、农业文化、中国封建制文化。③应该说，这些总结和概括对于把握中国传统文化的特点有重要的启示作用。但是，若是从中国传统文化产生的社会生产方式和政治组织形式来看，可以发现，诞生于以自然经济为基础的宗法制社会中的中国传统文化，形成和孕育了一种明显的伦理本位或道德至上的文化类型。

中国伦理本位的文化类型是由中国家国同构的宗法制度所决定的。关于中国社会的这种特殊的结构，梁漱溟先生曾经做过精当的概括。他认为，中国是一"伦理本位的社会"。在这种社会中，"人一生下来，便有与他相关之人（父母、兄弟等）；人生且始终在与人相关系中而生活（不离开社会）。如此则知，人生实存于各种关系之上。此种种关系，即是种种伦理。伦者，伦偶，正指人们彼此之相与。相与之间，关系遂生。家人父子，是其天然基本关系，故伦理首重家庭。父母总是最先有的，再者有兄弟姐妹。既长，则有夫妇，有子女，而宗族戚党亦即由此而生。出生来到社会上，于教学则有师徒；于经济则有东伙；于政治则有君臣官民；平素多往返，遇事相扶持，则有乡邻朋友。随一个人年龄和生活之展开，而渐有其四面八方若近若远数不尽的关系。是关系，皆是伦理；伦理始于家庭，而不止于家庭"④。可以说，伦理关系是中国一切社会关系之基础。所谓"天下之本在国，国之本在家，家之本在身"的格言，便是对这种社会关系的集中概括。

处在这种社会关系中的每一个个体，是被包围在群体之中的，形成了"以己为中心"的由近及远的"差序格局"的人际关系模式。这种人际关系随着和"己"的亲疏远近，"像水的波纹一般，一圈圈推出去，愈推愈远，也愈推愈薄"⑤。因此，每个人必然首先特别重视家庭成员之间的人伦关系，

① 单纯、张合运主编：《百年回声》，海天出版社1998年版，第183—196页。
② 参见钱穆：《中国文化史导论》（修订本），商务印书馆1996年版。
③ 参见张岱年、程宜山：《中国文化论争》，中国人民大学出版社2006年版，第137页。
④ 梁漱溟：《中国文化要义》，上海世纪出版集团上海人民出版社2005年版，第72页。
① 费孝通：《乡土中国》，北京出版社2005年版，第34页。

也就是儒家所倡导的"人道亲亲"，即由"亲亲"的观念出发，推导出对君臣、夫妻、长幼、朋友等关系的处理原则和方法。其中，"孝悌"是处理这些关系的基本原则。"孝悌也者，其为仁之本与!"(《论语·学而》)而"孝悌"的原则推广到社会国家，就形成了"忠君爱国"的观念。孔子说的"孝慈则忠"(《论语·为政》)就是这种推广的表现。于是，"修身"、"齐家"、"治国"、"平天下"这套自下而上的个人修养体系就转化成了统治者通过道德教化对臣民进行统治的基本形式，从而把社会中的各种异端思想整合和统一起来，实现政治和思想上的大一统。

由此，中国传统文化把个人修身的路径和治理国家的路径打通。一方面，个人通过自身的道德修养，可以实现"身修而家齐，家齐而国治，国治而天下平"的人生理想和社会理想。如儒家提倡的"吾日三省吾身"、"见贤思齐"等都是对个人道德修养的提倡和重视。另一方面，统治者通过"王道"和"仁政"的施行，可以让各种"礼"、"法"能够在广大民众之中获得广泛认可，在整个社会和国家自觉自愿地被执行和贯通，从而有力地维护统治者的统治。所以，孔子说："为政以德，譬如北辰，居其所而众星共(拱)之"。(《论语·为政》)

这种道德法则到宋明理学时期被进一步推广和延伸，发展成为具有思辨化和哲理化的带有本体论色彩的伦理化思想体系。如北宋哲学家张载提出："乾称父，坤称母；予兹藐焉，乃混然中处。故天地之塞，吾其体；天地之帅，吾其性。民吾同胞，物吾与也。"(《正蒙·乾称篇》)这里，张载把处理人与人之间关系的法则推广到天地万物，把天地看做是父母，把百姓看做是兄弟，把万物看做是朋友，显然是对先秦时期传统文化伦理型特色的理论化表达。也正是在这个意义上，黑格尔指出："中国纯粹建筑在这一种道德的结合上，国家的特性便是客观的家庭孝敬。"[①]

中国传统文化伦理本位的特点对中国文化心理产生了重要的影响，它既有利于实现社会的稳定和人际关系的和谐，培养忠于国家的崇高的爱国主义情操。同时，由于其社会历史条件的限制，又使得中国人很难有明确的群己

---

① [德]黑格尔:《历史哲学》，生活·读书·新知三联书店1956年版，第65页。

之分，缺乏公共意识和公共精神。而且，由于个人的权利和自由被淹没和遮蔽在群体和国家的利益之下，因而在一定程度上扼杀了个人的自主性、独立性和创造性。

其次，中国传统文化是儒道互补的文化。这是从中国传统文化的内部结构来说的。在中国传统文化漫长的历史长河中，儒、法、墨、道、名等百家相互激荡，不断融合，最终形成了以儒家和道家为主体的思想体系。儒家和道家在相互诘难中相互渗透、相互吸收、交融互补，二者在相反相成中共同决定了中国人的思维方式、价值观念、思想情感和理想人格，形成了中国传统文化的基本格局。尽管墨家、法家、名家、阴阳家等也是其中重要的文化因子，但在历史的演化中基本都处于边缘地位，甚至有些成为绝学。对此，李泽厚先生在《美的历程》中有过精辟的总结，他指出："老庄作为儒家的补充和对立面，相反相成地在塑造中国人的世界观、人生观、文化心理结构和艺术理想、审美兴趣上，与儒家一道，起了决定性的作用。"庄子"避弃现实""却并不否定生命"的态度，"使他的泛神论的哲学思想和对待人生的审美态度充满了感情的光辉，恰恰可以补充、加深儒家而与儒家一致。所以说，老庄道家是孔学儒家的对立的补充者"。①

如前所述，中国传统文化是一种伦理型的文化，重视现实的社会和人生是其最根本的特点。中国传统文化的诸多思想都是围绕着人的本性、人的价值、人生的意义、人生的理想以及人的自由来展开的。儒家作为先秦时的显学和中国传统文化的核心，充分地体现了中国传统文化的这一特点。儒家思想的核心是"仁"和"礼"。"仁"作为儒家理想人格的基本德性，内在地包含了若干由外在的"礼"表现出来的基本规范。在儒家的创始人孔子那里，就初步探讨了"以'仁'为核心价值的人格理想、'推己及人'的忠恕之道、'泛爱众而亲任'的仁爱原则、'性相近习相远'的人性理论、'克己复礼'的道德修养、'见利思义'的义利观等一系列人学问题"②。孟子和荀子分别发挥了孔子的"仁"和"礼"，完善了儒家欲通过个人道德修养来实现人生

---

① 李泽厚：《美的历程》，文物出版社 1981 年版，第 53—54 页。

② 李中华主编：《中国人学思想史》，北京出版社 2005 年版，《导论》第 12 页。

价值和人生理想的重要思想。因此，"向内自省，以修身为平天下的起点，以无愧为待人接物的守则，养心、知性以知天，几乎成了中国文化的宗教式教义"①。

既然儒家把道德设定为人生的最高价值，那么这种道德规范是否可以实现呢？儒家对此的回答是肯定的："人皆可以成尧舜"。这就说明每个人都可以通过自己的道德践履实现儒家的道德理想，这就需要主体具备一种积极入世的人生态度和较强的主体参与意识。换言之，只要道德修养的主体以积极的态度来践履道德规范，就可以完成从普通人向圣贤的人生理想的转化。可以说，这种积极进取的精神贯穿于儒家思想发展的始终。先秦时期，曾子提倡"士不可以不弘毅，任重而道远"（《论语·泰伯》），反映了士阶层所具有的强烈的"以天下为己任"的主体意识，奠定了中国知识分子基本的人格形态。西汉董仲舒努力构建的以"天人感应"为主要内容的神学目的论用"道之大原出于天，天不变，道亦不变"的道德信条论证了封建制度的永恒性，表明了儒家的积极参政意识。宋代理学家张载高呼"为天地立心，为生民立命，为往圣继绝学，为万世开太平"，更是蕴涵了儒家心怀天下，积极进取的思想结晶。然而，恰恰是儒家所重视的道德价值最后在封建专制制度下异化为束缚人和阻碍人发展的思想桎梏，这不能不说是儒学的悲剧。

相比之下，道家的人生态度与儒家迥异其趣。道家反对儒家的仁义礼法，认为儒家在强调道德价值作用的同时，忽视了人的生命价值。因此，道家主张从自然本性出发，强调自然是人生的根本价值，从而追求实现一种淳朴、无为、守柔、不争的和谐人生。道家的创始人老子认为，"道"是万物的基础，天地万物都是由"道"化生而来，"道生之，德畜之，物形之，势成之"，所以"万物莫不尊道而贵德"（《老子》五十一章）。而道的本性就是自然，老子说："人法地，地法天，天法道，道法自然。"（《老子》二十五章）所以，人也应该效法天道崇尚自然无为。为此，老子批评了儒家的仁义礼法，提出"大道废，有仁义，智慧出，有大伪"（《老子》十八章），认为"失道而后德，失德而后仁，失仁而后义，失义而后礼。夫礼者，忠信之薄

---

① 庞朴：《文化的民族性与时代性》，中国和平出版社 1988 年版，第 31—32 页。

而乱之首"(《老子》三十八章）。

人效法自然表现在人生修养上，老子认为就是尊奉"柔弱"和"不争"作为人生的美德。"柔弱"是道赋予万物的无为而无不为的功用，"人之生也柔弱，其死也坚强。草木之生也柔脆，其死也枯槁。故坚强者死之徒，柔弱者生之徒。是以兵强则灭，木强则折。强大处下，柔弱处上。"(《老子》四十六章）"不争"是处理人际关系的基本准则，因为"天之道，不争而善胜"(《老子》七十三章）。而要成就这样的人生美德，就必须"见素抱朴，少私寡欲"(《老子》十九章），"不敢为天下先"。老子说："吾有三宝，持而保之。一曰慈，二曰俭，三曰不敢为天下先。慈，故能勇；俭，故能广；不必为天下先，故能成器长。"(《老子》六十七章）庄子在老子的基础上，进一步提出人应该追求一种"天地与我并生，万物与我为一"的精神境界，超越现实生活中自然与社会的限制，消弭物与我的对立，从而实现"独与天地精神往来"、"上与造物者游"的和谐的人与自然、人与社会、人与自身的关系模式。

需要指出的是，道家自然无为论绝不是一种出世主义的人生哲学，而是以"无为"、"柔弱"为手段来达到目的的一种入世主义人生哲学。在道家看来，只有从人的自然本性出发，顺应自然，才能达到"不争而善胜"的最佳效果。而且，在道家的思想中，不仅没有对彼岸世界的追求与执著，相反却十分注重个体的生命价值，强调"保身"、"全生"、"养亲"、"尽年"。这后来在道教中得到了较大的发展，形成了以"生道合一"为理论基础的道教长生论和神仙论。

由此看来，儒家要求人积极进取、自强不息，道家要求人超越世俗，保持人格的独立和精神的自由；儒家重视道德价值，道家重视生命价值；儒家从正向思维来肯定人生价值，道家从逆向思维来肯定人生价值。然而，对于现实生活中的人来说，儒家所提倡的积极的人生态度由于种种原因在现实中难免会遇到挫折，而道家所主张的顺其自然恰好可以作为人在失意时调控心境的重要手段，如此进可儒、退可道的人生保持了良好的张力。儒道互补的格局作为一种文化积淀对中国传统人格的影响深远。用林语堂先生的话来说，中国每一个人的社会理想都是儒家，自然理想都是道家。

再次，中国传统文化是以和为核心的文化。这是就中国传统文化的基本精神而言的。中国传统文化是中国古代人民在长期的社会实践中形成的应对自然、社会和人生的一种文化模式。在对人与自身、人与社会、人与自然的关系的探索中，中国传统文化形成了以和谐人生的实现为价值指向和实践追求的人文主义价值体系，因而，和是中国传统文化的核心特质。

在人的身心关系上，中国传统文化强调身心和谐。因为身心和谐是家齐、国治、天下平的基础。只有实现个人的身心和谐并由此出发推己及人，才会有人与社会、人与自然乃至整个宇宙的和谐。所以，儒家首先强调修身，《大学》中说："古之欲明明德于天下者，先治其国；欲治其国者，先齐其家；欲齐其家者，先修其身；欲修其身也，先正其心；欲正其心者，先诚其意；欲诚其意者，先致其知；致知在格物。""自天子以至于庶人，壹是皆以修身为本"。而修身首先就要"克己"，即按照社会的道德规范来限制自己，坚持"非礼勿视，非礼勿听，非礼勿言，非礼勿动"（《论语·颜渊》），做到不合道德规范的事不要看，不合道德规范的话不要听，不合道德规范的话不要说，不合道德规范的事不要做。在儒家看来，修身之事是以追求自我价值实现为目的事，因此是为己之学，任何其他人都无法代劳，"君子求诸己，小人求诸人"（《论语·卫灵公》）。即使没有外人在，也应该积极地做到"慎独"。

在人与人的关系上，中国传统文化强调人际和谐。这首先表现在个人与个人之间关系的处理上。在儒家看来，成仁之学，尽管需要个人主体性的发挥，但也离不开社会关系，只有在社会关系中才能实现"仁"的最高价值。"仁者，爱人也"，说的就是这个道理。而处理好人与他人之间关系的首要内涵就是孝悌。孔子说："今之孝者，是谓能养。至于犬马，皆能有养。不敬，何以别乎？"（《论语·为政》）"孝悌也者，其仁之本与？"（《论语·学而》）孟子把"孝悌"在社会和国家中推广开来，就形成了"五伦"的观念，即"教以人伦：父子有亲，君臣有义，夫妇有别，长幼有序，朋友有信"（《孟子·滕文公》），处理五伦的基本准则是君惠臣忠，父慈子孝，夫敬妇随，兄友弟恭。这就是说，在处理人与他人的关系之中，必须具有强烈的他者意识，贯彻"忠恕之道"。所谓"忠"，指"己欲立而立人，己欲达而达人"，这是从积极的方面讲爱人的；所谓"恕"即"己所不欲，勿施于人"，这是从消极方面讲爱人的。注重和谐人际关系的思维模式运用到民族关系上，就是以道德修养和教化为本，以治理好自己的家园为前提，并以此去感化其他邦国，以达到"百姓昭明，协和万邦"和"四海之内，皆兄弟也"的理想。

在人与自然的关系上，中国传统文化主张"天人合一"。当然，中国传统文化中的"天"远不止于自然之天，而是更多地指道德之天、伦理之天。但不可否认的是，自然之天也是其中的一个部分。自然之天和伦理之天共同规定和引领着人朝"仁"的方向发展。伦理之天要求人的行为必须符合"仁"的规范，自然之天要求人要把自然界看成是人的生存家园。《周易大传》中就提出，太极是天地的根源，天地是万物的根源："有天地，然后有万物；有万物，然后有男女；有男女，然后有夫妇"（《序卦》）。也就是说，人类是自然界发展到一定阶段的产物。因此，人应该遵循自然规律，《文言》中说："夫大人者，与天地合其德，与日月合其明，与四时合其序，与鬼神合其吉凶。先天而天弗违，后天而奉天时，天且弗违，而况于人乎?"当然，这里主要指的是圣人和国君，有片面性，但强调人和自然和谐相处的思想还是很有价值的。以孔子为代表的儒家首次赋予了自然之天以伦理意蕴，开启了人对自然伦理关怀的先河。所谓"智者乐水，仁者乐山"就是说把自然界的山水看做有生命有灵性的存在，并与人的仁智德性联系起来，绝不可看做一种简单的比附，而是人类获得生命存在终极关怀的需要。① 这个观点在西汉时期经过董仲舒的发挥，形成了"人副天数说"。所以，可以说，中国古代的天人合一思想是既包含人与自然和谐，也包括人与人和谐的理想境界。

需要指出的是，中国传统文化中的"和"并不是消除了矛盾的和，而恰恰是以矛盾和差异的存在为前提的和。西周末年，史伯就提出："和实生物，同则不继。以他平他谓之和，故能丰长而物归之。若以同裨同，尽乃弃矣。"（《国语·郑语》）强调和谐必须以差异为前提。孔子把这个思想具体化为"和而不同"的处事原则。孔子说："君子和而不同，小人同而不和。"（《论语·子路》）这也是对和谐与矛盾关系的精辟论断。

---

① 蒙培元:《人与自然——中国哲学生态观》，人民出版社 2004 年版，第 28 页。

中国传统文化的贵和观念使中国传统社会享有"礼仪之邦"的美名，并且在中华民族的长期历史发展中形成了多元一体的大民族，对现代社会具有重要的价值，特别是对世界不同民族文化之间的和谐共处有重要的思想借鉴作用。但是，这一观念也具有一定的缺陷，特别是使得中国传统文化教化下的人相对缺乏竞争的意识和观念。

二、中国传统文化的近代解构

1840 年的鸦片战争对于中国传统文化来说，是一个巨大的转折。在此之前，以儒学为核心的中国传统文化尽管也曾经随着社会和历史的发展经历过危机。但总体来说，这依然是在封建社会秩序内部的自我调节，没有超出自然经济的经济结构和宗法制的政治结构，儒家文化和政治理想也依然是统治合理性和合法性的最有效的解释模式和普通百姓生活意义和价值的精神归宿。然而，鸦片战争改变了这种中国特有的"朝代循环"的状况。鸦片战争是"进行国际贸易和战争的西方"向"坚持农业和官僚政治的中国"发起的全面挑战[1]，是欣欣向荣的西方文化向日益走向衰败的中国封建文化的武器批判。从此以后，中国被迫开启了"后发外生型"现代化的历程。伴随着洋务运动、维新变法、辛亥革命、五四运动的连续进行，中国传统文化在与西方文化的较量中节节败退，在封建秩序的合法性危机中逐渐"失语"，面临着前所未有的被解构的危机。

（一）中国传统文化近代解构的机理分析

鸦片战争带来了中国"三千年未有之变局"，以自然经济为基础的封建农耕文化在以现代工业为基础的西方资本主义的强势入侵之下，不得不改变原有的演进模式，开始了由物质而制度而文化的、由器到道的渐进的演变过程。这虽然是中国传统文化现代转型的新契机，但却付出了血与火的代价，

---

[1]　［美］费正清编：《剑桥中国晚清史》，中国社会科学出版社 1985 年版，第 2 页。

经历了一个解构与新生相互交织的曲折的历史过程。马克思说得好:"满族王朝的声威一遇到英国的枪炮就扫地以尽,天朝帝国万世长存的迷信破了产,野蛮的、闭关自守的、与文明世界隔绝的状态被打破,开始同外界发生联系。"①从魏源的"师夷长技以制夷"到谭嗣同的"冲破网罗"到孙中山的"知难行易"再到陈独秀的"伦理之觉悟为最后觉悟之觉悟",无不反映了近代中国先进知识分子对于传统文化解构以及新文化建构的无奈和痛心疾首。

总体来说,中国传统文化的近代解构来自于内外两方面的危机和压力。从内部来说,中国传统文化内部固有的矛盾构成了中国传统文化近代解构的主要原因。

中国传统文化是在自然经济、宗法家族制度基础上确立的一套价值体系,这套价值体系的意义在中国周期性的社会动荡和封建王朝的不断更迭中,曾经得到了有效的证明,并在封建制度的强化中不断完善。美国学者艾凯分析说:"在现代化对之挑战之前,中国文化(或中国之生活方式),对中国人而言并不是中国的;反而,它仅仅是真正为人的文化,惟一合理的生活方式,放之四海而皆准的价值,和人之所以为人者之谓。"②法学学者布罗代尔也认为:"中国自视为一个大国和一个伟大的文明。她一直对其文明相对于世界其他地区的优势深信不疑。在她看来,除中国之外,有的只是野蛮。"③然而,事实上,这套被认为是"放之四海而皆准"的价值体系内部包含着不可克服的缺陷。

这首先表现为强调内在超越的中国传统文化没有发展出民主。"内在超越"是相对于"外在超越"而言的,是20世纪50年代由以唐君毅、牟宗三为代表的现代新儒家首次用来表示中西方文化比较的一个概念。其中,牟宗三在《中国哲学的特质》中明确提出了这个概念,他说:"天道高高在上,有超越的意义,天道贯注于人身之时,又内在于人而为人的性,这时天道

---

①《马克思恩格斯选集》第1卷,人民出版社1995年版,第691页。

②〔美〕艾凯:《世界范围内的反现代化思潮:论文化守成主义》,贵州人民出版社1991年版,第159页。

①〔法〕费尔南·布罗代尔:《文明史纲》,肖昶等译,广西师范大学出版社2003年版,第213页。

又是内在的（Immanent）。因此，我们可以康德喜用的字眼，说天道一方面是超越的（Transcendent），另一方面又是内在的（Immanent 与 Transcendent 是相反字）。天道既超越又内在，此时可谓兼具宗教与道德意味，宗教重超越义，而道德重内在意。在中国古代，由于特殊的文化背景，天道的观念于内在意义方面有辉煌煊赫的进展，故此儒家的道德观得以确定。……西方哲学通过'实体'的观念来了解'人格神'，中国则是通过'作用'来了解天道，这是东西方了解超越存在的不同路径。'"①此后，这一概念被广泛运用。应该说，用内在超越来描述中国传统的伦理型文化的重要特点，还是很有见地的。

这种注重内在超越的文化价值系统有一个重要特点，即"只对价值的超越源头作一般性的肯定，而不特别努力去建构另外一个完善的形而上的世界以安顿价值，然后再用这个世界来反照和推动实际的人间世界。后者是西方文化的外在超越的途径"②。这在社会政治制度的组织上就表现为以个人为起点，逐渐推及家庭、社会和国家，形成家国同构的宗法制度。它内在地包含着这样的理论逻辑：似乎只要注重个人的道德修养，就可以推导出社会各阶层之间的和谐以及国家的安定繁荣，儒家提出的"修齐治平"、"内圣外王"的要旨也就在这里。这就使得"中国人不能适应严格纪律的控制，也不习惯于集体的生活。这种精神落实下来必然有好有坏。从好处说是中国人爱好自由，但是其流弊便是'散漫'、是'一盘散沙'"③，也是中国没有发展出民主政治制度的原因之一。当然，这里中国封建的自给自足的自然经济结构起了决定性作用，但内在超越的文化价值系统也发挥了一定的导向作用。

其次，以性善论为基础的人性论假设在一定意义上影响了中国传统社会法治意识的形成。伦理型文化的一个重要特点便是强调个人的道德修养和理想人格的培育，反映在人性论上就是推崇"性善论"。虽然在中国人性发展史上，也曾出现过荀子的"性恶论"、告子的"性无善无恶"论、世硕的"性有善恶"论、扬雄的"善恶混"论、董仲舒的"性三品"论等，但这

---

② 牟宗三：《中国哲学的特质》，台湾学生书局 1974 年版，第 26—27 页。

③ 余英时：《文史传统与文化重建》，生活·读书·新知三联书店 2004 年版，第 461 页。

① 余英时：《文史传统与文化重建》，生活·读书·新知三联书店 2004 年版，第 474 页。

些人性假设均没有成为或者是被融释到主流的"性善论"的人性论观点之中，从而使"性善论"成为了主流的观点和中国传统社会秩序建构的人性论基础。

"性善论"对人性做了乐观主义的肯定，认为人的本性是善的或者是为善的，具有向善发展的无限可能。这一人性论观点最早由战国时期的孟子提出。孟子发展了孔子提出的"性相近也，习相远也"（《论语·阳货》）的思想，提出人的本性是善的。孟子说："人性之善也，犹水之就下也。人无有不善，水无有不下。"（《孟子·告子上》）在孟子看来，每个人生来都具有"仁义礼智"四个"善端"。孟子认为："恻隐之心，人皆有之；羞恶之心，人皆有之；恭敬之心，人皆有之；是非之心，人皆有之。……仁义礼智，非由外铄我也，我固有之也，弗思耳矣。"（《孟子·告子》）"恻隐之心，仁之端也；羞恶之心，义之端也；辞让之心，礼之端也；是非之心，智之端也"。（《孟子·公孙丑下》）因此，每个人只要按照人的本性去实现自我，就可以成为至善之人。所以，孟子说："人皆可以为尧舜。"孟子之后的儒家学者也基本保持着这一看法。汉代的董仲舒虽然提出了"性"和"善"的区分，认为"善"不能等同于"性"，"性"是"生之自然之质"，"善"只是"不得离质"之"毛"（《春秋繁露·深察名号》），但他认为"性有善质"（《春秋繁露·实性》），"以性为善，此皆圣人所继天而进也"（《春秋繁露·实性》）。也就是说，人性在"圣人"的教化之下都有向善的可能，正如"米出禾中，而禾未可全为米也；善出性中，而性未可全为善也。善与米，人之所继天而成于外，非在天所为之内也"（《春秋繁露·深察名号》）。宋代理学家朱熹用理学这一精致化形式把人性和天理融合于"理"中，为了解决"具有善性的人何以会产生恶"这一长期以来困扰性善论的重大理论难题，他继承张载的观点，主张"天命之性"和"气质之性"的二元人性论。"天命之性"赋予了人善的本性，"气质之性"使得现实中人性的表现形式丰富多彩；"天命之性"是性之根本，是纯粹至善的，"气质之性"是现实中的人有善有恶的根据。但两者之间并非是对立的，而是可以统一的，每个人只要通过"明天理，灭人欲"的过程就可以复归"天命之性"，实现"粹然以醇儒之道自律"的至善境界。宋代心学家陆九渊也认为"人性本善，其不善者迁于物也"

（《陆九渊集·语录上》）。

尽管在中国人性论史上也出现了"性恶论"及各种混合人性论，但这些人性论也只是始于性恶或混合人性而止于性善。如荀子提出："今人之性，生而有好利焉，顺是，故争夺生而辞让亡焉；生而有疾恶焉，顺是，故残贼生而忠信亡焉；生而有耳目之欲，有好声色焉，顺是，故淫乱生而礼义文理亡焉。"（《荀子·性恶》）因此，必须要有"师法之化，礼义之道"以约束人们的恶念和行为，改造人的恶的本性，使之向善转化，从而实现社会"归于治"的理想目标。所以，荀子虽然是从性恶论的理论起点出发，但赋予了后天学习在"化性起伪"中的重要作用，所以最终还是达到了"涂之人可以为禹"的至善目标。由此可见，"人性本善"的观念基本上贯穿了先秦子学、两汉经学和宋明理学的各个时期，成为中国人性史上占主导地位的人性论。

既然每个人都具有善的萌芽，那么每个人都可以通过道德修养对善端进行不断的扩充，从而达到圣人、君子的境界。再由这样的圣人、君子来治理国家，自然会以身作则，为臣民垂范道德人格，这样就可以实现政通人和、天下大治的和谐社会了。性善论的人性假设使得中国传统社会秩序建构陷入了一种理想主义的境地，似乎靠自我修炼，靠良心谴责，靠遵从内心的道德自律就可以达到"至善"的个体人格和理想的大同社会，而并不需要诉诸法律、制度等具有外在约束力和强制力的规范来制衡和限制君主的权力，因而形成了社会普遍缺乏法治意识的"人治"政治传统。正如林毓生所指出的："深受儒家影响的中国政治哲学，总是把调和提得非常高，要求政治上的领袖人物是大圣大贤，由'内圣'而'外王'并且相信道德力量本身具有'奇理斯玛'的功能，只要居高位者能成圣成贤，下面的百姓自然景从，所谓'君子之德风，小人之德草，草上之风必偃'。因此，基本上，政治的问题被认为是道德的问题。从这个理路思考下去，政治秩序当然是由道德意图形成的，所有的社会成员，在政治领袖美好的道德感召下，被认为能够自然产生美好的道德意图，于是便以为政治秩序会自然地形成了。"[1]在这种政治秩序

――――――――――

[1]　林毓生：《中国传统的创造性转化》，生活·读书·新知三联书店1988年版，第125页。

和社会秩序中，天子自然就成为了德、智、才的化身，百姓能做的就是期盼
圣君明主、清官廉吏的出现，而很少有对他们进行社会监督的意识。然而，
历史的事实并不像儒家所想的那么乐观，现实的君主在没有权力制约之下鲜
有圣人君子，更多的则是暴君和佞臣。所以，道德对社会秩序建构的作用是
有限的，必须要依靠外在的法律和制度来约束和规定权力的边界，才能使权
力有效地运行。亚里士多德说得好："让一个人来统治，这就在政治中混入
了兽性的因素，常人既不完全消除兽欲，虽最好的人们（贤良）也未免有热
忱，这就往往在执政的时候引向偏向。法律恰恰正是免除一切情欲影响的神
祇和理智的体现。"①

　　而相比之下，西方的社会秩序建构是基于一种人性恶的假设。这种人性
论认为，人在本性上是恶的，人可以通过上帝来得到救赎，但却无法和上帝
一样拥有至上的"善"。对人性的不信任使近代西方在民主国家的建构过程
中产生了对人的"恶性"限制的要求，既注重对人的合理的需要、欲望、利
益的保护以便激发社会活力和发展动力，又注重用法律和制度来限制和惩戒
人的"恶性"，使之能够限制在合理性的范围内，不对他人和社会的公共利
益造成威胁。因为"一切有权力的人都容易滥用权力，这是万古不变的一条
经验。有权力的人们使用权力一直到遇到界限的地方才休止"，而"要防止
滥用权力，就必须以权力制约权力"。② 以此为基础，西方发展出了"法治"
的政治传统和三权分立的政治制度。

　　再次，以道德为主体的文化没有发展出实证科学。中国古代的科学技术
曾经遥遥领先于西方国家，并通过阿拉伯国家对西欧近代文明的崛起起到了
重大作用。但是，在近代中国却没有产生出像西方那样的实证科学。诚如英
国学者李约瑟所提出的"李约瑟难题"那样："为什么近代科学，亦即经得
起全世界的考验并得到合理的普遍赞扬的，由伽利略、哈维、维萨留斯、格
斯纳、牛顿等人所代表的，注定会成为统一的世界性的科学理论基础的科学
传统，是在地中海和大西洋沿岸，而不是在中国或者亚洲其他任何地方发展

_____

② ［古希腊］亚里士多德：《政治学》，商务印书馆 1965 年版，第 185 页。
① ［法］孟德斯鸠：《论法的精神》，商务印书馆 1961 年版，第 154 页。

起来呢?"① 对此,很多学者从经济、政治、文化诸视角提出了不同的看法,非常有启发性。②

在马克思主义看来,"每一历史时期的观念和思想也可以极其简单地由这一时期的经济的生活条件以及由这些条件决定的社会关系和政治关系来说明"③。中国传统社会自然经济的自足性从根本上决定了它难以产生强大的社会需求,使科学技术失去了强大的社会推动力;而在此基础上发展起来的中国传统政治制度的专制主义,由于"罢黜百家",扼杀了对于科学技术重视的思想流派,阻碍了现代科学理论的产生。然而,仅仅以经济结构和政治制度来解答"李约瑟难题"还不足以揭示历史的真实,因为"政治、法、哲学、宗教、文学、艺术等等的发展是以经济发展为基础的。它们又都互相作用并对经济基础发生作用。并非只有经济状况才是原因,才是积极的,其余一切都不过是结果"④。

事实上,从文化的角度来考察"李约瑟难题",可以发现以道德为主体的文化与中国科学的发展也有着千丝万缕的联系。一方面,以道德为主体的文化总体上来说是轻视科学发展的,这种态度显然不利于科学的发展。这在儒家思想中反映得最为明显,儒家以现实和谐的人伦秩序和理想人格为追求目标,提倡"君子不器",反对"玩物丧志",把科学技术看成是"奇技淫巧"。道家虽然谈到要"人法地,地法天,天法道,道法自然",但道家所讲的更多的是顺应自然之意,而非对自然进行科学意义上的研究,道家提出"人多利器,国家兹昏;人多技巧,奇物兹起",就是这种观点的代表。墨家虽然相对来说对于科学和技术谈得较多,但是墨家对自然的研究和技术的探

②　潘吉星主编:《李约瑟集》,天津人民出版社1998年版,第14—15页。

③　如李约瑟提出,中国的官僚体系重农抑商,因而无法把工匠的技艺与学者发明的数学和逻辑推理方法结合是中国未能自发产生科学革命的原因。张岱年认为中国没有产生近代实证科学的根本原因,在于封建专制主义的经济政策和文化政策。林毅夫认为科学革命没有在中国发生,是因为中国的科举制度所提供的特殊激励机制,使得有天赋、充满好奇心的天才无心学习数学和可控实验等。因而,对自然现象的发现仅能停留在依靠偶然观察的原始科学的阶段,不能发生质变为依靠数学和控制实验的现代科学。

④　《马克思恩格斯选集》第3卷,人民出版社1995年版,第335页。

①　《马克思恩格斯选集》第4卷,人民出版社1995年版,第732页。

索总体上依然是为了服务于"尚贤"、"尚同","节用"、"节丧","非乐"、"非命","天志"、"明鬼","兼爱"、"非攻"的社会理想。这种观念在后期的科举制中得到了进一步强化，使得大多数知识分子都把精力都放在了"四书五经"之上，对于《本草纲目》、《天工开物》等科学典籍则很少问津。所以，总体来说，中国传统文化对于道德伦理的关心要远甚于对自然科学探索和技术发明的关心。

另一方面，以道德为主体的文化使中国古代科学打上了明显的经验性和实用性的烙印，缺乏"为知识而知识、为真理而真理"的态度，这也不利于科学的长久发展。不可否认，中国古代社会确实也产生了许多重要的科学和技术发明，甚至遥遥领先于西方。但以道德为主体的文化的重要特点就是重视此岸世界，忽视彼岸世界；重视经验和实用，忽视逻辑论证和推理；重视实用理性①，忽视科学理性。这在中国古代的科学技术上打上了深刻的烙印。翻开中国古代的科学典籍，我们可以发现，中国古代的科学大多是零散的经验知识的积累，相对来说理论性较为薄弱。如农学大体上都是各种农业生产具体经验的记载，虽然成就很高，但是缺乏系统的理论概括；数学也是基本上以解决现实中的实际问题为出发点，对于理论本身的研究也相当薄弱。这种具有经验性和实用性的科学一旦缺乏现实对它的要求，就很难获得广阔的发展空间。

接着我们来看中国传统文化近代解构的外部原因。从外部来说，西方文化的强势冲击是中国传统文化近代解构的重要原因。作为现代性始发者和开创者的西方文化在战争和武力的裹挟之下大肆侵入中国之后，伴随着一些列挽救传统社会秩序的改良措施的失败，中国人对中国传统文化产生了强烈的信任危机。大家纷纷认识到，要有效地应对西方文化的挑战，必须进行自我调整，必须重新审视传统文化，并在一定程度上、在某些方面

---

② 李泽厚先生曾对实用理性有个精辟的概括。他认为："所谓实用理性就是它关注现实社会生活，不做纯粹抽象的思辨，也不让非理性的情欲横行，事事强调'使用'、'实际'和'实行'，满足于解决问题的经验论的思维水平，主张以理节情的行为模式，对人生世事采取一种既乐观进取又清醒冷静的生活态度。"（参见李泽厚：《中国现代思想史论》，天津社会科学院出版社 2004 年版，第 317 页。）

学习西方文化，而不能原样照搬。所以，在中国近代的历次改革中，从自强运动的"师夷长技以制夷"到维新变法的康有为的"托古改制"、到辛亥革命提出的"中国特色的五权分立制的民主共和国方案"，再到"五四"爆发前期《新青年》杂志对家族制度和妇女解放两大问题的批判①，我们可以看到中国传统社会秩序的一点点崩塌；从工业制度、政治制度、婚姻制度、教育制度到风俗习惯，而每一个制度的崩溃都意味着中国传统文化在现实社会中一个个立足点的失去。"到了五四时期，中国文化对于中国知识界成了中国的东西，也就是说，它成了相对于中国的东西，就全人类而言不再是绝对的了。对中国知识分子而言，其普遍价值不再其理自明了。"②因此，"五四"时期，以启蒙思想家们高擎"民主"和"科学"两面大旗向传统文化发起了猛烈的批判为标志③，中国传统文化作为一个自足的文化价值体系基本解体。

（二）中国传统文化近代解构的历史后果

中国传统文化的解体是西方文化的冲击和中国社会主动或被动调适的一个错综复杂的过程。这一过程中，中国人在现代性认同和民族性认同的紧张关系中不断探索，付出了巨大的代价，与此同时也获得了创造新文化的可能性和契机，为马克思主义中国化提供了可能。

中国传统文化解体之后带来的直接后果就是中国社会的普遍的意义危机。此前，中国儒家构建了一套完整的意识系统——天人合一的宇宙观和

① 如陈独秀的《东西民族根本思想之差异》，吴虞的《家族制度为专制主义之根据论》，吴曾兰的《女权平等》，陶梦和的《女子问题》，周作人译日本谢野晶子的《贞操论》等。

② ［美］艾凯：《世界范围内的反现代化思潮：论文化守成主义》，贵州人民出版社1991年版，第159页。

③ "五四"时期，民主和科学是国人反对传统文化的强力武器。特别是科玄论战以后，科学在中国的思想意识中占据统领一切的地位。关于这一点，胡适曾经在《科学与人生观序》中有一个形象的表达："近三十年来，有一个名词在国内几乎做到了无上尊严的地位，无论懂与不懂的人，无论守旧和维新的人，都不敢公然地对他表示轻视或戏侮的态度，那名词就是'科学'。这样几乎全国一致的崇信，究竟有无价值，那是另一问题。我们至少可以说，自从中国变法维新以来，没有一个自命为新人物的人敢公开诽谤'科学'的。"（胡适：《科学与人生观序》，载《科学与人生观》，亚东图书馆1923年版。）

以仁为中心、以礼为规范基础的人生观，这一整套关于宇宙、自然、生命、人生的来源和意义构架维系着中国数千年士大夫甚至一般民众的信仰和意识世界。在这一套系统中，人们只要按照儒家的那一套"修身"方式去做，人的生活就有意义，并最终可以达到与"天"全面融合的完美境界。[①]然而，鸦片战争，特别是甲午战争以后，随着中国自强运动、维新运动的连续失败，使得这套意义体系的有效性和合理性遭到了质疑。同时，新的可以提供意义支撑的体系又不可能马上建立起来，人们只能在传入的种种欧风美雨中寻找理论作为重构中国社会秩序的依据，一时间西化蔚然成风。李维曾经对中国社会当时的思想文化状况有一个精辟的分析："若说古老的信仰已完全消除是不对的。但是，对于古老信仰的动摇松弛则异常明显。整个地说，被摇撼了的旧信仰并没有被任何'系统化的取向'所取代，知识分子间的一般倾向是趋于'不可知论'，随着而出现的是一种对西方人文理观念自觉的追慕。对于科学与技能的崇拜之情虽已逐渐升高，但是并不普遍，也不深入。人们的一般趋向并不清楚。古老的信仰，固然已松散，但仍看不到积极的新的信仰的涌现。"[②]美籍华裔学者张灏也认为："'意义危机'是现代中国思想危机的一个层面……当新的世界观和新的价值系统涌入中国，并且打破了一向藉以安身立命的传统世界观和人生观时……问题变得更加困扰。各种争执不下的新说使得传统价值取向的象征日益衰落，于是中国人陷入严重的'精神迷失'境地，这是自中古时代佛教传入中土后所未有的。"[③]

　　而社会普遍意义危机所反映的深层意蕴就是中国人面临的传统民族认同和现代认同的紧张关系。现代认同从本质上来说是对现代性的认同。伴随着现代化在世界范围内的展开，开创了现代化的西方国家在现代化中无疑起到了引领和示范效应，"西方与所有已经存在过的文明显然是不同的，因为它已经对公元 1500 年以来存在着的所有文明都产生了势不可挡的影响。它开

---

②　许纪霖:《二十世纪中国思想史论》(上卷) 东方出版中心 2000 年版，第 2—3 页。

①　Marion J. Levy. Jr, *Family Revolution in Modern China*, Cambridge, Mass: Harvard Press,1949,p.281.

③　罗义俊编著:《评新儒家》，上海人民出版社 1989 年版，第 49—50 页。

创了在世界范围内展开的现代化和工业化的进程"①。这对于在激烈社会变迁中传统文化面临"失语"的中国人来说，以西方性作为现代性的原生形态无疑是一种能够给"精神迷失"的中国重建民族与国家的整体目标与价值体系提供明确的发展目标和方向的最直接有效的途径。

然而，传统文化毕竟是流淌在中国人血脉之中的文化因子，对于以西方性为核心的现代性认同来说，仍然要以而且不得不以这种文化因子作为基础和铺垫。然而，传统文化与西方文化之间既存在着时代性差异，又存在着民族特质的差异，这就必然导致以传统文化为基础吸收西方文化的过程存在着重大的悖论："要战胜敌对力量，就必须向敌人学习，而在这种学习过程中又潜伏着被人同化的危险，丧失自己的文化认同和文化原创能力；需要自身传统文化实现民族的现代认同，建立现代民族国家，以推动现代化进程而现代化运动又势必削弱传统文化的有效性与亲和性；需要传统文化彰显民族个性，而传统文化本身却具有压抑个性的强烈倾向，追求所谓普遍性价值，缺乏现代化运动所需要的个性意识和民族国家意识；需要传统文化作为吸收西方文化的基础，而传统文化与西方文化之间存在着时代落差、价值冲突和地域差别，必然产生对西方文化的误读、误用以及各种文化失调；需要引进西方文化来延续和更新自身的文化基因，必然产生新的认同危机和文化殖民心理；坚信和守护自身的普遍价值，却需要利用西方文化来肯认；要理解和阐释自身传统文化，却需要利用西方的理论和方法，等等。"②

对传统民族认同和现代认同的这种紧张关系在社会中逐渐形成针锋相对的两大派别：保守派和激进派。保守派和激进派在中国文化应该走向现代化的总方向上是一致的，但在中国现代化道路选择上却出现了截然不同的观点。保守派认为，中国传统文化总体上是好的，要重建中国新文化，必须以中国传统文化为体，西方文化为用；激进派认为，我们之所以在与西方的较量中节节败退，就是因为传统文化阻碍了中国现代化的发展，因此，重建中

③　［美］塞缪尔·亨廷顿：《文明的冲突与世界秩序的重建》周琪等译，新华出版社1998年版，第348页。

①　王文兵、李金齐：《论中国传统文化的现代处境》，《中共长春市委党校学报》2008年第3期。

国新文化，必须彻底地批判和清算传统文化。在急于冲决罗网、寻找救亡图存道路的热血沸腾的中国人那里，激进派思想似乎更占据上风。"无论是戊戌的唯心主义者，'五四'时代的自由主义者，或稍后的社会主义者，都把中国的文化传统当作'现代化'的最大的敌人，而且在思想上是一波比一波更为激烈。他们之间尽管也有极大的分歧，但是却有一个共同的假定即只有破掉一分'传统'，才能获得一分'现代化'。"① 于是，以五四为标志，中国传统文化在中国历史上遭到了前所未有的彻底的批判，人们对儒学的迷信被摧毁，儒学在道德伦理、文化精神和价值认同方面产生了全面危机。其实，无论是保守派还是激进派都显示了中国传统文化现代转型的重重困难，体现了中国文化自救和重建的纵横交错的思想斗争，是近代"中国向何处去"的路线之争在思想上的表现。

问题往往具有两个方面的意义。中国传统文化的解体在给中国社会带来复杂混乱矛盾和思想文化论争的同时，也使中国社会获得了广阔的创造新文化的空间。在外部文化的刺激和中国社会内部求新变革的双重力量推动下，中国社会形成了在中西古今文化前所未有的激烈碰撞中谋求中国新文化出路的复杂态势，这为马克思主义文化的传入和崛起奠定了社会思想文化的基础。正如有的学者所总结的那样："从近百年中国启蒙思想运动来看，五四新文化运动所引起的'思想界空前之大变动'（孙中山），主要并不在于已经批到了各种旧礼教和旧道德，而在于破除对自由探索的各种桎梏，形成一个各种新思潮百家争鸣的局面。只有在这样的黄金思想时代，马克思主义在中国才得以迅速传播。"②

马克思主义文化的传入把握住了中国"救亡压倒启蒙"的时代脉搏，满足了中国知识分子在民族认同和现代认同的紧张关系中寻求救亡图存和思想启蒙道路的根本诉求。马克思说："理论在一个国家的实现程度，总是决定于理论满足于这个国家的需要的程度。"③ 马克思主义在中国传播和发展的历

---

② 余英时：《现代儒学的回顾与展望》，生活·读书·新知三联书店 2004 年版，第 36 页。

② 罗荣渠主编：《从"西化"到现代化》（上册），黄山书社 2008 年版，《代序》第 8 页。

② 《马克思恩格斯选集》第 1 卷，人民出版社 1995 年版，第 11 页。

史和实践是马克思这句话最好的注脚。

五四时期，中国人通过不同文化之间的选择和比较认识到：中国要走向现代化，就必须痛彻地批判中国封建文化，向西方文化学习。然而，西方文化本质上是侵略文化，这在从鸦片战争到甲午战争的历史中已经十分明显地表现出来，而且第一次世界大战的爆发使西方资本主义文化的危机全面暴露，特别是1919年1月的巴黎和会将德国在山东的特权移交日本的事实，更让中国人打破了用西方文化来强国富民的幻想。对于国人的这种心态，瞿秋白曾经有个很好的分析和概括。瞿秋白指出，东方封建文化已不适应经济的发展，是社会进步的障碍；"西方之资产阶级文化……为人类文化进步之巨魔，所以也成了苟延残喘的废物"①。在这种情况下，能不能出现"第三新文明之崛起"②让我们既能享用西方文化的积极成果，又能杜绝西方文化带来的社会危机呢？

马克思主义文化的传入恰好解决了中国人对于西方文化的这种矛盾而复杂的态度。马克思主义文化是一种"西方的反西方主义"。它既诞生于西方社会思想文化的土壤，吸收了西方资产阶级思想的精华，又对资本主义文化进行了深刻的批判，揭露了资本主义必然灭亡的历史命运，特别是对西方的殖民统治进行了彻底的批判。在《不列颠在印度统治的未来结果》一文中，马克思指出："当我们把目光从资产阶级文明的故乡转向殖民地的时候，资产阶级文明的极端伪善和它的野蛮本性就赤裸裸地呈现在我们面前，它在故乡还装出一副体面的样子，而在殖民地它就丝毫不加掩饰了。"③这对于处于半殖民地半封建社会中的中国人特别是中国知识分子来说，无疑是一个反对西方文化殖民统治的有力的"批判的武器"。这个武器既超越了中国传统文化的宗法意识、保守意识，也反映了传统文化中的民族特质和民族精神；既满足了反对西方殖民主义的民族情感，又吸收了西方资本主义文明的思想养料，在传入中国后很快得到了广泛的传播。

---

③ 《瞿秋白选集》，人民出版社1985年版，第19页。

④ 《李大钊文集》（上），人民出版社1984年版，第560页。

① 《马克思恩格斯选集》第1卷，人民出版社1995年版，第772页。

　　然而，"批判的武器"毕竟不能代替"武器的批判"①，如果马克思主义的传入仅仅是融释了中国知识分子对于西方文化的文化心态，那它也只会像无政府主义一样在各种思想中昙花一现，绝不会成为今后中国思想文化的主流。同其他思想流派相比，马克思主义强调，要变革中国旧文化，建设新文化，不能仅仅从文化内部来寻找答案，更需要从文化的根基即社会的经济和政治结构中寻找答案，也就是说，建设新文化的出路不在于文化本身，而在于通过激烈的政治革命建设一个独立富强的国家。而这种文化变革的理路在五四时期的文化论争中恰恰被忽视了。俄国革命的胜利给了中国巨大的鼓舞，使得中国知识分子看到了中国实现繁荣富强和文化复兴的美好前途。于是，以马克思主义为指导，中国先进的知识分子成立了中国共产党，展开了对封建传统文化和专制统治"横扫千军如卷席"的批判，开创了中国社会历史的崭新文明时代。正如毛泽东所指出的："自从中国人学会了马克思列宁主义以后，中国人在精神上就由被动转入主动。从这时起，近代世界历史上那种看不起中国人，看不起中国文化的时代应当完结了。伟大的胜利的中国人民解放战争和人民大革命，已经复兴了并正在复兴着伟大的中国人民的文化。这种中国人民的文化，就其精神方面来说，已经超过了整个资本主义的世界。"②

　　另外，马克思主义文化在中国的传入和发展也再次印证了文化交流和融合的基本规律。从世界文明发展的历史来看，任何外来文化要成功地实现和本土文化的融合，就必须和本土文化具有内在的价值契合点。马克思主义与中国传统文化就存在着这样的价值契合点。对此，很多学者都进行过探索。如张岱年、程宜山认为："中国人接受马克思主义，与中国传统文化有密切关系。中国文化中本有悠久的唯物论、无神论、辩证法的传统，有民主主义、人道主义思想的传统，有许多历史唯物主义的思想因素，有大同的社会理想，如此等等，因而马克思主义很容易在中国的土壤里生根。"③汪澍白也

---

②　《马克思恩格斯选集》第 1 卷，人民出版社 1995 年版，第 9 页。

①　《毛泽东选集》第四卷，人民出版社 1991 年版，第 1516 页。

②　张岱年、程宜山：《中国文化与文化论争》，中国人民大学出版社 2006 年版，第 156 页。

认为："我国传统文化具有一些与马克思主义相同或相近的先天素质。诸如辩证的思维方式；实用理性的致思路线（实事求是）；以群体为本位的价值取向；'治国平天下'的忧患意识；追求均等与'大同'的社会理想等等。"①总之，马克思主义强烈的实践品格与中国传统文化注重践履、躬行的精神，马克思主义的唯物论和中国传统文化的实用理性精神，马克思主义的辩证法和中国传统文化的相反相成，马克思主义的共产主义社会与中国传统社会的大同的社会理想，马克思主义的以社会本位的价值取向与中国传统文化的以群体为本位的价值取向，都有内在契合和相通之处。马克思主义与中国传统文化的相通之处，奠定了中国知识分子接受马克思主义的心理基础，构成了马克思主义在中国迅速生根的文化土壤。

三、近代以来文化建构的几种主张及其检省

近代以来，在西方文化的外在冲击之下，中国社会发展走上了从"外在冲突"到"内在转化"，从被动纳入世界现代化大潮到逐步主动迎接现代化的过程。中国文化发展也围绕着"中国要不要实现现代化、实现何种现代化、如何实现现代化"的问题产生了激烈的争论，至今余波未了。这一过程既是中国人在世界历史视野下对传统文化的重新审视和批判，又是中国走向现代化的精神诉求。总体来说，这一过程可以分为三个阶段。

第一个阶段是从鸦片战争到五四新文化运动。这是中国人走出传统文化自大，开始认识西方文化和批判传统文化的过程，是中国人文化现代化意识觉醒的过程。这在历史中表现为由物质而制度而文化的、由器到道的渐进的演变。关于这一过程，梁启超先生曾做过系统的总结。他说："近五十年来，中国人渐渐知道自己的不足了。这点子觉悟，一面算是学问进步的原因，一面也算是学问进步的结果。第一期，先从器物上感觉不足。这种感觉，从鸦片战争后渐渐发动，……觉得有舍己从人的必要，于是福建船政学堂、上海

---

③　汪澍白：《二十世纪中国文化史论》，中国青年出版社 1999 年版，第 212—213 页。

制造局等等渐次设立起来。……第二期，是从制度上感觉不足。……所以拿'变法维新'做一面大旗，在社会上开始运动。……第三期，便是从文化根本上感觉不足。第二期所经过的时间，比较的很长，——从甲午战役起到民国六、七年间止。……这二十年间，都是觉得我们政治法律等等，远不如人，恨不得把人家的组织形式，一件件搬进来，以为但能够这样，万事都有办法了。革命成功将近十年，所希望的件件都落空，件件有点废然思返。觉得社会文化是整套的，要拿旧心理运用新制度，决计不可能，件件要求全人格的觉悟。……所以最近两三年间，算是划出一个新时期来了。"①

第二个阶段是从新中国成立到 20 世纪 70 年代末。这是中国人在中国共产党的领导之下开始创造新文化并遭受重大挫折的阶段。50 年代，通过社会主义改造和"一五"计划的完成，我国的教育和文化事业有了很大的发展，马克思主义成为我国意识形态文化。然而，由于一些领导人主观指导的失误，使得"我们党把意识形态领域的阶级斗争问题看得太重了，夸大了，把文化等同于政治，放到了不适当的地位上，甚至以为把这件事办好了，社会主义就能巩固了"②，甚至盲目地发动了"文化大革命"，简单地将传统文化等同于"封建文化"，和"资本主义"、"修正主义"一样对待，造成了优秀传统文化的遗失，中国现代文化的建构也因此走向了迷失。

第三个阶段是从改革开放至今。这是中国人重新接续百年来现代化的梦想，是中国文化获得伟大复兴的时期。这一时期，中国人重新确立了解放思想、实事求是的思想路线。在这一路线指引下，中国人开始理性地对待传统文化和西方文化，思考传统文化和西方文化在现代化中的作用问题。特别是形成了以人的全面发展为核心理念，以国家富强、民主、文明、和谐为价值目标，以社会主义市场经济建设、民主政治建设、社会建设为价值手段，以一系列文化政策为操作手段的中国特色社会主义的文化建设目标，这对于曾经历经百余年彷徨、困惑、求索的中国文化来说，无疑是真正地走向现代化、走向世界的重要历史契机。

---

① 梁启超：《梁启超文选》（下），中国广播电视出版社 1992 年版，第 532—533 页。
① 薄一波：《若干重大决策与事件的回顾》（下卷），中共党史出版社 2008 年版，第 1247 页。

在这一过程中，每个阶段都围绕着"古今中西"提出了观点纷呈的文化自救和重建的方案。综观文化论争的全貌，近代以来文化建构的主张可以大体分为三种类型：传统本位论、全盘西化论和综合创新论。虽然在传统本位论和全盘西化论中间还存在着许多主张中西文化融合的派别，但是由于"这种融合论缺乏独立的理论基础，因此在具体阐述中往往依附于前二种理论的基本设定（多依附于'中体西用'论原则），所以未能成为一个独立的理论派别"①。

（一）传统本位论

传统本位论是贯穿近代以来文化建构的一个重要的理论主张。持传统本位论的思想家大多认为，中国传统文化是建设中国新文化的主体，并以保持文化的民族性为理由，来抵制西方文化。

传统本位论的主张在近代最早可以追溯到19世纪末提出的"中体西用论"。其时，面对西方文化的坚船利炮，清末的部分官僚和士绅试图开始走出传统的藩篱，迎接西方文化，并提出了"中学为体、西学为用"的文化建构主张。这一主张一般公认由沈寿康于1896年4月提出。沈寿康在《万国公报》上发表的《匡时策》中提出："中西学问本自互有得失，为华人计，宜以中学为体，西学为用。"同年8月，孙家鼐也提出："应以中学为主，西学为辅；中学为体，西学为用。中学有未备者，以西学补之；中学有失传者，以西学还之。以中学包罗西学，不能以西学凌驾中学。"后来，洋务派张之洞在其《劝学篇·设学》中用洋务派观点对之进行了理论化的论证："中国史事、政书、地图为旧学；西政、西艺、西史为新学。旧学为体，新学为用。"从而使得"中体西用"论成为整个19世纪后半期的时代思潮。梁启超后来回忆说："'中学为体，西学为用'的口号，为当时维新派的'流行语'"，"而举国以为至言"。②

中体西用论用中国传统哲学中的"体"、"用"范畴来解读中西文化的关

---

②　丁立群：《文化相对主义与文化进化主义的超越：现代化建设中的中西文化融合问题》，《吉林大学社会科学学报》1998年第6期。

①　张岱年、程宜山：《中国文化论争》，中国人民大学出版社2006年版，第263页。

系，主张以中国传统文化作为主体，以西方文化作为工具，以中国传统文化来统摄外来文化，使之为自己服务。从中华民族走向近代的历史趋势来看，"中体西用"论反映了"开眼看世界"的中国人对中学不足之处的反思，并试图把西方文化的内容和中国传统文化进行适度的嫁接，这就使得僵化了的封建文化打开了一个出口，在一定程度上推动了中国社会的进步。然而，若从其理论实质来看，"中体西用"论的根本目的仍然是在中国封建经济政治制度的框架内吸收西方的科学和工业，是"一个典型的文化保守主义的口号"[1]。

五四前后，随着东西文化论战的展开，传统本位论演变为东方文化优越论。东方文化优越论虽然各自观点不一，但都有一个共同的理论特征，就是以文化的民族性来对抗文化的时代性，认为文化之间只有民族的差异，而不存在时代的差异，因而新文化的建构也应以传统文化作为本位。这一理论形态以辜鸿铭、杜亚泉、梁启超、张君劢、章士钊、梁漱溟等人为代表。其中，梁漱溟的观点最有代表性。

在1921年出版的《东西方文化及其哲学》一书中，梁漱溟认为，文化作为"民族生活的样法"是"没尽的意欲"的展开，它包含着人对物、人对人、人与自身三大问题的解决。与这三大问题的解决相适应，产生了西方文化、中国文化、印度文化三种"路向"。"西方文化是以意欲向前要求为其根本精神的。""中国文化是以意欲自为、调和、持中为其根本精神的。印度文化是以意欲反身向后要求为其根本精神的。"[2]由于三种文化代表了不同"意欲"的发展路向，因而不存在优劣之分。"西洋文化的胜利，只在其适应人类目前的问题，而中国文化印度文化在今日的失败，也非其本身有什么好坏可言，不过就在不合时宜罢了。"[3]从文化满足人的长远发展来看，合乎时宜的西方文化随着人类生存问题的逐渐解决，将慢慢失去其存在的价值，"世界未来文化就是中国文化的复兴，有似希腊文化在近世的复兴那样"[4]。因

---

①　方克立：《评"中体西用"和"西体中用"》，《哲学研究》1987年第9期。

②　梁漱溟：《东西方文化及其哲学》，商务印书馆1999年版，第63页。

③　梁漱溟：《东西方文化及其哲学》，商务印书馆1999年版，第202页。

④　梁漱溟：《东西方文化及其哲学》，商务印书馆1999年版，第204页。

此，梁漱溟主张："第一，要排斥印度的态度，丝毫不能容留；第二，对于西方文化是全盘承受，而根本改过，就是对其态度要改一改；第三，批评的把中国原来态度重新拿出来。"

梁漱溟的文化观用独创的文化多元主义的观点反对西方文化一元论，在强调文化时代性更多的五四时期对于坚持传统文化的独特价值，即民族性有着重要的意义。正如有的学者所指出的："他站在人类文化之一般的高度论说中国文化的民族性特质，以特殊的方式赋予了中国文化以世界性意义。"[1]然而，由于梁漱溟对三大文化路向的划分"蔽于主观成见"而"武断太过"[2]，而且由此否认了文化之间的时代性差异，这种思维方式依然是传统本位的思维方式。

如果说 20 年代的东方文化优越论是知识精英对中国传统文化的深切情感和价值实现的学理化表达，那么 30 年代的中国本位文化派可以说是传统文化本位论的政治化表达。1935 年 1 月，陶希圣、王新命等十位国民党教授在国民党官方哲学的影响下发表了《中国本位的文化建设宣言》，提出了本位文化建设的问题。《中国本位的文化建设宣言》认为，"中国在文化的领域中是消失了，中国政治的形态，社会的组织和思想的内容与形式，已经失去了它的特征"，因此，应该本着"不守旧，不盲从，根据中国本位，采取批评态度，应用科学方法，来检讨过去，把握现在，创造未来"的原则来重建中国本位文化。事实上，本位文化论所宣传的文化建设主张是国民党官方哲学改头换貌的形式，是他们复兴民族文化，恢复儒家道德的新形态，其理论思维的实质和"中体西用"论如出一辙。胡适曾经这样批评文化本位论，他说所谓"中国本位的文化建设，正是中学为体、西学为用最新式的化装出现"[3]，可以说一语道破了其实质。

传统本位论不仅在 19 世纪末 20 世纪初产生了广泛的影响，而且在 20 世纪八九十年代的文化论争中同样引起了关注。这一时期，传统文化本位论

　　①　李翔海：《"复归"论的文化意蕴与理论局限》，《探索与争鸣》2009 年第 3 期。

　　②　胡适：《读梁漱溟先生〈东西文化及其哲学〉》，载陈崧编：《五四前后东西文化问题论战文选》，中国社会科学出版社 1985 年版。

　　③　胡适：《试析所谓中国本位文化建设运动》，《大公报》1935 年 3 月 20 日。

主要以"复兴儒学"的新形式出现。其代表人物是现代新儒家。他们认为，东亚地区的日本、韩国、新加坡、中国台湾、中国香港的飞速发展表明"韦伯命题"① 已经失效，儒家思想和现代化不仅不是正相冲突的，反而是有利于资本主义发展的。据此，他们认为，应该反思西方的科学主义，重新评价中国传统文化对于现代化的价值，实现儒学传统的现代转化，寻求儒学在当代的复兴。"复兴儒学"论由于和后现代主义对现代性批判的某些理论观点相近，因而在学术界影响很大，成了现代重要的社会思潮之一。为了和五四时期东方文化派的保守主义相区别，又被称为"新文化保守主义"。从五四时期"文化保守主义"的思想谱系来看，"新文化保守主义"就其理论实质而言，依然有着坚定的民族文化本位的立场。

传统本位论反映了面临西方文化冲击和现代化浪潮的中国人对中国传统文化价值的坚守和文化变革的拒斥，尽管其中有一些是类似于约瑟夫·列文森所说的"文化同一性"②。然而，传统本位论忽视了一点，这就是现代化是一个总体性过程，它不仅包括物质层面、制度层面，更包括文化层面。正如有的学者所指出的："现代化作为一个世界性的历史过程，是指人类社会从工业革命以来所经历的一场急剧变革，这一变革以工业化为推动力，导致传统的农业社会向现代工业社会的全球性的大转变过程，它使工业主义渗透到经济、政治、文化、思想各个领域，引起深刻的相应变化。"③ 因此，传统本位论认为可以在物质、制度层面实现现代化，而在文化方面保持纯粹的传统的主张就消解了现代化的总体性，在实践运行中必然导致片面的现代化，因而是一种理想化、幼稚化的文化方案。

---

④　马克斯·韦伯在《新教伦理与资本主义精神》和《儒教和道教》中提出，新教伦理是"促进那种生活发展的最重要的而且是唯一前后一致的影响力量"，是"养育现代经济人的摇篮的护卫者"。而中国的儒家文化却没有产生类似的经济伦理，所以中国没有产生西方式的资本主义。

②　列文森认为，中国知识分子的复归传统，更多的不是出于他们对其理性正确性的信念，而是来自一种赶上西方，并减轻因和西方文化冲突而造成的传统文化自尊心受到创伤的感情需要。（参见约瑟夫·列文森：《儒教中国及其现代命运》，第13—19页。）

②　罗荣渠：《现代化新论》，商务印书馆2004年版，第17页。

（二）全盘西化论

全盘西化论是与传统本位论相对的一种文化主张。持全盘西化论的思想家一般都主张坚持文化的时代性，以西方文化作为中国文化认同的标准和重构中国新文化的主体。

全盘西化论可以追溯到维新派的文化主张。维新派以达尔文的进化论为理论基础，认为从中国的社会现实来看，"中体西用"无论在理论上还是实践中都已经宣告破产，要拯救中国，必须要"尽革旧俗，一意维新"，不仅在器物层面要学习西方，更重要的是要在制度上特别是政治制度上学习西方，从而显示出了其与"中体西用"论不同的致思理路。如康有为认为，要变革中国社会，最根本的是要设立议会，逐步变君主专制为君主立宪制。谭嗣同则称赞西方"议院议事，官府办事"的政治制度是"法治之最善而无弊端者"（《壮飞楼治事·平权》）。严复则倡导平等、自由的思想。他认为西方之所以富强，就在于"以平等自由为宗旨"（《原强》），因此，应该在中国"鼓民力，开民智，新民德"（《原强》），从而实现平等、自由的民主社会。严复还批评"中体西用"的观点，认为"中学有中学之体用，西学有西学之体用，分之则并立，合之则两亡"，因此"体用"应该"合一"。

五四时期，维新派的求变观点被陈独秀等人进一步发挥为文化激进主义，为全盘西化论的提出埋下了伏笔。陈独秀将中国文化和西方文化的差别归结为时代性的差异。他认为，西洋民族以个人为本位，东洋民族以家族为本位；西洋民族以法治为本位，东洋民族以感情为本位；西洋民族以战争为本位，东洋民族以安息为本位；西洋民族以实利为本位，东洋民族以虚文为本位；等等。西方文化代表的是近代的文明，中国文化代表的是古代的文明，因此，他旗帜鲜明地主张接受近代西洋文明来全盘否定中国的传统文化。"国人而欲脱蒙昧时代，羞为浅化之民也，则急起直追，当以科学与人权并重。"[1] 据此，陈独秀提出了改造国民性问题，认为中国社会的变革"首先必须要'多数国民'产生与'儒者三纲之说'的传统观念相决

---

[1]　陈独秀：《独秀文存》，安徽人民出版社1987年版，第9页。

裂，转而接受西方的'自由、平等、独立之说'的'最后觉悟之觉悟'才有可能"。① 陈独秀的文化观以启蒙的姿态和激情奏响了新文化运动的主题曲，对于促进中国文化的变革有重大意义，然而他对于中西文化差异的区分难以简单化，对于民族文化建设的方案也自然难以逃脱西方中心主义的窠臼。

胡适和陈序经在陈独秀的基础上，提出了"全盘西化"的文化建构主张。在1926年《我们对于西洋近代文明的态度》一文中，胡适反对梁漱溟、张君劢等人提出的"西方物质文明、东方精神文明"的观点，充分肯定西方文明是真正的理想主义的文明，认为西方文明"充分运用人的聪明智慧来寻求真理以解放人的心灵，来制服天行以供人用，来改造物质的环境，来改革社会政治的制度，来谋人类最大多数的最大幸福，——这样的文明应该能满足人类精神上的要求；这样的文明是精神的文明，是真正理想主义的文明"②。而东方文明"自安于简陋的生活，故不求物质享受的提高；自安于愚昧，自安于'不识不知'，故不注意真理的发见与机器器械的发明；自安于现成的环境与命运，故不想征服自然，只求乐天安命，不想改革制度，只求安分守己，不想革命，只做顺民。这样受物质环境的拘束与支配，不能跳出来，不能运用人的心思智力来改造环境改良现状的文明，是懒惰不长进的民族的文明"③，因而是真正的"唯物"的文明。由于这些特征，导致中国文化在西方文化面前"百事不如人"，"不但物质机械上不如人，不但政治制度不如人，并且道德不如人，知识不如人，文学不如人，音乐不如人，艺术不如人，身体不如人"④。据此，胡适在为英文《中国基督教年鉴》写的题为《中国今日的文化冲突》一文中认为，中国文化的唯一出路就是"Wholesale Westernization"和"Wholehearted Modernization"，也正是以此为根据，胡适被称为全盘西化派。

但值得注意的是，胡适的"全盘西化"更多的是一种所谓"策略"的

---

② 李泽厚:《中国现代思想史论》，天津社会科学院出版社2004年版，第5页。
① 《胡适文存》第3集，黄山书社1996年版，第10页。
② 《胡适文存》第3集，黄山书社1996年版，第10页。
④ 《胡适论学近著》第1集，商务印书馆1935年版，第639—640页。

"全盘西化"论①，它是建立在胡适对中国传统文化具有强烈的惰性这一认识基础上的。胡适认为："文化自有一种'惰性'，全盘西化的结果自然会有一种折衷的倾向。……此时没有别的路可走，只有努力全盘接受这个新世界的新文明。全盘接受了，旧文化的'惰性'自然会使他成为一个折衷调和的中国本位新文化。……我们不妨拼命走极端，文化的惰性自然会把我们拖向折衷调和上去的。"②为此，陈序经批评胡适不够"全盘西化派"③，从而把胡适的全盘西化论极端化，提出"百分之百的全盘西化"，认为，"百分之一百的全盘西化，不但有可能，而且是一个较为完善较少危险的文化的出路"④。对于陈序经的批评，胡适也作出了回应。他说："我是完全赞成陈序经先生的全盘西化论的。"⑤可见，胡适和陈序经的文化观基本立足点是一致的：他们看到了文化的时代性差异。但是，忽视甚至否认文化的民族性差异，用西化来代替现代化，这显然不利于中国新文化的建构。

20世纪80年代，在中国的现代化进程中，这一理论又随着对改革开放从经济层面到政治层面到文化层面暴露出来的种种迟滞和弊端的反思再次以"彻底重建论"的面貌出现，并在1988年电视系列片《河殇》中以最极端的形式表现出来。《河殇》认为，中国文化属于"黄色文明"，"黄色文明"已经无可挽回地衰落了。"5000年过去了，亚细亚的太阳陨落了。"因此，必须依靠"蓝色"的海洋文明来拯救"黄色"文明。⑥这显然是全盘西化论的现代翻版。

全盘西化论昭示了近代中国对于现代化的渴求，表达了中国人对建设现代新文化的美好愿意，然而遗憾的是，他们虽然看到了文化的时代性和文化发展的进步性，但是却以牺牲民族性为代价，这就在追求现代化的过程中制造了传统与现代的矛盾对立，容易造成民族文化主体性的迷失。事实上，传

---

④　张岱年、程宜山：《中国文化论争》，中国人民大学出版社2006年版，第295页。
①　胡适：《编辑后记》，《独立评论》第142号。
②　陈序经：《全盘西化的辩护》，《独立评论》第160号。
③　陈序经：《全盘西化的辩护》，《独立评论》第160号。
④　胡适：《编辑后记》，《独立评论》第142号。
⑤　《〈河殇〉解说词》，载《河殇论》，文化艺术出版社1988年版。

统和现代在现代化的过程中并不是水火不容、截然对立的，而是相反相成的。现代为传统奠定了发展的方向，传统如果经过良好转化可以成为现代化的助力。"传统与现代性是现代化过程中生生不断的'连续体'，背弃了传统的现代化是殖民地或半殖民化，而背向现代化的传统则是自取灭亡的传统。……成功的现代化运动不但在善于克服传统因素对革新的阻力，而尤其在善于利用传统因素作为革新的助力。"①

（三）综合创新论

针对传统本位论和全盘西化论的理论偏失，一些有识之士提出要融会贯通中国文化和西方文化从而超越传统文化和西方文化的内在缺陷的观点。如早在辛亥革命时期，孙中山就提出了新文化的建设要"集合中外的精华"，"取欧美之民主以为模范，同时仍取数千年旧有文化而融贯之"。②后来在五四时期，鲁迅的"拿来主义"以及蔡元培的"兼容并包"思想，也都表现出对中外文化采取融会贯通、创新发展的主张。

毛泽东在《新民主主义论》中精辟地论述了如何批判继承、创新发展新民主主义新文化。他说，新民主主义文化的基本特点是民族的、科学的、大众的。新民主主义文化首先是民族，带有我们民族的特征。"中国文化应有自己的形式，这就是民族形式。民族的形式，新民主主义的内容——这就是我们今天的新文化。"③所谓科学的，就是"反对一切封建思想和迷信思想，主张实事求是，主张客观真理，主张理论和实践一致的"④。所谓大众的，即新民主主义文化"应为全民族中百分之九十以上的工农劳苦民众服务，并逐渐成为他们的文化"⑤，因而也是民主的。为了能够建成这种新文化，毛泽东根据马克思主义看待文化问题的基本原则和中国革命和建设的客观需要，提出了"古为今用、洋为中用"的文化方针。他指出："中国的长期封建社会

---

① 罗荣渠:《现代化新论》，商务印书馆 2004 年版，第 400 页。
② 《孙中山全集》第 1 卷，中华书局 1981 年版，第 560 页。
③ 《毛泽东选集》第二卷，人民出版社 1991 年版，第 707 页。
④ 《毛泽东选集》第二卷，人民出版社 1991 年版，第 707 页。
⑤ 《毛泽东选集》第二卷，人民出版社 1991 年版，第 708 页。

中，创造了灿烂的古代文化。清理古代文化的发展过程，剔除其封建性的糟粕，吸收其民主性的精华，是发展民族新文化提高民族自信心的必要条件；但是决不能无批判地兼收并蓄。必须将古代封建统治阶级的一切腐朽的东西和古代优秀的人民文化即多少带有民主性和革命性的东西区别开来。"①他还指出："中国应该大量吸收外国的进步文化，作为自己文化食粮的原料。""但是一切外国的东西，如同我们对于食物一样，必须经过自己的口腔咀嚼和胃肠运动，送进唾液胃液肠液，把它分解为精华和糟粕两部分，然后排泄其糟粕，吸收其精华，才能对我们的身体有益，决不能生吞活剥地毫无批判地吸收。所谓'全盘西化'的主张，乃是一种错误的观点。"②显然，这里已经包含了明显的文化发展的"综合创新"的思想。

　　最早明确提出"综合创新"论的是北京大学张岱年先生。所谓"综合创新"，就是抛弃中西对立、体用二元的僵化思维模式，以辩证的态度对古今中外的文化进行科学的解析和重构，从而创造出一种既有民族特色又有时代精神的社会主义文化。

　　早在 20 世纪 30 年代时，张岱年先生就提出过"综合创造"论的主张，认为，"无论是'中体西用'还是'西体中用'，也无论是国粹主义还是'全盘西化'，都走不通，只有辩证的综合创造，才是中华民族文化复兴的坦途"。文化建设要"兼综东西两方之长，发扬中国固有的卓越的文化遗产，同时采纳西洋的有价值的精良的贡献，融合为一，而创成一种新的文化，但不要平庸的调和，而要作一种创造的综合。"③20 世纪 80 年代，张先生针对"彻底重建论"和"复兴儒学"论，又进一步丰富了"综合创造"论，于1987 年提出"综合创新"论。

　　所谓创新，张岱年认为："创新意味与中国传统文化和近代西方文化都不相同。因为它是具有中国特色的社会主义的新文化，是人类文化史上高度民主、高度科学的新文化。"④事实上，这里的创新就是在对中西方文化理性

---

　　⑥《毛泽东选集》第二卷，人民出版社 1991 年版，第 708 页。
　　①《毛泽东选集》第二卷，人民出版社 1991 年版，第 707 页。
　　②《张岱年文集》第 1 卷，清华大学出版社 1995 年版，第 256 页。
　　③《张岱年文集》第 6 卷，清华大学出版社 1995 年版，第 490 页。

认知的基础上的辩证发展。"'综合创新论'要求正确认识中国传统文化与西方文化以及近代文化，正确认识人类文化的全部成就，同时更要发挥创造性的思维，进一步探索自然界与人类生活的奥秘，有所发现，有所发明，建立新的文化体系。"①

综合创新之所以可能，就在于文化系统的内部要素具有可解析性、可重构性、可离性和可相容性。传统本位论和全盘西化论虽然在文化建构问题上各执一端，但它们有一个共同的特征就是认为文化是一个不可分割的整体，因而要不全部保留中国文化，要不全盘吸收西方文化。张岱年先生不同意这种看法，他认为："文化既不是铁板一块，不可解析，也不是互不关联的成分混合物，而是一个具有结构和整体功能的由许多复杂的元素组成的系统。"而且"一个文化系统所包含的文化要素，有些是不能脱离原系统而存在的，有些则可以经过改造而容纳到别的文化系统"。② 因此，虽然中国传统文化从整体上来说已经解体了，但通过对中西方文化的重新解析和建构，建设社会主义新文化是有可能的。

"综合创新"论提出以后，受到了学术界的普遍关注。南开大学方克立教授接受并发展了张岱年综合创新论的主张。方克立引用了毛泽东"古今中外"和"批判继承"的思想，对张岱年的综合创新论作了进一步的发挥。他指出："我们可以用'古为今用，洋为中用，批判继承，综合创新'四句话简要地表述这种文化观的基本内容，这就是我们对古今中西问题的比较全面的完整的回答。"③ 方克立教授还用"魂"、"体"、"用"的范畴来表达马、中、西的关系。他认为，"'马学为魂'即以马克思主义和社会主义的思想体系为指导原则；'中学为体'即以有着数千年历史积淀的自强不息、变化日新、厚德载物、有容乃大的中华民族文化为生命主体、创造主体和接受主体；'西学为用'即以西方文化和其他民族文化中的一切积极成果、合理成分为学习、借鉴的对象"④。这就把综合创新论的原则进一步具体化了。

④ 《张岱年全集》第 7 卷，河北人民出版社 1998 年版，第 14—15 页。

① 张岱年、程宜山：《中国文化论争》，中华人民大学出版社 2006 年版，第 327 页。

② 方克立：《批判继承综合创新》，《传统文化与现代化》1995 年第 3 期。

③ 方克立：《关于文化体用问题》，《社会科学战线》2006 年第 4 期。

　　显而易见，综合创新论对于中国文化发展的意义相对于传统本位论和全盘西化论来说更加积极，也更加科学。然而，综合创新论毕竟还只是提出了初步的理论框架和价值取向，和中国特色社会主义文化建设的实践结合还不够，还有待不断丰富和总结，但这并不妨碍它目前仍然是较好的文化建构的主张。

　　综上所述，从对近代中国百余年的文化检省中可以看出，文化保守主义和文化激进主义都不可能为文化发展提供有效的方法论视野。在今天现代新文化建设的过程中，我们只有坚持综合创新论，超越文化保守主义和文化激进主义的偏执和对立，结合中国社会主义现代化建设实践和世界文化发展的新态势，以海纳百川的恢弘气度和博大胸怀，去发掘传统文化中的积极因素，采撷来自外域的一切优秀文化成果，才能创造条件去占领21世纪现代化发展的制高点。

第五章 当代中国的文化安全和文化发展战略

当代中国的文化建设错综复杂、困难重重。从历时态来看，我们处于从传统社会向现代社会的转型之中；从共时态来看，全球化构成了当代中国文化建设的无法逃脱的宏观背景。尽管急剧的社会转型和全球文化日益密切的交往给我们带来了文化交往、文化发展、文化创新前所未有的历史契机，但同时也带给我们前所未有的挑战，给我们的文化安全和文化个性造成了严重的威胁。如何在社会转型和全球化所造成的"多时态共存"（李大钊语）境遇下，保持民族文化个性，抵制文化霸权的侵略，维护我国的文化安全，建设中国特色、中国风格、中国气派的现代新文化，这是关系到中华民族生存和发展的重大理论问题。

一、当代中国的文化安全

文化是民族生存的重要前提和条件，文化的消亡意味着民族的消亡。当代中国在全球化所塑造的"中心—边缘"的经济格局、政治格局和文化格局中依然还处于被动的位置，因而维护中国的文化安全是建设现代先进文化的必不可少的环节。

（一）文化安全的凸显

关于安全的概念，通常引用阿诺德·沃尔弗斯（Arnold Wolfers）在《冲突与合作》中的定义："所谓安全，从客观意义上来讲，是指所拥有的价值不存在现实的威胁，从主观意义上来说，是指不存在价值受到攻击的恐惧感。"①在传统的国家安全观中，政治安全和军事安全是重要的也是主要的组成部分。随着时代的发展，国家安全的概念也逐渐增添了新的内容。特别是在冷战结束后，世界上的各种问题变得错综复杂，一国的政治、经济、军事利益日益和人权、心理、传统文化、精神等文化层面的安全交叉渗透在一起，一种利益的维持与获得越来越需要其他利益的支撑和配合。于是，国家安全已经不再是传统意义上的军事与政治安全，而是政治安全、经济安全、文化安全、信息安全、军事安全以及环境安全的有机统一，是一种综合安全。

由于文化在当代世界政治格局中的突出地位和作用，文化被称为"软权力"。美国前助理国防部长、哈佛大学教授约瑟夫·奈指出："如果一个国家能使其权力在别国看来是合法的，那么它在行使权力时便不会遭到多少反对。如果它的文化和意识形态具有吸引力，那么，别的国家就会争相效仿。如果它能建立与其社会一致的国际准则，它需要变更的可能性就会很小。如果它支持鼓励其他国家根据占统治地位国家的利益开展或限制自己的行为，那么在发生争端的形势下它便无须过多地采取消耗巨大的强制性的措施。简言之，一个国家文化的全球普及性和它为主宰国际行为规范而建立有利于自己的准则与制度的能力，都是它重要的力量来源。"②文化霸权主义和文化帝国主义正是利用文化这种"软权力"的作用对广大发展中国家实行文化殖民。汉斯·摩根索指出："文化帝国主义的东西，是最巧妙，并且如果它能单独取得成功，也是最成功的帝国主义政策。它的目的，不是征服国土，也不是控制经济生活，而是征服和控制人心，以此手段而改变两国的强权关系。""文化帝国主义在现代所起的典型作用，是辅助其他方法。它软化敌人，为军事征服或经济渗透做准备。"③

①　苏长和：《从国家安全到世界安全——现实主义及其后》，《欧洲》1997年第1期。

②　［美］约瑟夫·奈：《美国定能领导世界吗？》，何小东等译，军事译文出版社1992年版，第26页。

①　［美］汉斯·摩根索：《国际纵横策论》，卢明华等译，上海译文出版社1995年版，第90页。

　　文化作为"软权力"的作用使得在当代国家综合安全体系中，文化安全的作用是经济安全、政治安全和军事安全所无法替代的，具有最深层的意义。一方面，文化安全要依赖于经济安全、政治安全和军事安全等其他安全；另一方面，文化安全对经济、政治和军事安全等其他安全有着潜移默化的影响，且能为国家提供稳定的国内政治环境和强大的发展经济与科学技术生产力的精神动力。冷战结束后，伴随着文化霸权主义和文化帝国主义等问题的日益突出，文化安全"作为文化保护主义的一种积极表现形式，它在国家间关系中的地位迅速上升。"① "长期依赖于政治、经济、军事安全的文化安全，比任何时候都更加突出地表现出自身的能动作用，从而对国家或地区安全产生越来越重要的影响。"② "对于以文化作为精华凝结手段的国家来说，确保本国文化的安全是其生存和发展的基本前提之一。一个文化上不安全的国家不可能真正拥有良好的内部和外部安全环境，而文化上处于依附地位的国家的发展方向和进程比较容易受到他国的左右或控制。"③

　　文化安全在本质上就是文化主权的安全。"文化主权伴随主权国家产生而产生，它是一国处理决定自身文化领域一切事务的最高权力，它对外具有排他性。"④ 文化安全是指一个国家对外来文化的渗透、入侵和控制，通过反渗透、反入侵和反控制来保护本国本民族的文化建设和发展，使本国本民族文化的性质得以保持，功能得以发挥，文化利益不受威胁和侵犯的能力和状态。文化安全是一种特殊的安全，相对于经济安全、政治安全和军事安全的直接性、表面性和对抗性而言，文化安全具有间接性、隐蔽性和和缓性。其目的就是要防止其他国家的文化对本国人民的价值观念、行为方式和评判标准的改变和重新塑造。它尽管没有直接的武力冲突，也没有直接的对峙与拼杀，但却是一场没有硝烟的战争。

　　文化安全有两个基本维度：一是意识形态安全的维度，二是民族文化

　　②　王公龙：《文化主权与文化安全》，《探索与争鸣》2001 年第 9 期。
　　③　朱阳明：《亚太安全战略论》，军事科学出版社 1999 年版，第 224 页。
　　④　朱阳明：《亚太安全战略论》，军事科学出版社 1999 年版，第 225 页。
　　⑤　王公龙：《文化主权与文化安全》，《探索与争鸣》2001 年第 9 期。

价值观念安全的维度。① 意识形态以国家政权为基础和传播手段，并为国家政权提供"合法性"的文化基础。对意识形态认同与否直接关系到该国家政权是否稳定。意识形态认同的缺失必然导致政权"合法性"的动摇，会出现国家政权的危机。民族文化价值观念则是维系民族和国家的精神纽带，是国家和民族凝聚力的核心和基础。"文化意义上的民族身份，构成一个民族的精神世界和行为规范"，"一个民族的正向的身份感，能产生强大的心理力量，给个体带来安全感、自豪感、独立意识和自我尊重"。② 民族价值观念受到威胁或质疑也会导致民族国家认同的弱化或危机，最终威胁着国家安全。

（二）我国文化安全的现状

在社会转型所带来的阵痛以及西方资本主义文化霸权的侵袭下，我国面临着严重的文化安全问题，主要表现为以下几个方面。

第一，我国的意识形态面临挑战。

意识形态是社会的思想上层建筑，是占统治地位的思想形式和理论体系。唯物史观认为："占统治地位的思想不过是占统治地位的物质关系在观念上的表现，不过是以思想的形式表现出来的占统治地位的物质关系；因而，这就是那些使某一个阶级成为统治阶级的关系在观念上的表现，因而这也就是这个阶级的统治的思想。"③ 任何社会的经济基础，都要求与之相适应的政治上层建筑和意识形态。

冷战结束以后，资本主义和社会主义两种意识形态的斗争并没有"终结"。特别是在 20 世纪 80 年代末 90 年代初苏东剧变后，以美国为首的西方资本主义国家更是将"和平演变"作为对社会主义国家"不战而胜"的法宝。前美国总统国家安全事务顾问布热津斯基就把传播美国的意识形态作为美国称霸全球战略的重要组成部分，他在《大失控与大混乱》一书中指出：

---

① 参见韩源：《全球化背静下维护我国文化安全的战略思考》，《毛泽东邓小平理论研究》2004 年第 4 期。

② 徐迅：《民族主义》，中国社会科学出版社 1998 年版，第 39 页。

③ 《马克思恩格斯选集》第 1 卷，人民出版社 1995 年版，第 98 页。

"增强美国文化作为世界各国的'榜样'的文化和意识形态力量，是美国维持其霸权地位所必须实施的战略。"① 约瑟夫·奈也指出："要把软力量看作是实施新的国家安全战争所能够运用的最重要的工具和手段，因此决不能低估软力量在国际机制和维护国家安全方面的作用。"② 为了更好地传播和渗透资本主义的意识形态，冷战结束以后，以美国为首的西方资本主义国家采取了更加隐蔽的方式，把意识形态的渗透和政治相结合，使社会主义国家在不知不觉中被"西化"和"和平演变"。如近年来的"中国威胁论"、"对华警戒论"都是霸权主义意识形态战略的新口号。实际上，意识形态斗争的实质是"权力政治本质的必然表现"③。如资本主义发达国家极力宣扬"历史终结论"、"文明冲突论"和"国家主权过时论"，其目的就是想以自己的国家主权凌驾于其他国家主权之上，把自己的国家利益凌驾于其他国家利益之上。他们一方面把民族国家维护主权和独立的行为斥责为"极端民族主义"和"与全球化相悖的逆流"，另一方面又大力奉行国家利益至上的原则，其最终目的还是为了获取更大的政治利益。

另外，他们还把意识形态的渗透和经济、贸易相结合，利用一切可能的手段向社会主义国家推销其意识形态。1995 年，美国负责东亚和太平洋事务的助理国务卿帮办魏德曼就明确指出："贸易不只是创造财富的手段，它还是美国思想和理想借以渗透到所有中国人意识中的渠道；从长期来看，它为美国的意识形态产业（诸如电影、激光唱盘、软件、电视）和使国际交流更为便利的产品（诸如传真机和互联网络计算机）开辟市场，这些有可能使中国的人权状况得到改善，从而发挥我们所有直接的和政府之间的努力加起来一样大的促进作用"④。美国前总统布什也曾公开指出："世界上还没有哪个国家发现一种办法，既进口世界的产品和技术，又能够把国外的思想阻止在

---

① 转引自房宁等：《美国的"民主化"战略值得警惕》，《国外理论动态》2005 年第 6 期。

② ［美］约瑟夫·奈：《伊拉克战争之后的美国霸权与战略》，美国《外交》2003 年 7—8 月号，《参考消息》2003 年 9 月 8 日。

③ 王逸舟：《当代国际政治析论》，上海人民出版社 1995 年版，第 235 页。

④ 转引自刘永涛：《文化与外交——战后美国对外文化战略透视》，《复旦大学学报》（社会科学版）2001 年第 3 期。

边界。"①

中国作为苏东剧变后最大的社会主义国家，更是美国等西方资本主义国家的"眼中钉"、"肉中刺"，是阻碍它们一体化进程的最大障碍。因此，对中国实行"西化"就成了它们的一个重大战略目标。1999 年 6 月，对美国政府决策有着巨大影响的美国政府智囊团——兰德公司向美国政府提出建议，美国的对华战略应该分三步走："第一步是西化，分化中国，使中国的意识形态西方化，从而推动不能与美国对抗的可能性；第二步是在第一步走败或成效不大时，对中国实行全面遏制，并形成对中国战略上的包围包括地缘战略层次和国际组织体系层次，以削弱中国的国际生存空间和战略选择余地；第三步是在前两步都不奏效时，不惜与中国一战，但作战的最好形式是美国不直接参战，而是支持'中国内部谋求独立的地区或与中国有重大利益冲突的周边国家'。这个'三步走'战略已不仅仅停留在美国政府决策参考的层面上，而且在美国的外交实践中得到了充分的体现。和平演变和支持台独就是典型的例证。"②因此，在经济全球化和当代世界政治格局中，我们要警惕全球化的意识形态陷阱。

第二，文化价值观受到威胁。

文化价值观是维护一个社会秩序稳定的意义支撑。在当前的全球格局中，出于文化渗透和经济效益的双重目的，以美国为首的西方资本主义国家试图以其文化价值观重新塑造冷战后的世界。前美国商务部高级官员戴维·罗特科普夫就指出："如果世界趋向一种共同的语言，它应该是英语；如果世界趋向共同的电信、安全和质量标准，那么它们应该是美国的标准；如果世界正在由电视、广播和音乐联系在一起，节目应该是美国的；如果共同的价值观正在形成，它们应该是符合美国人民意愿的价值观。"③

对于中国他们当然更不会手下留情。据说，他们还制订了一套专门针对中国并力图瓦解中国人意志与价值观的战略计划。美中央情报局对华《十条

---

① 转引自刘永涛：《文化与外交——战后美国对外文化战略透视》，《复旦大学学报》（社会科学版）2001 年第 3 期。

② 转引自戚水贞：《加入 WTO 与我的意识形态安全》，《党建研究》2003 年第 2 期。

③ 王晓德：《美国文化与外交》，世界知识出版社 2000 年版，第 541 页。

诫令》指出，美国要"尽量用物质来引诱和败坏他们的青年，鼓励他们藐视、鄙视、进一步公开反对他们原来所受的思想教育，特别是共产主义教条。替他们制造对色情奔放的兴趣和机会，进而鼓励他们进行性的滥交。让他们不以肤浅、虚荣为羞耻。一定要毁掉他们强调过的刻苦耐劳的精神。"（《十条诫令》第一条）"一定要尽一切可能，做好传播工作，包括电影、书籍、电视、无线电波和新式的宗教传播。只要他们向往我们的衣、食、住、行、娱乐和教育的方式，就是成功的一半。"（《十条诫令》第二条）"一定要把他们青年的注意力，从以政府为中心的传统引开来。让他们的头脑集中于体育表演、色情书籍、享乐、游戏、犯罪性的电影，以及宗教迷信。"（《十条诫令》第三条）"要利用所有的资源，甚至举手投足，一言一笑，来破坏他们的传统价值。我们要利用一切来毁灭他们的道德人心。摧毁他们的自尊自信的钥匙，就是尽量打击他们刻苦耐劳的精神。"（《十条诫令》第九条）① 美国的文化霸权主义无疑会对中国人的思想意识、价值观念产生很大的影响。

另一方面，随着改革开放的进一步深化，我国社会也正处于价值观的无序状态。旧的主宰人们精神定向和行为取向的价值标准已经被打破，而新的价值标准又还没有建立起来，国内外的双重压力使得中国的文化价值观受到严峻的威胁。这首先表现在人文精神的失落。在物质产品极大丰富的背后，出现了人们精神家园的残缺，由此导致了社会道德的滑坡和各种非道德主义的泛滥。各种各样的拜金主义、利己主义、享乐主义和唯利是图充斥着社会，人的各种本能开始表面化并趋于合法化，人们对精神价值、终极关怀的人文关切被切近的利益所代替。在 20 世纪 90 年代中国兴起的人文精神大讨论② 就是当代中国人文精神缺失的典型例证。其次，消费主义价值观蔓延。消费主义作为一种文化态度和价值观念最初起源于美国，后来在西方发达资本主义国家广泛流传。消费主义把消费不只看成是日常生活的一个环节，而

---

② 《美国中央情报局对华的十条诫令》，《党政论坛》2001 年第 9 期。

① 1993 年，王晓明等五人在《上海文学》第 6 期上发表了《旷野上的废墟——文学与人文精神的危机》一文，首次提出了"人文精神危机"的命题，拉开了人文精神大讨论的序幕。其后，朱学勤、王蒙等人也先后参与其中。

是看成人生的根本意义所在。近年来，消费主义在我国也逐渐蔓延开来。据对京津两地 500 多个案例的消费主义调查显示：具有"非消费主义倾向"的为 127 人，占 22.2%；具有"消费主义倾向"的为 433 人，占 77.3%。[①] 人们购买商品不再是为了获取它的使用价值来满足自己的需要，而是为了某种身份的象征和意义的建构，于是片面地追求高消费已成为一种时尚。这些都使得人们沉浸在对大众文化和消费文化的追逐之中，"人们似乎是为商品而生活。小轿车、高清晰度的传真装置、错层式家庭住宅以及厨房设备成了人们生活的灵魂"[②]。人们在舒舒服服享受西方文明带来的舒适时，自身的民族特性也在逐步丧失。2002 年 2 月 25 日，美国《纽约时报》上有一篇题为《这还是中国吗？》的文章这样来描述中国文化正在被无情的"美国化"："中国城市里的普通人却发现自己与美国人有许多共同之处，两国人民的生活方式正迅速地接近。在过去几年里，中国的大城市以惊人的速度冒出了美国商店和餐厅，包括星巴克、普尔斯马特、必胜客、麦当劳以及 esprit 服装店等。新建的住宅小区用上了'橘郡'和'曼哈顿花园'之类的美式名字。人们梦寐以求的豪华汽车是高档的别克车。欧洲人也许习惯于把麦当劳的每一个'巨无霸'汉堡包都看成是可怕的美国文化帝国主义的标志，然而中国人大多欢迎这种入侵——事实上他们已经使它成了自己的一部分。"[③]

第三，文化产业弱小使我国文化市场控制力面临考验。

文化产业是指从事文化产品生产和提供文化服务的经营性行业。在经济全球化背景下，文化产业越来越成为衡量一个国家文化竞争力的重要标志，各国都竞相把文化产业作为国民经济的支柱产业和抢占国际文化市场的重要法宝。如 20 世纪末，美国文化产业的产值已占 GDP 总量的 18% 至 25%，400 家最富有的美国公司中，有 72 家是文化企业。2000 年，美国纽约市文化产业对经济的贡献超过了 120 亿美元；英国的文化产业平均发展速度是经济增长的 2 倍，艺术品经营也在英国有 170 亿美元的产业规模，与汽车工业并驾齐驱；日本娱乐业的产业也仅次于汽车工业。

---

② 参见俞海山：《中国消费主义解析》，《社会》2003 年第 2 期。

③ ［美］马尔库塞：《单向度的人》，刘继译，上海译文出版社 1989 年版，第 10 页。

③ 《别克、星巴克、肯德基，这还是中国吗？》，《纽约时报》2002 年 2 月 25 日。

相比之下，我国的文化产业还很弱小，文化产业的规模小，质量档次不高，结构不合理，集约化程度不高，在国际上的竞争力也很差。据《中国文化产业国际竞争力报告》分析，美国的文化产业竞争力指数为 0.87，国际竞争力指数的平均值为 0.5，美国位居 15 个测评国家的首位，而中国的文化产业竞争力指数为 0.22，排名 15 位，明显处于弱势地位。①

文化产业的弱小使得我国在对外文化交流上一向处于"逆差"。如多年来我国图书进出口版权贸易大约是 10∶1 的逆差，出口的图书主要是到一些亚洲国家，面对欧美的逆差则达 100∶1 以上。2004 年，我国从美国引进图书版权 4068 种，输出 14 种；从英国引进 2030 种，输出 16 种；从日本引进694 种，输出 22 种。2005 年，对美版权贸易是 4000∶24。再如文艺演出方面，从 1999 年到 2002 年，仅俄罗斯就有 285 个文艺团体到中国演出。同期，中国到俄罗斯演出的文艺团体只有 30 个，大约相差 10 倍。从 2000 年到 2004年，中国进口影片及影视作品 4332 部，而出口却屈指可数。美国电影的生产量只占全世界的 5%—6%，但放映时间却占全世界放映总时间的 80%。②

我国在对文化市场的控制上也力不从心。从《花木兰》、《狮子王》到《哈利·波特》、《谁动了我的奶酪》，进而再到一系列美国大片，中国的文化市场大部分处于西方国家的控制之下。据统计，在我国儿童电视节目中，美国系列卡通片占 50%，日本和其他国家卡通片占 16.7%，国产儿童节目只占 30% 左右。此外，由于市场经济的负面效应，我国文化市场还出现了一些置国家根本利益而不顾，纯粹以营利为目的的文化产品。有统计显示，从 1997 年至 2003 年 7 月底，全国共查获各种侵权盗版走私音像制品、电子出版物和计算机软件 6 亿余张，查获非法光盘生产线 163 条。1994 年至2003 年上半年，全国共查处非法出版活动案件 6 万余件，收缴各种非法出版物 9 亿多件，其中非法书刊 3 亿余件。③

①　参见祁述裕主编：《中国文化产业国际竞争力报告》，社会科学文献出版社 2004 年版，第 26 页。

②　参见赵启正：《中国如何成文化大国？》，http://learning.sohu.com/20060314/n242282448.shtml。

①　参见《打击盗版从何抓起》，《光明日报》2003 年 8 月 13 日。

对文化市场独占性的危机和文化市场控制力的弱化不仅使文化产业利润大量流失，也直接导致了我们在中外文化交流中的"失语"。

第四，传统文化流失严重。

传统文化是一个民族的灵魂和国家的精神家园，它不仅积淀着一个民族和国家过去的全部文化创造和文明成果，而且蕴涵着它走向未来的可持续发展的文化基因。在长期的历史发展中，中华民族形成了异彩纷呈、独具特色的灿烂辉煌的文明。然而近代以降，在西方文化的冲击之下，中国传统文化的意义和价值受到了前所未有的挑战和拷问。尽管从 20 世纪 90 年代以来的国学热把中国传统文化的价值又重新提上议事日程，但总体来说这更多地仍然是停留在口号上，对传统文化的传承和保护的力度依然十分薄弱。以传统节日为例，传统节日是传统文化的结晶和载体，它是民族生活方式、风俗习惯、历史传统在历史长河中的积淀。传统节日的形成是一个长期的历史文化模塑过程，它一方面承载着丰厚的历史文化内涵，是民众精神信仰、审美情趣、伦理关系与消费习惯集中展示与传承的文化形式；另一方面它也为民族文化传统的创新与发展提供了基础与平台，对于维护文化的民族认同有着重要的纽带作用。正如有的学者所指出的："礼仪性活动的贫乏是影响社会凝聚力和民族认同感的重要因素。礼仪性活动不仅给生命之轮的运转提供了文化意义，而且其中包含着某种超越现实、超越个人的集体性道德因素，而这种集体生活的超越性和神圣性正是社会凝聚力和民族认同感的基础。"[①]然而，近年来中国的青年人似乎对西方的圣诞节、情人节、万圣节、感恩节等高度重视，而对中国传统节日则显得比较冷漠。虽然目前也有一些对传统节日保护的倡导，但总体来说还是重视程度不高，力度不够。

（三）维护我国文化安全的原则

文化是国家综合国力的重要组成部分，是维系社会稳定的重要基础。在当代世界政治格局中，文化安全的地位日益突出，它不仅是整个国家安全体

②　傅铿：《文化：人类的镜子——西方文化理论导引》，上海人民出版社 1990 年版，第 314 页。

系的重要组成部分，而且对于确保国家政治安全和经济安全有着十分重要的意义。因此，维护我国的文化安全对于我国的社会主义现代化建设至关重要。

首先，要树立文化安全的意识，提高维护文化安全的自觉性。全球化使得世界各民族的文化交流达到了前所未有的规模和深度，而且在全球化中资本主义的主导性使得西方资本主义国家占据文化主导权。资本主义的文化入侵侵蚀着我们的文化主权，我们必须从国家政治独立、民族存亡的高度树立文化安全的意识，提高维护文化安全的自觉性。总体来说，目前国内对文化安全重视不够。有人认为"文化安全"这个概念不够科学，似乎一提"安全"就与被动防守有关，"安全"提得多了，就变成保守了，就排斥一切外来的东西了；还有人认为，"文化"本身就应该是开放的，不存在什么"安全"问题，你的文化被别人融化掉了，不存在了，只能怪你自己的东西"不过硬"，不能代表历史发展的方向；还有人认为，文化从来就是一个系统的、综合的概念，文化的融合从来都不可能只接受这一点而不接受那一点，"全盘西化"在逻辑上是正确的。① 因此，要维护我国的文化安全，首先要确立以国家利益为最高原则的文化发展战略，深入研究当代世界政治格局，深入研究我国的文化安全现状和文化对政治经济的影响程度，树立维护文化安全的自觉性。

其次，要语言和网络并用，抵制文化霸权。语言是文化的载体。"语言本身是一定共同体的产物，正象从另一方面说，语言本身就是这个共同体的存在，而且是它的不言而喻的存在一样。"② 当代，语言霸权成了霸权主义的重要手段，而且当把语言和因特网相结合时，语言霸权就具有了更重要的意义。正是在这个意义上，前德国总理施密特在《全球化与道德重建》一书中深刻地指出："语言具有重要意义。……保护本国的语言传统确实是一个生死攸关的问题，原因在于，如果本国的语言消亡，或者在几代之后遭到彻底侵蚀，那么，本国文化的大部分内容也会消失，体现本国特性的一些重要组

---

① 参见徐绍刚:《浅谈当代中国的文化安全问题》,《新视野》2002 年第 4 期。

② 《马克思恩格斯全集》第 46 卷（上），人民出版社 1979 年版，第 489 页。

成部分也会随之淹没。"① 目前，我国汉语语言相对于英语来说处于明显的劣势，信息网络上英语信息占 90%，而汉语信息则占不到万分之一。我们应该充分利用互联网去扩大汉语的普及程度，去宣传我国的优秀传统文化，使之焕发出鲜明的特色和魅力，以塑造我国良好的国际形象。为此，我们要加强网络的立法和执法，建立信息发布管理体制，积极开发和利用自己的信息技术和软件系统，采取安全防护措施加强对信息的鉴别、控制和管理，尤其是过滤和排除有害信息的侵入和干扰，抵制腐朽文化的渗透。

再次，要建立国家文化安全预警机制。由于文化在国家综合国力中的重要作用，文化"渗透"与"反渗透"、"入侵"和"反入侵"正成为国家间利益争夺的主要内容。为了有效地防止文化霸权主义和文化殖民主义的入侵，维护和保障本国民族文化的生存和发展，必须要构筑国家文化安全预警机制。法国、加拿大为了抵制美国的文化入侵，都实行了相应的文化防范机制。法国规定电视和广播节目至少有 40% 的时间必须要使用法语，好莱坞影片的放映量在法国所放映的影片中最多只能占 1/4；加拿大为了保护本国的期刊业还专门实施法案，规定美国企业不得在加拿大发行的外国期刊上做广告，否则将被处高额罚款。② 法国、加拿大尚且如此，那么对于与资本主义相对立的社会主义中国更应该防止美国的文化入侵，加强对西方文化产品进入的管理，构筑有效的国家文化安全预警机制。胡惠林在《文化产业发展与国家文化安全》一书中对文化安全预警机制作了详细的阐述。所谓建立安全预警机制，就是要深入分析我国文化产业基本状况、国际文化市场上文化商品的流动趋势，以及西方文化产品进入我国市场可能对我国文化产业、文化市场发展产生的消极影响和严重威胁的基础上，运用法律的、行政的、市场的、经济的以及其他文化安全管理手段，识别和鉴别即将跨入国门的西方文化产品。对符合中国国家文化利益和有助于中国文化产业发展的，表示认同，给予支持，对不符合甚至严重侵害和违背中国国家文化利益，对民族文

---

①　［德］赫尔穆特·施密特：《全球化与道德重建》，柴方国译，社会科学文献出版社 2001 年版，第 64 页。

②　参见胡惠林：《文化产业发展与国家文化安全》，广东人民出版社 2005 年版，第 162 页。

化产业发展构成严重威胁的，则坚决予以拒斥，并给予打击和破坏，从而把可能对我国文化及其产业发展造成生存与发展威胁的因素和力量，牢牢控制在安全警戒线以下，更好地实现我们的文化安全。① 但建立国家文化安全预警系统，并不是闭关自守，故步自封，自绝于全球化浪潮，而是始终坚持从国家和民族的根本利益特别是文化利益出发，本着有所为有所不为的原则，根据中国文化产业发展的需要，实行文化市场和文化产业的适度准入，其最终目的仍然是为了维护我国的文化安全和发展我国的国家利益。

最后，建设先进文化是维护文化安全的关键。国家文化安全的本质是维护国家的文化主权，保障文化民族性的延续。国家文化安全的关键就是把文化的先进性和文化的民族性融合起来，使得先进性以民族性为根基，民族性以先进性为保障，从而使国家的文化建设始终走在时代的前列。民族文化只有具备了先进性，才能保证不被其他文化同化，才能更好地发展自身。文化的先进性是相对于落后性而言的，指的是文化具有健康的、科学的、向上的特征。先进文化代表未来社会发展方向、推动社会不断前进，是人类文明进步的结晶。中国文化发展史告诉我们，只有先进的文化才是安全的文化，如开放的唐朝、明朝文化就不存在一个"安全"的问题，而闭塞的清朝文化就处处被人欺凌；当代的强势文化也不存在"安全"问题，而广大的发展中国家就面临着文化殖民的危险。落后就要挨打的道理在文化上同样适用，历史的发展已经无数次地证明了这一点。

在当代中国，建设先进文化就是建设中国特色的社会主义文化。我们应以全球化为背景，利用全球化带来的机遇加强文化建设的自觉性与责任心，在与不同文化和文明的交流对话中建设中国特色社会主义文化。建设中国特色社会主义文化首先要珍重传统，将传统文化中的先进部分发扬光大，将其落后部分进行改造，而对其腐朽部分则应坚决遗弃。但先进文化的建设绝不能囿于传统、沉湎于传统。更重要的是要立足现实，立足于中国的社会主义现代化建设，立足于全球化的大背景。季羡林等先生说："只有放眼宇宙，

---

① 参见胡惠林：《文化产业发展与国家文化安全》，广东人民出版社 2005 年版，第 164 页。

我们才能真正客观地、实事求是地观察问题。我们才能真正客观地、实事求是地了解西方文化，了解东方文化，了解中国文化。我们才能在错综复杂令人眼花缭乱的情况下，准确地给西方文化以应有的地位，准确地给东方文化以应有的地位，准确地确定我们文化发展的战略部署，准确地预见我们学习西方文化的结果。"① 在全球化中，我们反对残酷野蛮的"文化入侵"，反对恃强凌弱的"文化霸权"，反对包藏祸心的"文化渗透"，但我们却不应该反对"文化"本身，特别是不应该拒绝在西方资本主义国家产生的包含有世界性内容的优秀的民族文化和"先进文化"。对于资本主义文化的态度应该是批判地继承。当前，只有从我国社会主义现代化建设的需要出发，对一切传统文化和外来文化进行审视、剥离、筛选和改造，坚持以我为主，为我所用，综合创新，才有可能建设中国特色的社会主义先进文化。

二、建设中国特色的社会主义文化

全球化浪潮的发展现实和中国近代以来文化建构的历史告诉我们，中国要建设先进文化，必须要建设民族性和现代性互摄互涵的文化。而这一文化在当代，就是"发展面向现代化、面向世界、面向未来的，民族的科学的大众的社会主义文化"②，就是"发展有中国特色社会主义的文化，就是建设社会主义精神文明"③。

（一）中国特色社会主义文化的社会历史方位

中国特色社会主义文化是以马克思主义文化理论为指导，不断总结我国和世界社会主义文化建设历史经验的基础上逐步形成和发展起来的，是当代

---

① 王宁：《爱国主义与民族凝聚力根植何处——中华传统文化在现代化进程中地位的思考》，《中国教育报》2001 年 11 月 25 日。

② 江泽民：《全面建设小康社会，开创中国特色社会主义事业新局面》，《光明日报》2002 年 11 月 18 日。

① 江泽民：《论"三个代表"》，中央文献出版社 2001 年版，第 158 页。

中国追求文化进步的理论表达，代表了中国先进文化的发展方向。具体来说，可以用社会主义性、民族性、现代性来概括中国特色社会主义文化的社会历史方位。

首先，社会主义性是中国特色社会主义文化的根本属性。

中国特色社会主义文化的社会主义性首先体现在马克思主义对中国特色社会主义文化的指导地位上。马克思主义是以科学社会主义原理为核心的关于无产阶级运动的条件和策略的理论概括，它深刻揭示了人类社会历史发展的客观规律，是无产阶级认识世界、改造世界的强大而又科学的理论武器。从某种意义上讲，马克思主义就是社会主义的另一种表述。不以马克思主义为指导的文化，就不是社会主义的文化，因此，"坚持马克思列宁主义、毛泽东思想的指导地位，是我们党立党立国的根本，也是社会主义文化建设的根本，决定着我国文化事业的性质和方向。只有这样，我们的文化建设才能沿着正确的道路健康发展，抵制和消除一切落后的、腐朽的思想文化影响，不断创造出先进的、健康的社会主义崭新文化，培养出适应社会主义现代化建设需要的有理想、有道德、有文化、有纪律的新人"①。如果动摇或放弃马克思主义的指导地位，全党和全国人民就会失去共同的思想准则。如果用其他社会思潮来取代马克思主义的指导地位，势必造成混乱，给党和国家带来重大损失。邓小平早就提出："属于文化领域的东西，一定要用马克思主义对它们的思想内容和表现方式进行分析、鉴别和批判"，"如果我们不及时注意和采取坚定的措施加以制止，而任其自由泛滥"，"后果就可能非常严重"，"关系到党和国家的命运和前途"。②

坚持马克思主义就是坚持发展着的马克思主义。马克思主义不是一成不变的教条，而是开放着的、发展着的理论。列宁在《我们的纲领》中曾经深刻地阐明了这一点。他说："我们决不把马克思的理论看作某种一成不变的和神圣不可侵犯的东西；恰恰相反，我们深信：它只是给一种科学奠定了基础，社会党人如果不愿落后于实际生活，就应当在各方面把这门科学推向前

②　中共中央文献研究室编：《社会主义精神文明建设文献选编》，中央文献出版社1996年版，第419—420页。

①　《邓小平文选》第三卷，人民出版社1993年版，第44—45页。

进。"①马克思主义同中国革命的实践相结合产生了毛泽东思想，同社会主义建设的实践相结合，产生了包括邓小平理论、"三个代表"重要思想以及科学发展观等重大战略在内的中国特色社会主义理论体系。坚持当代中国先进文化建设的社会主义性质，必须坚持马克思列宁主义、毛泽东思想和邓小平理论在意识形态领域的指导地位，用科学发展观统领社会主义文化建设。

坚持马克思主义还要处理好马克思主义与中国传统文化、现代西方文化的关系。马克思主义文化、中国传统文化、现代西方文化作为中国文化的有机组成部分，是平等的、相互补充的。但它们对社会主义的作用是不同的，因而在文化结构中的地位也是不相同的，马克思主义文化占主导地位，是占统治地位的意识形态。因此，在文化建设过程中，要以马克思主义文化作为现代文化的内在根基，以马克思主义的思维方法去整理中国传统文化、现代西方文化及其他新的文化要素和文化观念，进行新的马克思主义理论的综合，使其为社会主义现代化服务。

中国特色社会主义文化的社会主义性还体现在它的人民性上。中国特色社会主义文化的性质是由中国特色社会主义经济和政治所决定的。我国实行的是公有制为主体的社会主义经济制度和人民民主专政的社会主义政治制度，这就决定了我国的文化必然是为广大人民群众服务的。文化面向大众是社会主义文化本身的要求。文化不能只停留在少数文化人的圈子里，而是应该交给群众。列宁说过：过去，人类的全部智慧、人类的全部天才所进行的创造，只是为了让一部分人独占技术和文化的一切成果，而使另一部分人连最必须的东西——教育和发展也被剥夺了。社会主义文化的目的就是让一切技术奇迹和文化成果都成为人民的财产。邓小平多次强调社会主义文化要为人民群众服务。他在《中国文学艺术工作者第四次代表大会上祝词》中指出："一切进步文艺工作者的艺术生命，就在于他们同人民群众的血肉联系。忘记、忽略或是割断这种联系，艺术生命就会枯竭。人民需要艺术，艺术更需要人民。""人民是文艺工作者的母亲"，"作品的思想成就和艺术成就，应该由人民来评定。""要教育人民，必须自己先受教育。要给人民以营养，必

---

① 《列宁选集》第 1 卷，人民出版社 1995 年版，第 274 页。

须自己先吸收营养。""对人民负责的文艺工作者，要始终不渝地面向广大群众……力求把最好的精神食粮贡献给人民。"① 江泽民也反复强调，社会主义文化的发展要坚持为人民服务、为社会主义服务的方向。"我们掌握先进科学技术，是为了促进经济发展和社会全面进步，捍卫国家的主权和安全，维护和平，实现最大多数人民的利益。"② 教育的发展也要坚持"为社会主义现代化建设服务，为人民服务，与生产劳动和社会实践相结合，培养德智体美全面发展的社会主义建设者和接班人"③ 的方针。胡锦涛则在总结世界社会主义建设经验的基础上，提出了以人为本的新发展观，即"坚持以人为本，树立全面、协调、可持续的发展观，促进经济社会和人的全面发展"④，更加明确地指出了今后文化建设的方向。应该说，这是唯物史观关于历史发展主体的思想在文化领域内的应用和深化，反映了中国化马克思主义在社会主义文化建设中的高度理论自觉。

其次，民族性是中国特色社会主义文化的首要特征。民族性即具有中国特色、中国风格和中国气派，它强调了中国特色社会主义文化的自主性和主体性。这一点对于经历过西方文化拷问和质疑后的中国文化来说尤为重要。只有具有独立意识和自主观念的文化才能真正屹立于世界民族文化之林。

中国特色社会主义文化的民族性首先体现在中国特色社会主义文化的建设必须是立足于中国传统文化基础之上。任何一个现代的新思想，如果与过去的文化完全没有关系，便犹如无源之水、无本之末，绝不能源远流长、根深蒂固。冯契先生曾经指出过："所谓地域性的特色或民族风格，决不只是形式方面的问题而已。普通讲到中国气派，常只提到民族形式。其实，形式和内容决不能分为两截，而风格正存在于内容与形式的统一。"⑤ 这就是说，中国特色社会主义文化不仅要有中国化的表达，更要有中国式的内容，体现

---

① 《邓小平文选》第二卷，人民出版社 1994 年版，第 211—212 页。

② 《江泽民文选》第二卷，人民出版社 2006 年版，第 396 页。

③ 《江泽民文选》第三卷，人民出版社 2006 年版，第 560 页。

④ 参见《中共中央关于完善社会主义市场经济体制若干问题的决定》，人民出版社 2003 年版。

① 《时与文》第 1 卷，第 2 期，1947 年 3 月。

中华民族思维方式、价值观念和审美情趣。

中华民族在历史上创造了光辉灿烂的民族文化，是历史悠久的四大文明古国之一。中华民族传统文化以其博大精深、源远流长、丰富多彩及对人类历史所作的巨大贡献而为全世界所瞩目。中国文化在农业、手工业、医药业、陶瓷业、纺织业等诸多方面，曾经遥遥领先。中国文化在文学、艺术和哲学方面也有独特的建树。中国辉煌的文化曾经吸引也正在吸引着世界上许多国家和地区的人们。中国万里长城的宏伟气势，故宫的庄严肃穆，颐和园的怡人风景至今仍让世界人民流连忘返。中华文化还有许多优秀的传统美德，如中国传统文化中推崇仁爱原则，重视建立和谐的人际关系对于追求和谐的人际关系和社会关系有很大用处；重视整体精神，反对分裂祖国，强调为社会、民族、国家而奋斗的爱国主义传统，对于振兴民族精神大有裨益；重视理想情操，追求高尚的精神境界对于市场经济下的道德建设也有很大的启发。直到今天，我们仍然受益于"自强不息、厚德载物"的人生哲学；感动于"富贵不能淫，贫贱不能移，威武不能屈"的道德情操和"先天下之忧而忧，后天下之乐而乐"的奉献精神。这些优秀的传统文化对中华民族性格的形成和塑造起到了重要的作用。当然，中国传统文化也有其封建性的糟粕，如"三纲五常"的伦理道德、"别尊卑、明贵贱"的封建礼制、"礼不下庶人，刑不上大夫"的特权思想、"天不变，道亦不变"等因循守旧的形而上学思想等，都对中国社会的发展曾经起过阻碍作用。当然，到底如何具体地辨析精华和糟粕还有待深入研究。但有一点是应该肯定的，那就是中国特色社会主义文化建设一定要根植于中华传统文化的土壤之中，并有效吸收传统文化的精华。

传统文化是客观存在的，中华民族的优秀传统文化已经内化为中国人民的思维方式、价值观念和审美情趣，成为民族心理的一部分，制约和影响着人们的现实生活。只有牢牢地立足于中华民族传统文化这个根基，把马克思主义理论与中华民族的文化特质、思维模式、价值取向、行为方式有机结合起来，才能使中国特色社会主义文化获得更大范围的认同。只有秉承综合创新的态度，弘扬光大传统文化的精华，才能为我们今天的文化建设提供丰富的资源，奠定厚实的基础。那种全盘抛弃传统文化的态度，不但是不可取的，也是不可能的。正如毛泽东同志所说的："今天的中国是历史的中国的一个发展；我们是马克思主义的历史主义者，我们不应当割断历史。从孔夫子到孙中山，我们应当给以总结，承继这一份珍贵的遗产。"①"清理古代文化的发展过程，剔除其封建性的糟粕，吸收其民主性的精华，是发展民族新文化提高民族自信心的必要条件；但是决不能无批判地兼收并蓄。"②对于历史遗产的批判继承，就"如同我们对于食物一样，必须经过自己的口腔咀嚼和胃肠运动，通过唾液胃液肠液把它分解为精华和糟粕两部分，然后排泄其糟粕，吸收其精华，才能对我们的身体有益"。③

　　中国特色社会主义文化的民族性还体现在必须立足于中国的改革开放和现代化建设实践中。任何一种呈现出强大生命力的文化，都有其显示存在的实践依据。任何一种文化的民族性，最终都只能到相应民族的现实的生动实践中去寻找；任何一种文化的民族性，归根到底都只是相应民族的实践特色。以马克思主义的发展来说。马克思主义之所以是关于自然、社会和人类思维发展普遍规律的学说，是无产阶级世界观的科学理论体系，具有强大的生命力，其中的重要原因就是因为马克思主义是马克思和恩格斯在参加无产阶级革命斗争的实践中共同创立的，并由它的后继者们在实践中不断丰富和发展的。马克思主义是世界性的哲学，但它提供的只是一般的世界观和方法论原则，它对于世界的认识和改造作用必须密切与它的具体对象相结合。马克思说过："正确的理论必须结合具体情况并根据现存条件加以阐明和发挥。"④但马克思主义与各个不同国家、不同的社会实践相结合产生的结果和效用也是不同的，如马克思主义的俄国化与中国化是有区分的。以列宁为首的俄国马克思主义者把马克思主义基本理论与俄国革命实践相结合，把马克思主义推进到了列宁主义阶段。以毛泽东为首的中国马克思主义者把马克思主义基本理论与中国社会主义革命的实践相结合，产生了毛泽东思想。而以邓小平为首的中国共产党人把马克思主义与中国社会主义建设实践相结合，

①《毛泽东选集》第二卷，人民出版社1991年版，第534页。
②《毛泽东选集》第二卷，人民出版社1991年版，第707—708页。
③《毛泽东选集》第二卷，人民出版社1991年版，第707页。
①《马克思恩格斯全集》第47卷，人民出版社2004年版，第35页。

产生了中国特色社会主义理论。列宁主义和毛泽东思想是不同民族实践特色的反映，毛泽东思想和邓小平理论则是同一民族不同时期实践特色的反映。今天中国特色社会主义的文化建设也必须深深根植于中国改革开放和现代化建设的实践才能具有强大的生命力。只有真正根植于中华民族改革开放和社会主义现代化建设实践的文化，才能生动地反映当代中华民族的伟大实践并从这一伟大实践中汲取前进的动力，才能以人民大众喜闻乐见的表现形式表达中华民族丰富的精神创造并满足人民大众日益增长的精神需求；也只有根植于当代中华民族改革开放和社会主义现代化建设实践的民族特色，才是与时代精神相统一的民族特色，才是真正的中国特色、中国作风和中国气派。

再次，现代性是中国特色社会主义文化的基本维度。近代以来的文化论争告诉我们，"中国的出路不应回到'传统的孤立'中去，也不能无主地倾向西方（或任何一方），更不能日日夜夜地在新、旧、中、西中打滚。中国的出路只有一条，那就是中国的现代化"①。"百年来，中国一个接一个的现代化运动，就目的而言无非是建构一个中国现代化的文化秩序或建构一个中国的现代性。"②也就是说，中国只有建设趋向于现代性并且不同于西方现代性的中国现代性文化，才能真正融入世界历史发展的大潮之中。在全球化时代，同样需要抛弃对本土文化特质的自恋，积极接纳和吸收现代的普世价值观念。"只有这样，才能真正巩固和发展自身的独特性，否则很可能使精心维护的特异性变成别人同情和看稀奇的对象，而不是被世界认可和尊重。"③

中国特色社会主义文化的现代性一方面表现为中国特色社会主义文化的科学性，另一方面表现为中国特色社会主义文化的民主性。

中国特色社会主义文化的科学性体现在中国特色社会主义文化是科学精神和人文精神的统一。中国特色社会主义文化应包含着科学精神。科学是人类认识世界、探索未知的一种实践和精神活动方式及其成果，对于国家和民

②　金耀基：《从传统到现代》，中国人民大学出版社1999年版，第12页。

③　金耀基：《现代性论辩与中国社会学之定位》，《北京大学学报》（哲学社会科学版）1986年第6期。

①　杨学功：《拒斥还是辩护：全球化中的普遍主义和特殊主义》，《江海学刊》2008年第2期。

族而言，是照亮人类心灵的灯塔。科学精神乃是人类在探求真理的过程中必须具备的一种高尚品质，科学精神是否深入人心是一种文化是否具有现代性的重要标志。中国传统文化中的实用理性使得中国在接受近代西方科学时，更多地停留在科学的功用层面，而忽视了科学的真正精髓即科学精神。这正是近代以来我们一方面高扬科学的大旗，另一方面科学创新却难以突破的主要原因之一。所以，今天的中国特色社会主义文化建设要特别地弘扬科学精神，引导群众形成健康文明的生活方式，增强自觉抵制各种愚昧、迷信和歪理邪说的能力，不断提高人民群众的科学文化素质。正如江泽民所指出的那样："我们要坚持用科学思想、科学精神武装全党同志和全国人民，努力提高全社会的科学文化水平。……要高举科学的旗帜，坚决反对迷信，反对反科学、伪科学的活动。凡被实践证明了的科学真理，都要坚定不移地坚持。尚未被认识的客观事物，要鼓励以科学的态度进行研究和探索。但是，未被科学证实的假说，不应在社会上推行，更不能成为决策的依据。要把科技知识、科学思想、科学精神、科学方法的宣传和普及工作，作为精神文明建设的重要内容不断加强起来。"①

中国特色社会主义文化也应包含人文精神。人文精神从根本来说是解决人的世界观、人生观和价值观问题的，它提供的是一种方法的探讨和对人生的终极关怀。中外历史的发展都证明，没有正确的人文精神作为引导，科技发展不但不能为人类造福，反而会给人类带来巨大的灾难。一个高度文明的国家，必然建立在它的社会成员深厚的人文素养之上。而人文学科则是培养人文精神的沃土。人文学科以事实为依据、以规律为对象、以实践为标准，也具有科学性。"如果说一个民族的文化往往是作为传统观念以自发的和耳濡目染的方式起作用的话，那么人文科学就是理论的和学术的形态，主要通过学校传授知识方式起作用。人文科学的知识处于人文文化结构的上层，它能丰富和提高一个民族的文化内容和层次。它能通过各种方式和渠道融入社会生活之中并发挥它的教化作用。"② 在中国走进 21 世纪、参与经济全球化

② 江泽民:《论科学技术》，中央文献出版社 2001 年版，第 159 页。
① 陈先达:《静园论丛》，中国人民大学出版社 2000 年版，第 614 页。

进程的今天，在构建中国特色社会主义先进文化过程中，必须重视人文精神的培育，重视人文学科的教育，重视哲学社会科学的研究能力和研究成果。通过人文科学的教育来提高人的素质，弘扬和凸显"以人为本"的精神，促进人的全面发展，为建设中国特色的社会主义文化提供坚强的基地。在中国特色社会主义文化的建设中，要引导科学精神和人文精神互相补充、互相促进、共同发展。

中国特色社会主义文化的科学性还表现在中国特色社会主义文化重视文化的民主性建设。文化的民主性建设就是培养人们的平等观念和法治观念。从人类历史发展进程来看，现代化本质上是商品经济的产物。商品经济以人的独立和平等为前提，商品是天生的民主派和平等派。要适应商品经济的发展，建立社会主义市场经济，就必须树立符合商品经济的平等观念和原则，保障人民群众在生产领域和分配领域的平等地位，进而实现人们在经济、政治、法律以及社会各方面的平等。另外，市场经济也是法治经济，需要法律的规范、引导和制约。无论是市场主体的活动、市场秩序的维系，还是国家对市场的宏观调控，都需要法律来保驾护航。但从历史的发展来看，我国有着数千年的封建人治的传统，新中国成立后又长期实行高度集中的计划经济体制，凡事按上级意见办的习惯根深蒂固，法治观念比较淡薄。① 因此，树立国民的法治观念也是中国特色社会主义文化建设的题中应有之义。要真正确立社会主义法治观念，就必须树立一切权力属于人民，消除封建主义和等级特权的思想，打破人情价值取向，普及法制知识，在全社会形成学法、用法的良好风气，为坚持依法治国打好基础。

（二）中国特色社会主义文化的建构路径

中国特色社会主义文化建设包含着十分广泛的内容，其中有几个方面是尤为值得重视的。

第一，更新和完善意识形态表达方式，建设社会主义核心价值体系。法

---

②　参见罗文东：《中国特色社会主义文化理念论》，中国法制出版社 2003 年版，第 386 页。

国著名思想家托克维尔在《论美国的民主》一书中指出，美国之所以迅速崛起，是因为美国国家倡导的价值观念与美国民众的价值观念高度统一，国家观念和意志能够通过人众的意愿得到顺畅地、自觉地贯彻执行，而且大众的心理对于国家意识形态也产生了重要的支撑作用。也就是说，美国的国家意识形态和大众意识形态不是相互对立的，而是相互包含、相互依托的。这给我们的意识形态建设提供了很好的启发。

长期以来，我们的意识形态工作是通过政治斗争的形式来实现的，意识形态在表达方式上也存在着生硬呆板和道德说教的意味，公式化、口号化、命令化的弊病弥漫在意识形态工作之中。另外，仅仅把人民群众作为意识形态工作的对象和客体，而忽视了它们也是意识形态建设的主体，这也是以往意识形态工作的一个重大失误。这种意识形态工作不仅没有起到整合大众社会心理的作用，反而造成了国家意识形态和人民大众意识形态出现了对接不畅甚至在某些时候存在分离和对立的现象。因此，在当前的意识形态工作中，必须要更新和完善国家意识形态的表达方式，改变那种套话盛行、空话连篇的意识形态外衣，注重从人们的生活实践中吸取营养，尽量使用贴近大众的语言风格和活生生的生活实践来启发大众自觉实现对意识形态的认同。同时，要提高主流意识形态的包容性和对其他意识形态的整合性，加强主流意识形态与其他意识形态之间的交流和对话，认真吸取其他意识形态的积极因素补充、丰富和发展主流意识形态。历史和实践已经证明，"大凡成功的意识形态必须是灵活的，以便能得到新的集体的忠诚拥护，或者作为外在条件变化的结果而得到旧的团体的忠诚拥护"①。那种采取故步自封的解决意识形态同一性的做法只能使其不断滞后于时代和社会的发展，最终必将会被时代和社会所抛弃。只有不断突破旧观念的束缚，随着时代和社会的发展不断创新意识形态，才是进步的意识形态，也才能实现其"社会黏合剂"的作用和功能。

当前，更新和完善国家意识形态的表达方式集中体现为建设社会主义核心价值体系。社会主义核心价值体系是社会主义意识形态的本质体现。社会主义核心价值体系是社会主义制度的内在精神和生命之魂，在所有社会主义

---

① 道格拉斯·诺斯:《经济史中的结构与变迁》，上海三联书店 1994 年版，第 58 页。

价值目标中处于统摄和支配地位。没有社会主义核心价值体系的引领，中国特色社会主义文化建设就会迷失方向。社会主义核心价值体系包括四个方面：一是马克思主义指导思想，这是社会主义核心价值体系的灵魂，决定着社会主义核心价值体系的性质和方向；二是中国特色社会主义共同理想，这是社会主义核心价值体系的主题，反映了最广大人民的根本利益、共同愿望和普遍追求；三是以爱国主义为核心的民族精神和以改革创新为核心的时代精神，这是社会主义核心价值体系的精髓，是中华民族生生不息、薪火相传的精神支撑；四是社会主义荣辱观，这是社会主义核心价值体系的基础，为市场经济条件下判断行为得失、确定价值取向、作出道德选择提供了基本准则和道德规范。党的十七大把社会主义核心价值体系的建设作为社会主义先进文化建设的根本任务具有重大意义。

需要指出的是，建设社会主义核心价值体系中有个前提性的问题还需要进一步澄清，这就是关于中国特色社会主义的核心价值观问题。这是因为中国特色社会主义的核心价值观，是关涉中国特色社会主义制度设计、体制安排和政策选择的一个中心问题，也是进一步认识"什么是社会主义，怎样建设社会主义"这个根本问题的关键所在。为此，许多学者都从不同的角度提出对中国特色社会主义核心价值观的理解。如李德顺认为，社会主义最核心的价值就是公平或平等。[①] 戴木才认为，"富强、民主、文明、和谐"与"人的自由全面发展"是社会主义的核心价值观。[②] 李忠杰提出，要把"发展"、"富裕"、"民主"、"文明"、"公平"、"正义"、"友爱"、"互助"、"安定"、"和谐"作为中国特色社会主义的核心价值来研究。[③] 吴向东提出，"社会主义的价值观是由新集体主义、人民功利主义、自由——民主主义、实践理性主义所构成的完整价值体系"[④]。侯惠勤认为，"人民至上"、"劳动优先"、"共同富

② 参见李德顺：《关于社会主义核心价值观的几个问题》，《上海党史与党建》2007年第7期。

① 参见戴木才、田海舰：《论社会主义核心价值体系与核心价值观》，《中国党政干部论坛》2007年第2期。

② 参见李忠杰：《构建中国特色社会主义核心价值观》，《科学社会主义》2005年第2期。

③ 吴向东：《社会主义价值观的当代建构》，《科学社会主义》2005年第4期。

裕"、"事实平等"、"人的自由全面发展"是社会主义的核心价值观。① 虽然，学界并没有得出公认的中国特色社会主义核心价值观，但这种讨论对于推进这一方面的理论研究无疑是有益的。

第二，弘扬和培育民族精神，加强爱国主义教育。民族精神是一个民族所共同具有的、稳定的心理素质、思想品格、价值取向和伦理道德，是一个民族特有的精神风貌，是文化民族性最本质、最深刻的体现。它是一个民族赖以生存和发展的精神动力和精神支柱，是民族文化的核心与精华。中华民族长期发展过程中形成了"天人合一、以人为本、刚健有为、以和为贵"②的民族精神。中华民族精神是中华民族在长期的共同生活和社会实践中形成的文化积淀和结晶，是中华民族告别愚昧落后，走向文明进步的先导和动力，是铸就民族凝聚力和生命力的精神源泉。几千年来，中华民族之所以历尽劫难而不衰，屡遭外敌入侵而未亡，不断发展壮大，民族精神无疑起了凝聚、整合与支撑、推动的重要作用。在建设中国特色社会主义的今天，构建当代的民族精神，弘扬爱国主义无疑具有重大的意义。

弘扬和培育民族精神要把民族精神和时代精神相结合。民族精神是一个不断发展的过程，它在社会历史中形成并在社会历史中发展。民族精神必须在与时代要求、时代特征、时代精神的结合中，随着民族实践的发展而发展。在不同的历史发展阶段，民族精神展现出了与时俱进的内涵。在中国古代，"厚德载物、自强不息"的奋进精神，"天下兴亡，匹夫有责"的责任意识，"以和为贵"的价值理想，"浩然正气"的民族气节，长期以来是中华民族生存和发展的精神动力。历史发展到近代，抵御外敌入侵，维护国家主权，推动社会改革成为中华民族的主题，发愤图强、独立自主、变革求新、团结统一的精神就成为近代中华民族精神的主体。"五四"以来，民主精神、科学精神、艰苦奋斗精神、全心全意为人民服务精神成为中华民族精神新的内涵。改革开放以来，中国特色社会主义现代化的建设目标和全面建设小康社会，又使培育开拓自主精神、创新精神、平等精神、民主精神、法治精神

---

① 参见侯惠勤：《马克思主义的指导是构建社会主义核心价值体系之根本》，《毛泽东邓小平理论研究》2007 年第 3 期。

② 张岱年：《张岱年全集》第 7 卷，河北人民出版社 1996 年版，第 379 页。

等成为当代中华民族精神的丰厚蕴涵。① 同时，弘扬和培育民族精神还要把民族精神放到世界性的视野中加以观照，以开放、理性的态度吸收和借鉴世界其他民族的一切文明成果，既反对狭隘的民族主义，又反对"全盘西化"，同时要也警惕消极、颓废文化的侵袭。西方先进的文明成果，对于弘扬和培育民族精神，建设中国特色社会主义文化具有重大的借鉴意义。文化保守主义和文化民族主义只能导致本民族的落后和民族精神的茫然。

弘扬和培育民族精神，要加强爱国主义教育。"爱国主义是由于千百年来各自的祖国彼此隔离而形成的一种极其深厚的感情。"② 爱国主义是一种强大的精神力量，是中国民族精神的核心。爱国主义具有极大的感召力和凝聚力。面对强劲的全球化浪潮和文化霸权主义的渗透，要进一步激发全国人民的民族自尊心、自信心、自强意识和对中华文化的认同感和自豪感，必须要大力弘扬爱国主义。邓小平同志指出："中国人民有自己的民族自尊心和自豪感，以热爱祖国、贡献全部力量建设社会主义祖国为最大光荣，以损害社会主义祖国利益、尊严和荣誉为最大耻辱。"③ 这是对新时期爱国主义精神最精辟的概括。加强爱国主义建设，继承和发扬爱国主义传统，是振奋民族精神、增强民族凝聚力和自信心的重要保证，也是社会主义新文化建设实施的前提。要通过加强爱国主义教育，增强民族自尊心、自信心和对传统历史文化的归宿感、认同感；要通过爱国主义教育，加强热爱社会主义、热爱中国共产党的教育，正确认识社会主义的历史进程和发展趋势，坚定走有中国特色的社会主义道路的信念。

第三，大力发展文化产业，进一步深化文化体制改革。文化产业是指从事文化产品生产和提供文化服务的经营性行业。在经济全球化背景下，文化产业越来越成为衡量一个国家文化竞争力的重要标志，各国都竞相把文化产业作为国民经济的支柱产业和抢占国际文化市场的重要法宝。美国文化产业的比重占 GDP 的比重达到 12%，英国占 10%，意大利则占 25%。美国、

---

① 参见戴木才：《完善当代中华民族精神的建构方式》，《思想政治工作研究》2005 年第 1 期。

② 《列宁选集》第 3 卷，人民出版社 1995 年版，第 579—580 页。

③ 《邓小平文选》第三卷，人民出版社 1993 年版，第 3 页。

澳大利亚、加拿大和芬兰的文化产业就业人员占全部就业人员的比例分别达到 20%、10%、6% 和 5%。2000 年，美国电影、电视和音像出版等总收入已达到 700 亿美元以上，成为美国出口创汇仅次于航天业的第二大产业。美国的杂志《读者文摘》年营业收入高达 25 亿美元。2003 年，《财富》杂志评出的世界 500 强企业中，有 7 大企业是以文化产业为主的大公司，它们控制了全球 5 大唱片公司中的 4 家，好莱坞 8 大公司中的 7 家，以及全球最重要的电视、报刊和出版集团。① 相比之下，我国虽然是个文化资源大国，但我国的文化产业还很弱小，还不能满足人口大国的文化需求，文化资源大国与文化产业弱国的矛盾十分尖锐。首先，文化产业的规模小，质量档次不高。以出版业为例，中国目前最大最全的图书批发机构按现货较多时计算，品种不到 4 万种，而德国一家大图书批销公司可供书品种就有 60 万多品种，而且具备在 24 小时内将图书送到欧洲任何一个零售店的能力。日本最大的东畈、日畈图书公司可提供书目也有 30 万种。② 其次，文化产业结构不合理，集约化程度不高。我国文化产业长期以来既被行政体制分割又被各种政策保护。虽然文化企业多，但效益低，资源分散且浪费现象严重，产业集约化程度低。这在电影业的发展中尤其明显。近年来，电影行业中重复投资、重复建设的企业数量增多。当年最早建立的几家大型电影制片厂没有做大做精，与此同时，各地又争先恐后地创建了许多新的电影制片厂，造成了产业集中度低，资源消耗严重。再次，文化产业竞争力差。据调查，中国观众对美国电影已经有了相当程度的依赖，有的人只看美国电影，对国产片基本不看。美国大片在市场上几个月不露面，市场就显示出"萧条"、"惨淡"和"疲软"现象。当前，面对着西方的文化入侵和中国的社会转型，大力发展我国的文化产业迫在眉睫。发展文化产业是市场经济条件下繁荣社会主义文化、满足人民群众精神文化需求的重要途径。

发展文化产业首先要解决认识上的问题。文化是一种特殊的商品，它既有教化功能和意识形态属性也有商品功能和经济属性。长期以来，我们过于

---

① 参见郑百灵：《关于我国文化产业发展的若干思考》，《管理科学》2003 年第 1 期。

② 参见孙安民：《文化产业理论与实践》，北京出版社 2005 年版，第 181 页。

强调文化的意识形态属性而忽略了文化的经济属性；重视文化的喉舌功能，轻视其产业功能，这是不符合市场经济的内在要求的。市场经济的本性就要求我们应该以市场方式运作和产业方式经营向消费者提供精神文化产品和服务，使文化进入产业、走向市场，从而增强文化自身的活力和造血功能。所以我们应该把文化推向市场，让人们通过市场满足自己的精神需求。"长期实践已经证明，以市场的手段发展经济，以计划的手段发展文化，在体制上保持'两张皮'不仅不利于缓解，而且只会加剧矛盾；不仅不利于提高发展速度，还会抑制发展速度的提高。过分强调文化的上层建筑和意识形态特点，是使文化的建设脱离经济和社会生活，发展受到抑制的主要原因。"[①]但我们要建立的市场经济是社会主义市场经济，这就又决定了我们不能把全部文化都推向市场，都产业化。文化产品不能把利润作为唯一的原则，而是应该兼顾经济效益和社会效益，而且有时为了社会效益也可以暂时牺牲经济效益。邓小平说："思想文化教育卫生部门，都要以社会效益为一切活动的唯一准则……思想文化界要多出好的精神产品，要坚决制止坏产品的生产、进口和流传。"[②]如果把一切文化行业或文化产品都产业化或市场化，就会对社会主义文化造成巨大的危害。只有首先明确了这一点，才能够制定和贯彻正确的文化产业政策。

发展文化产业的关键是文化体制改革，解放和发展文化生产力。我国文化管理体制是计划经济时代的产物，近年来，国家对文化体制已经进行了一些改革，但相对于经济体制来说还是滞后。只有加快推进文化体制改革，建立与社会主义市场经济体制相适应的符合社会主义精神文明建设要求的文化体制，才能进一步解放和发展文化生产力，推进社会主义先进文化建设。深化文化体制改革，一是要转变政府文化职能。政府应该从"办文化"变成"管文化"，积极运用政策、法律等手段来引导文化产业，实行政企分开，使各类文化组织成为自主经营的文化事业实体、社会文化企业实体或社会文化服务团体。二是要实行文化产业管理制度的变革。要将公益性文化产业与经

---

① 张晓明等编：《2004 年中国文化产业发展报告》，社会科学文献出版社 2004 年版，第14 页。

② 《邓小平文选》第三卷，人民出版社 1993 年版，第 145 页。

营性文化产业适度剥离，对文化企业进行科学的区分，然后分类指导、分步骤进行管理。对于公益性单位要加大财政支持力度，对于竞争性单位要更多运用市场机制。三是要建立多元化的投资融资体制，拓宽融资渠道。要改变主要依靠财政投入和文化企业自身积累扩大再生产的方式，进一步拓宽文化投资融资的渠道，降低投资准入门槛，运用投资控股、金融信贷、资本市场融资等手段，加快建立和发展文化产业基金组织、文化投资公司和基本市场融资等多元投资主体，并鼓励民间资本对文化产业进行投资和经营，建立以国有资本为主导的投资主体多元化、投资方式多元化、投资体制市场化并与国际接轨而又有中国特色的新型文化投资融资体制。①

发展文化产业还要加快专业人才的培养。当今世界，科技进步日新月异，人才在综合国力竞争中越来越具有决定性意义，人才是先进生产力和先进文化的重要生产者和传播者。文化产业是科技和文化含量均很高的产业，因而文化产业特别需要高素质和高能力的人才。当前，我国文化产业领域中的这种高素质专门人才很缺乏，而且随着文化产业的全球化趋势，我国文化市场的很多人才都流失到国外，这对于我国的文化产业发展是个重大的损失。因此，我们要加快专业人才培养，改进人才管理和使用制度，营造有利于人才成长的体制、机制和环境，防止高层次文化人才的流失，从而夺取文化竞争高地。

第四，强化创新意识，积极推进文化创新。全球化使文化之间的竞争日益加剧。在文化竞争中，创新意识和创新能力日益成为决定文化是否具有竞争力的关键性因素。文化的兴衰，全在于创新与否。创新是一个民族进步的灵魂，是一个国家兴旺发达的不竭动力，也是一个政党永葆生机的源泉，更是文化发展的本质特征和现实要求。人类文化发展历史表明，对于民族文化最有效的保护就是与时俱进不断发展，发展才是硬道理；对民族文化最有效的继承就是不断创新，创新才有生命力。自我封闭、缺乏创新、固守僵化是文化走向没落与衰亡的重要原因之一，如古埃及文化、玛雅文化等。

然而，在当下的中国，文化创新力表现出明显的不足。正如有些学者所

---

① 参见郑百灵:《关于我国文化产业发展的若干思考》,《管理科学》2003 年第 1 期。

总结的："自 80 年代开始的文艺新潮，被称为创新的部分，几乎全是对西方现代主义及后现代主义种种形式、手法的袭用，从意识流、朦胧诗，泛性论表现，叙述主体的介入，无不如此。文艺批评的话题，从存在主义、接受美学、后结构主义、女权主义、后殖民主义，一直到这里所说的全球化，全是西方话语，在这方面，中国最好的批评家也只是复述西方话语而已。"[①] 这就使得我们在文化创新方面存在着一个严重的问题，即把创新仅仅看成是对西方文化话语系统和价值观念的复制和传播。"言必称现代主义和后现代主义，已经成为中国文化界的一种新的思想僵化和文化僵化，正是这种新的思想僵化和文化僵化，造成了当下中国文化原创能力的深层弱化，使中国文化的现代化失去了文化原创的应有动力，也才导致和构成了'文化殖民主义'现象在中国的现实存在。"[②] 这就要求我们要积极推进文化创新，以文化创新来积蓄我们在世界文化发展中的潜能。

文化创新首先要结合新的实践和时代的要求。综观世界文化发展史不难看出，任何一项文化创新都是同当时的实践密切结合的。从哲学发展史来看，在西方，古希腊时期，无论是德谟克利特的原子说还是柏拉图的理念说，都是基于为奴隶制辩护，为巩固奴隶制服务的实践而产生的。近代资产阶级哲学也是和当时的实践相结合的成果。18 世纪法国启蒙哲学正是立足于资产阶级对封建主义和宗教的批判的基础上创立了以本体论为中心的完整的机械唯物主义，德国古典哲学也是在资产阶级要求发展民族资本主义经济、铲除封建割据局面、统一民族和国家的实践中创立的。中国也是如此，正因为有了春秋战国时代的动荡不安和社会的大变革，才产生了儒家、墨家、道家、法家、名家、兵家等诸子百家的争鸣；正因为有了中国近现代民族危机的加重和社会矛盾的激化，才有了严复、谭嗣同、章太炎、邹容、孙中山等资产阶级革命派的资产阶级民族思想；也正因为有了中华民族的内忧外患，才使得马克思主义能够在中国快速传播，最终成为中国现代化建设的指导思想。今天建设中国特色社会主义的先进文化同样是在实践的基础上产

①　《中国文艺理论研究回顾与展望》，《光明日报》1999 年 7 月 22 日。

②　胡惠林：《文化产业发展与国家文化安全——全球化背景下中国文化产业发展问题思考》，《上海社会科学院学术季刊》2000 年第 2 期。

生的，是对当今世界形势和中国改革开放以来正反两方面经验和教训的总结和提升。实践是不断发展变化的，中国的文化创新也要紧跟世界时代的步伐，才能在当代世界政治格局中有所作为。

文化创新还要吸取世界文化的精华。应该说，文化的成果，无论古今中外都应当被看做是人类集体智慧的结晶和文明的先导。马克思之所以成为影响世界历史进程的伟人，马克思主义之所以成为世界思想领域里先进文化的代表，正是因为马克思不仅没有抛弃他前人的文化成果，反而最大限度地吸收了前人思想发展中一切有价值的东西，特别是资本主义文化中的积极进步因素，从而实现了人类哲学发展史上的伟大创新。中华民族的文化发展也是如此。中华民族文化绵延几千年不衰，除了中华文化的深厚底蕴，还得益于其一定程度的吸纳和融合各种文化的创新能力。从汉唐以来，中华民族文化实现了与外来文化的几次大的融合：第一次是汉唐时期印度佛教文化与中国传统儒学、道学的融合，产生了中国化的佛教派别；第二次是明末清初西方基督教文化与中国文化的融合，打破了中国人夜郎自大、故步自封的文化心态；第三次是"五四"时期马克思主义与中国传统文化的融合，推动了中国传统文化的现代转型。正是由于对外来文化的合理吸收和改造，中华民族文化才呈现出了博大精深和生机勃勃的局面。因此，今天的文化建设也同样要吸取世界文化的精华。中国文化只有坚持对外开放，把自己置身于世界文化的潮流之中，坚持社会主义性质，坚持以我为主、为我所用的原则，开展多种形式的对外文化交流，博采各国文化之长，才能不断丰富自己，增强自身发展的生命力，实现文化的创新。

第五，重视文化遗产的保护和开发，增强文化传播力。民族文化遗产是一个民族的文化湿地和精神植被。它们是各民族在长期与大自然相处中产生和形成的，包含着各民族对人与自然关系的理解和生存策略。在全球化浪潮和当代世界政治格局中，中国社会正经历着重大的历史变迁，中华传统文化正经历着前所未有的洗礼和考验。随着现代社会进程的加快，随着经济全球化的加剧，我国许多地方对保护优秀传统文化的重要性认识不足，缺乏责任心和使命感，大量形成于传统社会的文化遗产流失现象严重。韩国对端午节的成功申报世界遗产给我们敲响了保护文化遗产的警钟。

对民族文化遗产的保护和开发最重要的一点是要立法保护。当今世界，许多发达国家都非常重视对民族文化遗产进行立法保护。日本在 19 世纪下半叶就开始立法保护文化遗产，美国也于 1906 年通过古迹法来保护文化遗产。韩国保护民族文化的呼声也越来越高，政府专门制定了《文化财产保护法》并开始推行文化振兴政策。据联合国教科文组织《2000 年世界文化报告》资料显示，世界上 57 个国家将无形文化和民族文化遗产保护作为国家文化政策的一部分，52 个国家的立法中包含了无形文化和民俗文化遗产的"知识产权"方面的条款。我国也应该在立法保护民族文化遗产方面加快步伐。

对民族文化的保护不仅要注重内在的开发，还要注重增强中国文化的传播力和感召力。这首先是世界文化的发展要求。中国文化是世界文化体系中唯一绵延数千年没有中断的文化体系。在长期历史积淀中形成的中国文化包含着许多特有的智慧，有些对于解决全球化时代人类面临的"全球性"问题有着重要的参考价值。如中国哲学中"天人合一"的思想，为解决人与自然的矛盾关系提供了正确的指导思想；"己所不欲，勿施于人"，为创建一个和谐的人际关系提供了基本的准则；"和而不同"则为世界文化的共生共荣提供了有益的借鉴。其次，增强中国文化的传播力和感召力还是中国文化自身的发展要求。加拿大前外交部长 Ouellette 曾说："一个自我封闭、不能将自己的文化特性和社会价值观念跨越国境向外拓展的国家，注定是默默无闻、没有什么影响力的……国际化的本质就是取得成功并具有竞争力。"世界上许多国家都非常重视弘扬和传播他们的文化传统，美国政府首当其冲，它以霸权的形态在各种场合自觉或不自觉地传播他们的文化和价值观。风靡全球的日本卡通和漫画处处充满着日本的价值观念。在中国流行的各类韩国影视作品或游戏软件，也处处渗透着韩国特色的文化传统和民族精神。

面对竞争日趋激烈的国际形势，中国文化也应该增强自身的传播力和感召力。今天风起云涌的全球化浪潮给中国文化提供了与世界各民族文化平等交流、对话的机会。这种交流虽然是以资本主义为主导，但它绝不是单向的，而是双向的、互动的。一方面西方文化以全球化为平台通过各种渠道大量传入中国，另一方面中国文化也可以利用各种现代的传媒手段传向世界。

全球化给文化的这种双向交流和互动提供了便捷条件，也给中国文化走向世界提供了难得的历史机遇。事实上，中国近年来已经利用国庆日、建交日、友好城市缔结日以及春节等契机，在世界各地举办了许多"中国文物展"、"中国画精品展"、"中国电影周"、中国艺术团体的友谊演出等大型的对外文化交流活动。这些文化交流活动既增进了中国与其他国家的友谊，又增强了中国文化在国际上的传播力和感召力。以"中法文化年"为例。"中法文化年"是新中国成立以来我国在境外举办的最大规模的对外文化交流活动，胡锦涛主席和希拉克总统互致贺信，中法两国高层政要、社会名流和新闻记者等近千人出席开幕式，在法国掀起了一股中国热。"中法文化年"通过展示文化这一社会生活的重要组成部分，让尽可能多的法国公众走近和了解了古老的中国、多彩的中国和当代的中国，从而使法国、欧洲乃至全世界认识了真正的中国，扩大了中华文化在世界上的影响。①

三、中国特色社会主义文化建设中的三种思维误区

需要指出的是，在中国特色社会主义文化建设的实践中，有三种思维观念的误区必须要打破。这就是本质主义思维方式、意识形态思维方式和文化中心主义思维方式。

（一）本质主义思维

本质主义思维方式是理性主义哲学的思维基础，它认为任何事物都是由深藏于其外在形态之中的本质所决定的，事物的外在形态是变化多端的，但事物的本质始终是稳定的、自在的、预成的、封闭的，本质决定了事物"是其所是"。因此，在本质主义的视野中，哲学认识的根本目的就是追求和探究事物的本质，一旦把握了本质就达到了对事物的真理性认识，事物发展变化中的那些差异和偶然因素相比本质来说，是完全可以被忽视的。

---

① 参见孙家正：《不断提高建设社会主义先进文化的能力》，《文化研究》2005 年第 2 期。

　　显然，本质主义思维方式是一种现成论思维方式，它发端于古希腊。古希腊先哲巴门尼德用"存在"这一宇宙最高本体来统摄万物，从而开创了本质主义思维方式的先河。柏拉图则通过理念论为我们提供了一个由最高的"善"的理念统领的等级森严、秩序井然的"理念世界"，这个理念具有本源性、客观性、普遍性和先验性，是事物的本质和根基。任何具体的个别的事物只是由于"分沾"了理念，才得以生成和存在。可以说，这是本质主义思维方式在古典时代的充分体现。

　　近代以来，本质主义思维方式在以牛顿力学为代表的近代自然科学哲学化过程中日益形成精致化的形式和表达。德国哲学家康德对近代以来人的理性的无所不包的能力表示出了一定的怀疑，他把世界划分为现象世界和本质世界，现象世界可以通过人的理性能力来把握，本质世界则是人无法认识的，从而限制了人的理性能力，为信仰留出了地盘。应该说康德的思想具有重要的启发意义，但他依然设定了一个不同于现象世界的原初性的、普遍性的本质世界的存在。因此，康德依然没有逃脱本质主义思维方式的窠臼。

　　黑格尔与康德相反，他认为现象世界和本质世界不仅不是相对立的，而且是完全统一的，人对最高真理的认识就是对绝对精神运动过程的认识。黑格尔的重大贡献就是把运动和变化引入了哲学。他认为："真理就是它自己的完成过程，就是这样一个圆圈，预悬它的终点为目的并以它的终点为起点，而且只当它实现了并达到了它的终点它才是现实的。"① 然而，黑格尔的运动和变化不是事物自身的运动和发展，而是预先被黑格尔设定的"绝对精神"的自我运动和自我实现。因此，黑格尔的思维方式和康德可以说是殊途同归，都是现成论的本质主义的思维方式。

　　本质主义思维方式在近代特别是在近代的科学研究中曾经发挥过重大的作用，然而随着历史的发展和人类认识水平的不断提高，本质主义思维方式的局限性日益明显地暴露出来。正如有的学者所总结的："第一，本质主义思维方式总是把事物看成是先在规定的、既成的、可以预定的存在，对于事

_____

　　① ［德］黑格尔:《精神现象学》（上卷），贺麟、王玖兴译，商务印书馆 1979 年版，第 11 页。

物的开放性、偶然性、变异性、生成性、不可预知性等重视不够，不利于开放地、整体地、全面地、发展地认识事物；第二，本质主义思维方式过于注重人的终极价值目标，因而也在一定程度上导致了对当下日常生活与人们具体生存状况的轻视和冷漠，不利于生命价值全过程的公平实现。"① 所以，现代哲学家均扛起反本质主义的理论大旗。马克思对本质主义思维方式的批判和超越在现代西方哲学流派中最具有革命性和彻底性。

马克思曾经这样批判过黑格尔，马克思说："黑格尔陷入幻觉，把实在理解为自我综合、自我深化和自我运动的思维的结果，其实，从抽象上升到具体的方法，只是思维用来掌握具体、把它当作一个精神上的具体再现出来的方式，但决不是具体本身的产生过程。"② 因此，马克思主张，不是从抽象的实体而是要从现实的个人出发，把"对象、现实、感性"当做"感性的人的活动，当作实践去理解"③，从而确立了把"世界历史"的发展看成是"人通过人的劳动而诞生的过程，是自然界对人来说的生成过程"④ 的实践论思维方式。

然而，长期以来本质主义思维方法一直对我们产生着重要的影响，从而遮蔽了马克思实践论思维方式的合理性地位。这在中国特色社会主义文化建设中也有着广泛的体现。其中有一种观点认为，所谓"中国特色"是中国传统文化的固有本性和特质，"中国特色文化"就是保持着原汁原味的纯粹的中国传统文化，"中国特色文化建设"就是从传统文化中开出现代化之路，而不需要对社会实践和时代发展的要求和经验以及外来文化中的有益要素进行整合。

事实上，"中国特色"这一概念绝不是中国传统中固有的东西，也不是排斥西方文化的"纯粹"的中国的东西，而恰恰是以其他文化的存在和交流为前提的，体现了鲜明的创造性和过程性。我们不可能奢望能够在马克思主

---

② 易小明：《本质的生成与生成的本质：本质主义思维方式与生成主义思维方式比较探究》，《社会科学战线》2005 年第 4 期。

① 《马克思恩格斯选集》第 2 卷，人民出版社 1995 年版，第 18—19 页。

② 《马克思恩格斯选集》第 1 卷，人民出版社 1995 年版，第 54 页。

③ 《马克思恩格斯全集》第 42 卷，人民出版社 1972 年版，第 131 页。

义的经典著作中寻找到可以供我们直接照搬的对于"中国特色"的详尽描述，因为马克思主义"是发展着的理论，而不是必须背得滚瓜烂熟并机械地加以重复的教条"①，"只有不可救药的书呆子，才会单靠引证马克思关于另一时代的某一论述，来解决当前发生的独特而复杂的问题"②。所以，以马克思主义为指导的社会主义文化建设也应该坚持马克思主义的开放本性，应该永远注视现实，回答当代文化发展实践提出的最迫切的问题，并以此为基础，不断丰富和发展马克思主义文化理论。

在当代文化发展的实践中，全球化成了任何民族和国家不可逃脱的历史境遇和宏观背景。在这一背景下，由于交往的日益频繁，人类文化的发展已经越来越多地形成一些各个国家和民族所认可的共同价值观念，中国特色文化的建设也必须以这些人类共同认可的价值观念为前提，才可能获得世界文化格局中其他文化的认可和尊重。如果我们固守着传统，不肯接受任何先进文化的因子，即使在社会实践和时代发展重大变化后也依然用传统文化中的先进成分来聊以自慰而不继续实现文化的发展和创新，这只能被当做是"同情或看稀奇的对象"。当然，这并不是说要完全抛弃中国传统的东西。20世纪以来的历史发展证明，西方文化并非是完美无缺的，西方以理性主义为核心的文化在现实中已经暴露了其难以克服的弊端，必须要被扬弃。只有以马克思主义文化为指导，不断吸收和总结社会主义文化建设的实践经验，并对传统文化和西方文化进行综合创新，才能真正获得有生命力的、既有社会主义文化主体性又兼具容纳世界文化公共性的"中国特色"的文化，并对拓宽马克思主义文化理论作出贡献。

（二）意识形态思维

意识形态的思维方式是指那种过分夸大文化的阶级性，从而以政治或统治阶级的意识形态作为衡量和判断一种文化的本质及其发展规律的思维方式。这种思维方式在20世纪五六十年代曾经对中国的文化发展产生过严重

---

④ 《马克思恩格斯文集》第1卷，人民出版社2009年版，第196页。

⑤ 《列宁选集》第1卷，人民出版社1995年版，第162页。

的消极影响，尽管改革开放以后这种思维方式在文化建设中已经不占主导地位了，但其遗毒却并没有完全消除。意识形态思维方式之所以在我国文化建设乃至整个社会中产生重要影响，主要与 20 世纪上半叶中国的马克思主义者对马克思主义理论接受的偏颇有关。

20 世纪上半叶的中国在西方列强的入侵下面临的首要任务就是"保国保种"，先进的中国知识分子经过比较和选择最终选择了马克思列宁主义作为重构中国人生存意义的理论根据。然而，由于中国当时"救亡压倒启蒙"的现实需要，使得早期马克思主义者在接受马克思主义时更加突出和注重了马克思主义理论中关于阶级斗争和社会革命的理论，而忽视了生产力对阶级斗争的最终决定作用。俄国十月革命的胜利，使中国早期的马克思主义者更加坚信了这一点。如李大钊曾经指出："阶级竞争如一条金线"，使马克思主义的三个部分能够"从根本上联络起来"。①"《资本论》也是首尾一贯的根据那'在今日社会组织下的资本阶级与工人阶级，被放在不得不仇视、不得不冲突的关系上'的思想立论。关于实际运动的手段，他（指马克思）也是主张除了诉于最后的阶级竞争，没有第二个再好的办法。"② 毛泽东更是运用阶级斗争的方法来分析当时中国社会的各阶级状况。在《中国社会各阶级的分析》中，毛泽东指出："谁是我们的敌人？谁是我们的朋友？这个问题是革命的首要问题。"③ 所以，在当时的社会中，是否坚持阶级斗争学说被当做是否是马克思主义者的主要标准。对此，李泽厚指出："承认或否认从而积极参加或消极拒绝（或积极反对）阶级斗争，便几乎在中国成了是否接受马克思主义的一个理论上的区分界限和标准尺度。……因此，马克思主义在中国，主要是以其唯物史观（历史唯物论）中的阶级斗争学说而被接受、理解和奉行的。"④ 中国早期马克思主义者的这个特点对后来的马克思主义者一直或多或少地存在着影响。

不可否认，对于处于社会主义革命阶段的中国来说，这种思维方式更多地表现出了其积极性的一面。然而，新中国成立以后，对于处于社会主义建

---

① 《李大钊文集》（下卷），人民出版社 1984 年版，第 184 页。

② 《李大钊文集》（下卷），人民出版社 1984 年版，第 184 页。

③ 《毛泽东选集》第一卷，人民出版社 1991 年版，第 3 页。

④ 李泽厚：《中国现代思想史论》，天津社会科学院出版社 2004 年版，第 147 页。

设阶段的中国来说，这种思维方式的消极性愈来愈暴露出来。就文化领域来说，这种思维方式主要表现为文化丧失了其相对独立性，而主要变成了政治的附庸和阶级斗争的工具。"文艺为政治服务"成了当时主要的文化方针，如对电影《武训传》、对胡风文艺思想的批判等，更多地是发挥了文化的政治功能，"文化大革命"则是这一思维方式极端化的反映。以此为指导，新中国把文化领域纳入了国家政治管理体系，从而构建了政治化的文化体制。在这种文化体制中，文化变成了必须接受国家行政领导的领域之一。这种文化体制对于提高国家文化资源整合和分配的效率有一定意义，但过多的行政干预必然会违背文化自身的发展规律，对文化事业的健康发展造成一定的束缚。所以，薄一波后来指出："在新生的人民政权尚不巩固的情况下，注意对思想文化工作、对意识形态领域加强管理、严格要求，以至在某种特定的条件下实行一些必要的控制是需要的、正确的，但是不能乱加行政干预，不能违反文化事业的发展规律。国内国外的历史事实已经充分证明，动不动就在思想文化领域大抓阶级斗争，大搞政治运动，无论如何是行不通的，是不能允许的，于文化事业的发展危害极大。"①

　　改革开放以后，随着中国特色社会主义建设实践的深入，文化在社会发展中的地位和作用问题被逐步提出和明确。特别是一系列文化发展方针和文化政策的出台，使得文化从国家政治生活中获得了较大的发展空间，成为一个相对独立的领域。但是，意识形态的思维方式依然在一定程度上起着作用。这主要表现为：一方面，政府对文化事业的发展依然存在着粗暴的行政化干预的现象，处理问题时管、堵、压依然是主要的方式，其结果往往造成单一化，直接表现就是陷入"一抓就死、一放就乱"的怪圈。然而，古往今来的历史发展都已经证明，任何一个国家、一个民族要想保持文化的繁荣、生机和活力，既要依赖于意识形态的稳定，更要靠多元文化和思想之间的自由竞争而形成和谐共生的文化生态。而意识形态的思维方式是不可能形成这种局面的。另一方面，文化单位和部门在遇到问题时，依然采取等、靠、要

---

① 薄一波：《若干重大决策与事件的回顾》下卷，中央党校出版社 1993 年版，第 1249 页。

的自上而下的解决方式，"不会利用市场的方式，依靠法制，运用经济杠杆、科学技术的力量，依靠广大人民群众的参与来解决问题"①。这又在客观上巩固了文化管理部门对权力的集中和"自上而上"的文化提供机制，而这恰恰是当前文化体制改革的重点和难点。

然而，批判意识形态思维并不是意味着应该对文化实行完全市场化。事实上，文化自身的特点决定了对待文化不能采取简单地完全市场化的原则。作为社会生活中的一个特殊领域，文化既具有意识形态性又具有商品性。从与经济基础的关系来看，文化是被经济基础所决定的上层建筑的观念形态，因而是一种特殊的意识形态；从与生产实践的关系来看，文化生产是与物质生产相对应的生产形态，因而作为文化生产结果的文化又和物质生产的产品一样具有商品性。② 因此，在文化建设中，必须要按照文化的属性区分文化事业和文化产业，既要注重文化事业的建设，以增强社会主义核心价值体系的凝聚功能，又要注重文化产业的发展，以进一步解放和发展文化生产力。正是在这个意义上，党的十七大报告提出："建设社会主义核心价值体系，增强社会主义意识形态的吸引力和凝聚力"，"坚持把发展公益性文化事业作为保障人民基本文化权益的主要途径，……大力发展文化产业，……繁荣文化市场，增强国际竞争力"。③

综上所述，用意识形态的思维方式来对待文化是不符合文化发展的基本规律的。应该在文化的发展中肃清这种思维方式，遵循文化自身的发展规律，并加以适度的引导，既防止用行政手段干预文化发展，又不能让文化发展放任自流完全市场化。只有这样，才可能真正地促进社会主义文化的大发展和大繁荣。

（三）文化中心主义思维

文化中心主义思维是指无限夸大一种文化模式的普遍性，把它看成是衡

---

② 李德顺：《简论文化发展观与我国文化体制改革》，《文化学刊》2006 年第 1 期。

① 参见鲍金：《文化的商品和公共产品特性》，《哲学动态》2008 年第 9 期。

③ 胡锦涛：《高举中国特色社会主义伟大旗帜　夺取全面建设小康社会新胜利而奋斗——在中国共产党第十七次全国代表大会上的报告》，人民出版社 2007 年版，第 36 页。

量和评价其他一切文化模式的唯一价值标准。这种思维方式既包括西方中心主义，也包括东方中心主义。

西方中心主义是以西方文化作为其他文化的评价标准，认为西方文化比其他文化优越，因此理应成为普世文明。这种思维方式在鸦片战争以来的中国文化论战中占有重要的地位并发生过重要的影响。前面提到的文化激进派、全盘西化派在一定意义上都是秉持西方中心主义思维的。这种对待文化的思维方式就其实质而言，是否定传统，割断文化继承性的形而上学观点，是民族文化虚无主义的表现，在近代以来的文化论争和文化发展的历史中已经得到了有力的驳斥和批判。所以，这里我们所指的作为思维误区的文化中心主义主要是指东方中心主义的思维方式。

东方主义思维在中国传统社会中是占主导地位的思维方式，中国人认为中国传统文化和价值观念是人类社会普遍而永恒的。"'中国'这一概念在古代虽不断演化，但其主旨却始终守住一个'中'字——中国者，天下之中也。这就是一种地理学的中心意识，更是一种文化学的中心意识。这种文化中心意识，还表现在'中华'一词上。'华'指文化繁盛，'中华'意谓居于中心的富有文化的民族。"[①]到了近代，随着西方文化的大肆入侵，中国人的文化自信遭到了前所未有的打击，中心意识逐渐淡化，但"余韵流风仍然不时回荡"[②]。特别是20世纪90年代以来，随着中国传统文化研究热潮的兴起，一些人开始抛开传统文化的历史背景和现实制约性，一厢情愿地夸大其现代意义，东方中心主义思维似乎又具有再度抬头的趋势。

这种趋势的形成一方面得益于近年来中国经济的快速发展和国际地位的提升。改革开放以来，中国经济总量迅速上升，到2006年已居世界第4位，农村贫困人口减少到不足3,000万，取得的成就全球瞩目。[③]特别是"中国模式"、"北京共识"等说法的提出，使得中国人终于可以抛弃背负了百余年的"落后"、"挨打"的沉重包袱，中国人开始"自信"了。

另一方面，西方社会的危机也使得中国传统文化中的积极因素格外醒

①　冯天瑜:《中国文化史纲》，北京语言文化大学出版社1994年版，第3页。

②　冯天瑜:《中国文化史纲》，北京语言文化大学出版社1994年版，第3页。

③　http://www.p5w.net/news/gncj/201002/t2839092.htm.

目。曾经给西方文明带来辉煌和灿烂的西方理性主义文化模式遇到了空前的危机。技术理性并没有如人们所期待的那样，给人们带来自由和解放，反而使人们陷入了本质主义的旋涡，出现了人与自身、人与人的异化。"人变成了商品，其生命力变成了投资，以便获得现存市场条件下可能得到的最大利润。人与人之间的关系从本质上讲不过是异化为自动机器的人与人之间的关系。在每一个都力求尽可能地接近他人的同时，他们又无一例外的处于完全的孤独之中，整日萦绕着危机感、焦虑和犯罪感，这些感觉都是当人处于不可克服的分离隔绝状态时必然产生的。"① 相比之下，中国传统文化的一些思想似乎对于解决西方文化的危机有着重要的参考价值。如中国哲学中"天人合一"的思想，能为解决人与自然的矛盾关系提供正确的指导思想；"己所不欲，勿施于人"，能为创建一个和谐的人际关系提供基本的准则；"和而不同"，能为世界文化的共生共荣提供有益的借鉴；"君子爱财，取之有道"则有助于抑制商品经济所诱发和强化的利己主义和功利主义的倾向，从而在"义"和"利"之间形成一种必要的张力，遏制了人们对物质欲望的无止境追求。而这一点也得到了许多西方学者的认可。英国著名历史哲学家汤因比在《展望21世纪》一书中就肯定了中国文化对于世界文化发展的资源作用，他认为，儒家的仁爱"是今天社会所必需的"②，"墨家主张的兼爱，过去只是指中国，而现在应该作为世界性的理论去理解"③。

于是，在当下的文化研究中，东方中心主义思维卷土重来似乎理由十分充分了。如一些学者提出，"三十年河东，三十年河西"、"二十一世纪是儒学的世纪"、"《周易》蕴涵着人类现代文明"、"天人合一是拯救西方生态危机的根本途径"等，认为西方文化在今天已经穷途末路了，西方文化不可能自己拯救自己，而必须靠东方文化或中国文化才能得到拯救、获得重生。其中，很多学者还以东南亚一些国家的经济繁荣作为现实的论据。

---

④ ［德］弗洛姆：《爱的艺术》，陈维纲等译，四川人民出版社1986年版，第96页。

① 《展望21世纪——汤因比与池田大作对话录》，国际文化出版公司1985年版，第390页。

② 《展望21世纪——汤因比与池田大作对话录》，国际文化出版社公司1985年版，第425—426页。

　　然而事实并非如此。儒学建立在农耕自然经济和封建宗法制度的基础上，在本质上是农业文明的产物。随着自然经济和封建宗法制度的瓦解，中国传统儒学赖以存在的根基已经失去，这就使得儒学不可能再作为一个占统治地位的文化形态对整个社会整体发生作用，而只能在人与自然关系、人与人关系、道德修养、人格完善等方面产生局部影响。而且，西方社会也不可能依靠儒学来摆脱工业文明带来的危机。"西方的问题最根本的是社会问题。以生态危机、价值观念危机、家庭结构解体以及各种各样的社会问题所表现出来的危机，不是简单的文化危机，而是经济和政治制度的危机。没有任何一种外来文化能使西方社会摆脱困境，解决问题的钥匙和手段存在于西方社会自身。变革不合理的经济和政治制度，这才是最终的出路。"①

　　所以，东方中心主义一厢情愿地认为东方文化、中国文化是未来文化格局的中心，是对西方中心主义的矫枉过正，也是很难令人信服的。尽管它对于增强民族自信有一定的意义，但如果以这种思维方式作为文化建设的思维方式，会混淆中国特色社会主义文化建设的价值取向，是不可取的。

　　综上所述，在全球化时代，只有克服文化建设中的种种思维思维误区，坚持综合创新的文化思维，树立文化自觉的心态，才能真正实现中国文化的科学发展，推动世界不同文化之间的多元和谐发展。

　　"文化自觉"由我国著名社会学家费孝通先生于1997年提出。所谓"文化自觉"，就是"生活在一定文化中的人对其文化有'自知之明'，明白它的来历、形成的过程，所具有的特色和它发展的趋向，不带任何'文化回归'的意思，不是要'复旧'，同时也不主张'全盘西化'或'全盘他化'。自知之明是为了加强对文化转型的自主能力，取得决定适应新环境、新时代时文化选择的自主地位"②。

　　文化自觉首先要求各民族对自己的民族文化传统有着较为清晰的自我认识，但这种认识不是像文化相对主义那样简单地回归传统，而是从传统中汲取前行的精神动力，并结合社会实践不断地进行新的创造。其次，文化自觉

---

　　①　陈先达：《静园论丛》，中国人民大学出版社2000年版，第545页。
　　②　费孝通：《反思·对话·文化自觉》，《北京大学学报》（哲学社会科学版）1997年第3期。

主张对异族文化的宽容理解。文化自觉认为，各民族文化都是该民族在自己所面对的独特的生活环境中所形成的生存智慧，对于该民族来说，它的文化具有其他文化所不能替代的功能，因此不能一厢情愿地以自己的价值体系来衡量异族文化，也不能盲目地以异族文化作为自己文化价值体系的衡量标准。再次，文化自觉强调多元文化的交流。它承认不同文化之间的差异，但由于实践活动的共通性、文化内部要素的可融合性和人类共同价值观念的存在，不同文化之间的交流是可能的。只有在相互交流中，一种文化才能在与"他者"的比较中获得对自己的新的理解和反思，才能为自己的发展提供不竭的动力。最后，文化自觉主张不同文化之间的整合。它认为各种文化不仅要容忍、尊重和欣赏，而且还能够通过主体间的交往将不同的文化价值观念整合起来，形成各种文化都普遍认可的共同的价值观念，从而实现人类文化联手发展、美美与共的新气象。

　　总之，文化自觉所倡导的不是文化的自我封闭，而是开放的跨文化交流；不是文化的自我欣赏，而是多元文化共存中的自觉定位；不是文化的唯我独尊，而是人类文化的共存共荣。文化自觉不仅表达了多元文化和谐共生的崇高理想，更蕴涵着为了达到这种崇高理想的现实的实践路径。在一个日益开放和多元化的世界中，只有具备这样的文化发展意识和文化实践追求，不断促进多元文化之间的视界融合和交流互动，才能在理论上恰当地把握文化之间的关系，在实践中建设兼具民族性和现代性的中国特色社会主义文化。

结　语

文化是民族身份的象征，是国家的精神家园。当今时代，文化作为一种"软实力"在社会发展中的作用日益突出，文化不仅是国家综合国力的重要标志，而且还成为国家主权斗争的重要砝码以及国际冲突或合作的重要因素。在以中心—边缘结构为范式的世界政治格局中，在以现代性扩张为主旨的全球化浪潮裹挟下，广大发展中国家和欠发达国家的文化个性面临严重的威胁，文化民族性问题成为关系国家安全的重大理论问题和现实问题。

本书以当代世界政治格局和全球化为背景，以马克思主义唯物史观为指导，系统地分析了文化民族性的内涵、生成、变迁，文化民族性与文化全球化的互动机理以及中国文化民族性建设的一些对策。

本书的创新之处可以概括为以下几点：

第一，具有较为鲜明的问题意识。本书立足于当代世界政治格局，以当代文化的重要作用和文化民族性问题的凸显作为研究的出发点，围绕当代世界政治格局中发展中国家和欠发达国家文化问题所遇到的挑战展开研究，以此来展示和丰富马克思主义哲学的实践品格。

第二，对文化民族性的生成基础进行了历史观维度的考察。文化民族性的生成涉及社会生产方式、自然地理环境、文化自身的相对独立性等问题。其中，社会生产方式对文化的生成具有决定性作用，但社会生产方式对文化的作用是通过若干"中介"发生作用的，是社会生活诸多因素相互作用的结果，这恰恰展示了唯物史观辩证决定论的本性。

第三，对文化民族性当代意义的研究有一定的新意。全球化使各民族文化不再是沿着自己的轨道孤立地演进和发展，而是必须走出区域、地方，融入全球文化发展的格局中。在全球化背景下，民族文化之间的交流达到了前所未有的规模和深度。然而，文化民族性和个性在全球化浪潮的汹涌澎湃中不仅不会同质化，反而有不断加强的趋势，它在和文化全球化的互动中、和他者文化的关系中不断再建构。以此为基础，本书得出了文化民族性在当代的四重意义——文化民族性是文化全球化的制约、是文化多样性的保证、是文化交流的基础、是民族文化认同的根据。

第四，总结和提出了当前中国特色社会主义文化建设中三种有影响力的文化建设思维，即本质主义思维、意识形态思维、文化中心主义思维，并对之进行了批判。

然而，文化民族性问题是个涉及经济学、政治学、历史学、社会学、文化人类学、哲学等多门学科的一个综合性课题，由于笔者的理论视野和研究水平有限，对文中提出的一些问题的认识可能还很肤浅，例如，对于文化民族性的内涵还可以再深入挖掘，对唯物史观关于经济基础和上层建筑的辩证作用的过程和"中介"的研究也还需要继续深入，对于中国传统文化解体和现代文化建构的历史进程的把握还不够深入，特别是对于中国特色社会主义文化建设方略的把握可能还不够准确等，期望能够在今后的研究中进一步深化。

参 考 文 献

一、经典著作

1.《马克思恩格斯选集》第 1—4 卷，人民出版社 1995 年版。

2.《马克思恩格斯全集》第 1 卷，人民出版社 1956 年版。

3.《马克思恩格斯全集》第 3 卷，人民出版社 2002 年版。

4.《马克思恩格斯全集》第 4 卷，人民出版社 1958 年版。

5.《马克思恩格斯全集》第 20 卷，人民出版社 1971 年版。

6.《马克思恩格斯全集》第 23 卷，人民出版社 1972 年版。

7.《马克思恩格斯全集》第 26 卷第 1 册，人民出版社 1972 年版。

8.《马克思恩格斯全集》第 27 卷，人民出版社 1972 年版。

9.《马克思恩格斯全集》第 30 卷，人民出版社 1995 年版。

10.《马克思恩格斯全集》第 31 卷，人民出版社 1998 年版。

11.《马克思恩格斯全集》第 42 卷，人民出版社 1979 年版。

12.《马克思恩格斯全集》第 46 卷（上），人民出版社 1979 年版。

13.《马克思恩格斯全集》第 47 卷，人民出版社 1979 年版。

14.《毛泽东选集》第二卷，人民出版社 1991 年版。

15.《邓小平文选》第二卷，人民出版社 1994 年版。

16.《邓小平文选》第三卷，人民出版社 1993 年版。

17.《列宁选集》第 1 卷，人民出版社 1995 年版。

18.《列宁选集》第 3 卷，人民出版社 1995 年版。

19.《列宁选集》第 4 卷，人民出版社 1995 年版。

20.《毛泽东选集》第一卷，人民出版社 1991 年版。

21.《毛泽东选集》第二卷，人民出版社 1991 年版。

22. 马克思:《1844 年经济学哲学手稿》，人民出版社 2000 年版。

23. 恩格斯:《自然辩证法》，人民出版社 1984 年版。

二、中文著作

1. 陈先达:《静园论丛》，中国人民大学出版社 2000 年版。

2. 陈先达:《静园夜语——哲学随思录》，中国人民大学出版社 1998
年版。

3. 陈先达:《走向历史的深处》，中国人民大学出版社 2006 年版。

4. 黄楠森、龚书铎、陈先达主编:《有中国特色社会主义文化研究》，山
东人民出版社 1999 年版。

5. 安启念主编:《马克思主义哲学中国化研究》，中国人民大学出版社
2006 年版。

6. 庄锡昌等编:《多维视野中的文化理论》，浙江人民出版社 1987 年版。

7. 朱炳元主编:《全球化与中国国家利益》，人民出版社 2004 年版。

8. 黄硕风:《综合国力新论》，中国社会科学出版社 1999 年版。

9. 张骥、刘中民:《文化与当代国际政治》，人民出版社 2003 年版。

10. 王辑思主编:《文明与国际政治——中国学者评亨廷顿的文明冲突
论》，上海人民出版社 1995 年版。

11. 王逸舟:《当代国际政治论析》，上海人民出版社 1995 年版。

12. 王晓德:《美国文化与外交》，世界知识出版社 2000 年版。

13. 夏建中:《文化人类学理论学派——文化研究的历史》，中国人民大
学出版社 1997 年版。

14. 黄淑娉、龚佩华：《文化人类学理论方法研究》，广东高等教育出版社 1998 年版。

15. 王铭铭：《西方人类学思潮十讲》，广西师范大学出版社 2005 年版。

16. 傅铿：《文化：人类的镜子——西方文化理论导引》，上海人民出版社 1990 年版。

17. 张文勋：《民族文化学》，中国社会科学出版社 1988 年版。

18. 陈序经：《文化学概观》，中国人民大学出版社 2005 年版。

19. 许苏民：《文化哲学》，上海人民出版社 1990 年版。

20. 李荣善：《文化学引论》，西北大学出版社 1996 年版。

21. 萧扬、胡志明主编：《文化学导论》，河北教育出版社 1989 年版。

22. 刘进田：《文化哲学导论》，法律出版社 1999 年版。

23. 韩民青：《文化论》，广西人民出版社 1989 年版。

24. 司马云杰：《文化社会学》，中国社会科学出版社 2001 年版。

25. 黄力之、张春美主编：《马克思主义文化哲学与现代性》，上海三联出版社 2006 年版。

26. 庞朴：《文化的民族性与时代性》，中国和平出版社 1988 年版。

27. 朱谦之：《文化哲学》，商务印书馆 1990 年版。

28. 衣俊卿：《文化哲学十五讲》，北京大学出版社 2004 年版。

29. 何萍：《马克思主义哲学与文化哲学》，武汉大学出版社 2002 年版。

30. 李鹏程：《当代文化哲学沉思》，人民出版社 2008 年版。

31. 邹广文：《当代文化哲学》，人民出版社 2007 年版。

32. 陈筠泉、刘奔主编：《哲学与文化》，中国社会科学出版社 1996 年版。

33. 费孝通：《论人类学与文化自觉》，华夏出版社 2004 年版。

34. 汪晖、陈燕谷：《文化与公共性》，生活·读书·新知三联书店 1999 年版。

35. 欧阳志远：《"上帝"的陶杯——文化多样性与生物多样性》，人民出版社 2003 年版。

36. 刘伟胜：《文化霸权概论》，河北人民出版社 2002 年版。

37. 孙晶：《文化霸权理论研究》，社会科学文献出版社 2004 年版。

38. 中华孔子学会编:《经济全球化与民族文化多元发展》，社会科学文献出版社 2003 年版。

39. 李晓东:《全球化与文化整合》，湖南人民出版社 2003 年版。

40. 刘登阁:《全球文化风暴》，中国社会科学出版社 2000 年版。

41. 童庆炳等主编:《全球化语境与民族文化、文学》，中国社会科学出版社 2002 年版。

42. 俞可平:《全球化与政治发展》，社会科学文献出版社 2003 年版。

43. 许启贤主编:《世界文明论研究》，山东人民出版社 2001 年版。

44. 金民卿:《文化全球化与中国大众文化》，人民出版社 2004 年版。

45. 徐迅:《民族主义》，中国社会科学出版社 1998 年版。

46. 汤一介:《和而不同》，辽宁人民出版社 2001 年版。

47. 梁漱溟:《东西文化及其哲学》，商务印书馆 1999 年版。

48. 梁漱溟:《中国文化要义》，上海世纪出版集团上海人民出版社 2005 年版。

49. 李泽厚:《中国现代思想史论》，天津社会科学院出版社 2003 年版。

50. 余英时:《文史传统与文化重建》，生活·读书·新知三联书店 2004 年版。

51. 余英时:《现代儒学的回顾与展望》，生活·读书·新知三联书店 2004 年版。

52. 余英时:《现代危机与思想人物》，生活·读书·新知三联书店 2004 年版。

53. 李存山编:《张岱年选集》，吉林人民出版社 2005 年版。

54. 金耀基:《从传统到现代》，中国人民大学出版社 1999 年版。

55. 林毓生:《中国传统的创造性转化》，生活·读书·新知三联书店 1988 年版。

56. 韦正通:《伦理思想的突破》，四川人民出版社 1988 年版。

57. 罗荣渠:《现代化新论——世界与中国的现代化进程》(增订版)，商务印书馆 2004 年版。

58. 罗荣渠:《从"西化"到现代化》，黄山书社 2008 年版。

59. 钱穆：《中国文化史导论》（修订本），商务印书馆 1996 年版。

60. 张岱年、方克立主编：《中国文化概论》，北京师范大学出版社 1994 年版。

61. 张岱年、程宜山：《中国文化论争》，中国人民大学出版社 2006 年版。

62. 张岱年：《张岱年文集》第 1 卷，清华大学出版社 1995 年版。

63. 张岱年：《张岱年文集》第 6 卷，清华大学出版社 1995 年版。

64. 张岱年：《张岱年全集》第 7 卷，河北人民出版社 1998 年版。

65. 李宗桂：《中国文化导论》，广东人民出版社 2002 年版。

66. 李宗桂：《文化批判与文化重构——中国文化出路探讨》，陕西人民出版社 1997 年版。

67. 汪澍白：《二十世纪中国文化史论》，中国青年出版社 1999 年版。

68. 瞿秋白：《瞿秋白选集》，人民出版社 1985 年版。

69. 中国李大钊研究会编注：《李大钊文集》（上、下），人民出版社 1984 年版。

70. 夏晓虹编：《梁启超文选》（下），中国广播电视出版社 1992 年版。

71. 胡适：《胡适文存》第 3 集，黄山书社 1996 年版。

72. 邵汉明：《中国文化研究二十年》，人民出版社 2003 年版。

73. 蒙培元：《人与自然——中国哲学生态观》，人民出版社 2004 年版。

74. 李中华编：《中国人学思想史》，北京出版社 2005 年版。

75. 赵敦华：《西方人学观念史》，北京出版社 2005 年版。

76. 胡惠林：《文化产业发展与国家文化安全》，广东人民出版社 2005 年版。

77. 胡惠林：《中国国家文化安全论》，上海人民出版社 2005 年版。

78. 祁述裕主编：《中国文化产业国际竞争力报告》，社会科学文献出版社 2004 年版。

79. 孙安民：《文化产业理论与实践》，北京出版社 2005 年版。

80. 张晓明等编：《2004 年：中国文化产业发展报告》，社会科学文献出版社 2004 年版。

81. 沈壮海：《先进文化论》，高等教育出版社 2003 年版。

82.陈筠泉、李景源:《新世纪文化走向》,社会科学文献出版社1999年版。

83.罗文东:《中国特色社会主义文化理念论》,中国法制出版社2003年版。

84.郭建宁:《当代中国的文化选择》,北京大学出版社2004年版。

85.王文兵:《文化自觉与社会秩序变革》,中央文献出版社2007年版。

86.王来金:《全球化视野下的民族文化》,中国人民大学博士学位论文2001年。

三、中文译著

1.[德]黑格尔:《哲学史讲演录》第1卷,贺麟、王太庆译,商务印书馆1959年版。

2.[德]黑格尔:《历史哲学》,王造时译,生活·读书·新知三联书店1956年版。

3.[德]黑格尔:《精神现象学》(上),贺麟、王玖兴译,商务印书馆1979年版。

4.[美]菲利普·巴格比:《文化:历史的投影》,夏克等译,上海人民出版社1987年版。

5.[英]马林诺夫斯基:《文化论》,费孝通译,华夏出版社2002年版。

6.[美]克拉克·威斯勒:《人与文化》,钱岗南、傅志强译,商务印书馆2004年版。

7.[美]怀特:《文化科学——人和文明的研究》,浙江人民出版社1988年版。

8.[德]兰德曼:《哲学人类学》,阎嘉译,工人出版社1988年版。

9.[英]罗素:《一个自由人的崇拜》,胡显清译,时代文艺出版社1988年版。

10.[德]恩斯特·卡西尔:《人论》,甘阳译,上海译文出版社1985

年版。

11.［德］弗洛姆:《逃避自由》,陈学明译,工人出版社 1987 年版。

12.［德］弗洛姆:《爱的艺术》,陈维纲等译,四川人民出版社 1986 年版。

13.［法］埃德加·莫兰:《迷失的范式:人性研究》,陈一壮译,北京大学出版社 1999 年版。

14.［法］埃德加·莫兰:《方法:思想观念》,秦海鹰译,北京大学出版社 2002 年版。

15.［美］露丝·本尼迪克特:《文化模式》,何锡章、黄欢译,华夏出版社 1987 年版。

16.［美］露丝·本尼迪克特:《菊与刀》,张燕、付铿译,浙江人民出版社 1987 年版。

17.［美］弗朗兹·博厄斯:《人类学与现代生活》,刘莎等译,华夏印书馆 1999 年版。

18.［美］克利福德·吉尔兹:《文化的解释》,纳日碧力戈等译,上海人民出版社 1999 年版。

19.［意］维科:《新科学》,朱光潜译,人民文学出版社 1986 年版。

20.［德］伯林:《反潮流:观念史论文集》,冯凯利译,译林出版社 2002 年版。

21.［德］奥斯瓦尔德·斯宾格勒:《西方的没落》,齐世荣等译,商务印书馆 1993 年版。

22.［英］汤因比:《历史研究》,郭小凌等译,上海人民出版社 2000 年版。

23.［英］汤因比:《文明经受着考验》,沈辉、赵一飞、尹炜译,浙江人民出版社 1988 年版。

24.［德］马克斯·韦伯:《新教伦理与资本主义精神》,于晓等译,生活·读书·新知三联书店 1987 年版。

25.［德］马克斯·韦伯:《儒教与道教》,王容芬译,商务印书馆 1995 年版。

26.［美］约瑟夫·奈:《美国定能领导世界吗?》,何小东等译,军事译文出版社 1992 年版。

27.［美］理查德·尼克松:《1999：不战而胜》,王观声等译,世界知识出版社 1997 年版。

28.［美］兹比格涅夫·布热津斯基:《大棋局——美国的首要地位及其地缘战略》,上海人民出版社 1998 年版。

29.［美］弗兰西斯·福山:《历史的终结及最后之人》,黄胜强、许铭原译,中国社会科学出版社 2003 年版。

30.［美］塞缪尔·亨廷顿:《文明的冲突和世界秩序的重建》,周琪等译,新华出版社 2002 年版。

31.［美］塞缪尔·亨廷顿:《我们是谁——美国国家特性面临的挑战》,程克雄译,新华出版社 2005 年版。

32.［美］塞缪尔·亨廷顿主编:《文化的重要作用》,程克雄译,新华出版社 2002 年版。

33.［德］哈拉尔德·米勒:《文明的共存——对塞缪尔·亨廷顿“文明冲突论”的批判》,郦红等译,新华出版社 2002 年版。

34.［英］汤林森:《文化帝国主义》,冯建三译,上海人民出版社 1999 年版。

35.［英］保罗·哈里森:《第三世界——痛苦·曲折·希望》,钟菲译,新华出版社 1984 年版。

36.［美］萨义德:《东方学》,王宇根译,生活·读书·新知三联书店 1999 年版。

37.［美］路易斯·亨利·摩尔根:《古代社会》,杨东莼等译,江苏教育出版社 2005 年版。

38.［美］克莱德·M.伍兹:《文化变迁》,何瑞福译,河北人民出版社 1989 年版。

39.［美］E.希尔斯:《论传统》,付铿、吕乐译,上海人民出版社 1991 年版。

40.［德］马克斯·舍勒:《人在宇宙中的地位》,李伯杰译,贵州人民出版社 1989 年版。

41.［德］赖特·特茨拉夫主编:《全球化压力下的世界文化》,吴志成、韦苏、陈宗显译,江西人民出版社 2001 年版。

42.［英］戴维·赫尔德:《全球大变革:全球化时代的政治、经济与文化》,杨雪冬译,社会科学文献出版社 2001 年版。

43.［英］安东尼·吉登斯:《现代性与自我认同》,赵旭东、方文译,生活·读书·新知三联书店 1998 年版。

44.［美］罗兰·罗伯森:《全球化社会理论和全球文化》,梁光严译,上海人民出版社 2000 年版。

45.［英］约翰·汤姆林森:《全球化与文化》,郭英剑译,南京大学出版社 2002 年版。

46.［美］约翰·奈斯比特:《大趋势——改变我们生活的十个新方向》,梅艳译,中国社会科学出版社 1984 年版。

47.［美］欧文·拉兹洛:《多种文化的星球——联合国教科文组织国际专家小组的报告》,戴侃、辛未译,社会科学文献出版社 2001 年版。

48.［英］安东尼·史密斯:《全球化时代的民族与民族主义》,龚维斌、良警宇译,中央编译出版社 2002 年版。

49.［德］赫尔穆特·施密特:《全球化与道德重建》,柴方国译,社会科学文献出版社 2001 年版。

50.［英］埃勒·凯杜里:《民族主义》,张明明译,中央编译出版社 2002 年版。

51.［美］艾凯:《世界范围内的反现代化思潮》,贵州人民出版社 1991 年版。

52.［法］费尔南·布罗代尔:《文明史纲》,肖昶译,广西师范大学出版社 2003 年版。

53.［法］费尔南·布罗代尔:《资本主义论丛》,顾良、张慧君译,中央编译出版社 1997 年版。

54.［美］丹尼尔·贝尔:《资本主义文化矛盾》,赵一凡等译,生活·读书·新知三联书店 1989 年版。

55. [美] 成中英:《中国文化的现代化与世界化》, 中国和平出版社 1988 年版。

四、中文论文

1. 萨义德:《文化与帝国主义》,《马克思主义与现实》1999 年第 4 期。

2. 陈先达:《评社会历史考察的另一视角》,《马克思主义研究》2005 年第 2 期。

3. 邹广文、崔唯航:《从现成到生成: 论哲学思维方式的现代转换》,《清华大学学报》(哲学社会科学版) 2003 年第 2 期。

4. 崔唯航:《关于现代性、全球化与中国知识的文化反思》,《山东大学学报》(哲学社会科学版) 2003 年第 1 期。

5. 马俊峰:《"中国经验"与中国化的马克思主义》,《现代哲学》2008 年第 6 期。

6. 陈胜云:《马克思文化研究的唯物主义路径》,《上海行政学院学报》2007 年第 3 期。

7. 丁立群:《文化相对主义与文化进化主义的超越: 现代化建设中的中西文化融合问题》,《吉林大学学报》(哲学社会科学版) 1998 年第 6 期。

8. 李德顺:《简论文化发展观与我国文化体制改革》,《文化学刊》2006 年第 1 期。

9. 鲍金:《文化的商品和公共产品特性》,《哲学动态》2008 年第 9 期。

10. 易小明:《本质的生成与生成的本质: 本质主义思维方式与生成主义思维方式比较探究》,《社会科学战线》2005 年第 4 期。

11. 杨雪冬:《西方全球化理论: 概念、热点和使命》,《国外社会科学》1999 年第 3 期。

12. 孟繁华:《全球化语境中的文化霸权》,《文艺理论》2000 年第 9 期。

13. 邱明正:《论文化发展与综合国力》,《毛泽东邓小平理论研究》1998 年第 1 期。

14. 李跃华:《全球化进程中文化的民族性与国家文化安全》,《烟台大学学报》(哲学社会科学版) 2001 年第 3 期。

15. 章杉:《霸权主义的软力量和硬力量》,《文艺理论与批评》2001 年第 1 期。

16. 张雷军、黄昌智:《论民族文化的生成环境》,《中央民族大学学报》(哲学社会科学版) 1999 年第 3 期。

17. 梁景时:《从辩证视野看文化民族性的成因及研究价值》,《中央民族大学学报》(哲学社会科学版) 1998 年第 5 期。

18. 徐大同:《政治文化民族性的几点思考》,《天津师范大学学报》(社会科学版) 1998 年第 4 期。

19. 陈中立:《民族文化的生命力来自其特殊性》,《学术研究》2002 年第 9 期。

20. 冯健飞、李俊:《超越文化相对主义与文化普遍主义》,《中国地质大学学报》(社会科学版) 2001 年第 6 期。

21. 马庆钰:《对文化相对主义的反思》,《哲学研究》1997 年第 4 期。

22. 李鹏程:《文化相对主义的意义和问题》,《中国人民大学学报》2007 年第 6 期。

23. 郭湛:《文化的相对性与文化相对主义》,《中国人民大学学报》2007 年第 6 期。

24. 何萍:《文化相对主义:历史演变及内涵》,《中国人民大学学报》2007 年第 6 期。

25. 张曙光:《走向"'公共性'的文化价值秩序"》,《中国人民大学学报》2007 年第 6 期。

26. 葛红兵:《走出民族主义和文化相对主义》,《社会科学论坛》2002 年第 2 期。

27. 蔡拓:《文化的全球化及其对国际关系的影响》,《天津社会科学》2001 年第 5 期。

28. 何星亮:《文化的民族性与世界性》,《云南社会科学》2002 年第 5 期。

29. 吴元迈:《经济全球化与民族文化——兼论文化的民族性与世界性》,

《中国社会科学院研究生院学报》2001 年第 2 期。

30. 丰子义:《全球化与民族文化的发展》,《哲学研究》2001 年第 3 期。

31. 王锐生:《全球化视野下的文化》,《新视野》2000 年第 5 期。

32. 王锐生:《关于经济全球化与民族国家意识的矛盾》,《哲学研究》1999 年第 7 期。

33. 宋士昌、李荣海:《全球化:利益矛盾的展示过程》,《哲学研究》2001 年第 1 期。

34. 夏东民:《交流、理解、沟通:全球化背景下的跨文明对话》,《哲学研究》2003 年第 12 期。

35. 万俊人:《经济全球化与文化多元论》,《中国社会科学》2001 年第 2 期。

36. 乐黛云:《全球化语境中的多元文化发展》,《社会科学辑刊》2002 年第 1 期。

37. 何中华:《从生物多样性到文化多样性》,《东岳论丛》1999 年第 4 期。

38. 丁立群:《文化全球化:价值断裂与融合》,《哲学研究》2000 年第 12 期。

39. 李德顺:《全球化与多元化——关于文化普遍主义与文化特殊主义之争的思考》,《求是学刊》2002 年第 2 期。

40. 金耀基:《现代性论辩与中国社会学之定位》,《北京大学学报》(哲学社会科学版) 1986 年第 6 期。

41. 杨学功:《拒斥还是辩护:全球化中的普遍主义和特殊主义》,《江海学刊》2008 年第 2 期。

42. 韦幼苏:《文化全球化与构建中国先进文化》,《南开大学学报》(哲学社会科学版) 2002 年第 9 期。

43. 汤一介:《在经济全球化形势下的中华文化定位》,《中国文化研究》2000 年冬之卷。

44. 李宗桂:《经济全球化与民族文化建设》,《哲学研究》2001 年第 1 期。

45. 李宗桂:《经济全球化与文化民族性》,《人民论坛》2000 年第 3 期。

46. 单世联:《全球化时代的文化多样性》,《天津社会科学》2005 年第 2 期。

47. 胡军:《"和而不同"——走向永久和平的哲学途径》,《民主》2005年第 7 期。

48. 张汝伦:《经济全球化和文化认同》,《哲学研究》2001 年第 2 期。

49. 崔新建:《文化认同及其根源》,《北京师范大学学报》(社会科学版)2004 年第 4 期。

50. 康晓光:《文化民族主义论纲》,《战略与管理》2003 年第 2 期。

51. 边淇:《对文化的同质化现象的思考》,《社科纵横》1999 年第 5 期。

52. 宋志明:《儒道互补与中华民族精神的培育》,《河北学刊》2006 年第 1 期。

53. 罗本琦、方国根:《论中国传统文化的和谐精神》,《探索与争鸣》2009 年第 7 期。

54. 王文兵、李金齐:《论中国传统文化的现代处境》,《中共长春市委党校学报》2008 年第 3 期。

55. 李翔海:《"复归"论的文化意蕴与理论局限》,《探索与争鸣》2009 年第 3 期。

56. 方克立:《批判继承综合创新》,《传统文化与现代化》1995 年第 3 期。

57. 方克立:《关于文化体用问题》,《社会科学战线》2006 年第 4 期。

58. 徐绍刚:《浅谈当代中国的文化安全问题》,《新视野》2002 年第 4 期。

59. 郑百灵、周荫祖:《关于我国文化产业发展的若干思考》,《管理科学》2003 年第 1 期。

60. 于炳贵、郝良华:《全球化进程中的国家文化安全问题》,《哲学研究》2002 年第 7 期。

61. 王公龙:《文化主权与文化安全》,《探索与争鸣》2001 年第 9 期。

62. 胡惠林:《文化产业发展与国家文化安全——全球化背景下中国文化产业发展问题思考》,《上海社会科学院学术季刊》2000 年第 2 期。

63. 韩源:《全球化背景下维护我国文化安全的战略思考》,《毛泽东邓小平理论研究》2004 年第 4 期。

64. 胡联合:《论冷战结束后的国家文化安全》,《现代国际关系》2000 年第 8 期。

65. 李金齐:《全球化与我国文化安全》,《哲学研究》2005 年第 1 期。

66. 姜安:《世纪之交国际文化博弈与国家文化安全》,《长白学刊》2000 年第 2 期。

67. 戴木才:《完善当代中华民族精神的建构方式》,《思想政治工作研究》2005 年第 1 期。

68. 范玉刚:《"中国形象":定位于全球化与民族化之间——全球化语境下的民族文化诉求阐释》,《中共浙江省委党校学报》2003 年第 5 期。

69. 蒯大申等:《新中国文化管理体制建设的成就与历史经验》,《毛泽东邓小平理论研究》2009 年第 12 期。

70. 刘忱:《建国以来中国共产党领导文化建设的历史经验》,《科学社会主义》2009 年第 2 期。

五、英文著作

1. Philip H. Coombs, *The Fourth Dimension of Foreign Policy: Educational and Affairs*, New York,1964.

2. E.B.Tylor, *The Origins of Culture*, Harper and Brothers Publishers, New York,1958.

3. Giddens, A.: *The Consequences of Modernity*, Stanford: Stanford University Press,1990.

4. M.J.Herskovits, *Cultural Anthropology*, Alfred A.Knopt, New York,1964.

5. Anthony D.King（ed.）, *Culture, Globalization and the World-System: contemporary conditions for the representation of identity*, Minneapolis: University of Minnesota Press,1997.

6. E.Gellner, *Nationalism*, London, Weidenfeld & Nicolson,1997.

7. Peter J., *The culture of national security: norms and identity in world politics*, Columbia University Press,1996.

后 记

　　博士毕业转眼已经几个春秋，如今经过修改的博士学位论文终于要出版了，内心既有惶恐又有欣喜。惶恐的是，文化民族性问题是中国社会发展中一个重大理论问题和现实问题，它的涉及面极广，涵盖面极宽，对它的讨论直接关切到中国现代化道路的选择，而本书仅仅只是做了一些初步的探讨；欣喜的是，这毕竟是我对文化问题思考的一个阶段性成果，是对我博士期间和近两年不断努力的一个肯定。

　　在本书即将付梓之际，我首先要感谢我的导师陈先达教授。先生是国内著名的马克思主义哲学家，学养深厚、治学严谨、勤奋惜时、宽厚谦和。尽管已八十高龄，但先生依然坚持面向现实，注目当代，保持着对社会问题的敏锐洞察力和现实生活的饱满热情。正因为如此，先生才能在学术研究中不断与时俱进。更难能可贵的是，对于我们这些学界后辈，先生没有大家的傲气，没有老师的指责，而是不断给予鼓励和无私的帮助。在本书的写作过程中，从选题到结构安排甚至一些具体观点，先生都给予了耐心细致的指导和点拨。在我求学的经历中，能够师从陈先生，蒙受先生的栽培和教导，深感幸甚之至！

　　我要感谢北京大学的赵家祥教授、李世坤教授，中国人民大学的郝立新教授、安启念教授、郭湛教授、刘敬鲁教授，中央党校的韩庆祥教授，他们在论文评审和答辩过程中对论文的提纲、结构和内容提出了许多富有启发性的意见和建议，我向他们表示真诚的谢意！

　　我还要特别感谢安徽大学的周新生教授、许俊达教授、任暟教授，他们在我攻读硕士学位期间给了我莫大的关心、帮助和鼓励，他们对学术孜孜以求的精神至今仍让我铭刻于心，并激励我不断前行。

感谢博士生活期间朝夕相处的可爱的同学和朋友们，他们是任洁博士、韩晖博士、傅凤英博士、刘晓梅博士、许艳芳博士、邬晓燕博士、白春阳博士、关莉丽博士、高惠霞博士、王文兵博士、李金齐博士、梁孝博士、刘化军博士、李方泽博士，和他们之间的友谊是我人生中一笔宝贵的财富。

感谢我的父母，他们一直在遥远的家乡甘守清贫艰苦的生活，默默地支持我完成学业，给我信心，给我勇气，没有一丝抱怨。没有父母的无私奉献和谆谆教诲，我很难最终完成学业。感谢我的爱人余海洋，在远离家乡、远离父母的日子里，他始终如一的理解、关爱和包容，给了我不断坚持、奋力前进的莫大鼓舞。

感谢人民出版社方国根先生为本书出版所作的努力。此外，本书的出版还得到了北京市委党校学术著作出版基金的资助，在此也一并表以感谢！

由于个人学识和水平的限制，书中一些观点和表述如有不当、不足之处，恳请读者批评指正！

童 萍

2010 年 12 月

责任编辑：段海宝　方国根
装帧设计：肖　辉

图书在版编目（CIP）数据

文化民族性问题研究／童萍 著 . - 北京：人民出版社，2011.9
（青年学术丛书）
ISBN 978 - 7 - 01 - 009883 - 8

I. ·①文⋯　Ⅱ. ①童⋯　Ⅲ. ①文化－民族性－研究　Ⅳ. ① G03

中国版本图书馆 CIP 数据核字（2011）第 080978 号

文化民族性问题研究
WENHUA MINZUXING WENTI YANJIU

童萍　著

人民出版社 出版发行
（100706　北京朝阳门内大街 166 号）

北京集惠印刷有限责任公司印刷　新华书店经销

2011 年 9 月第 1 版　2011 年 9 月北京第 1 次印刷
开本：710 毫米 × 1000 毫米 1/16　印张：14.75
字数：225 千字　印数：0,001 - 3,000 册

ISBN 978 - 7 - 01 - 009883 - 8　定价：36.00 元

邮购地址 100706　北京朝阳门内大街 166 号
人民东方图书销售中心　电话（010）65250042　65289539